五〇年代香港第三勢力運動史料蒐秘

陳正茂/編著

【代序】

簡述五〇年代香港「第三勢力」運動

民國 36 年 1 月 7 日，美國總統杜魯門（Harry S. Truman）特使馬歇爾（George C. Marshall）在調處國、共兩黨爭端失敗，離華返美時，曾發表一聲明，將調處失敗的責任歸咎於國、共「雙方之極端分子」，並認為要挽救這種情勢，「唯有使政府中與小黨派中之自由分子居於領導者的地位」，才有可能根本改變這種情況。馬歇爾的這個觀點，一般咸認為是中國「第三勢力」一詞之濫觴。

至於這種政策正式提出實施是在民國 38 年，對象則是李宗仁。38 年夏，美國使館駐廣州代表魯易士・克拉克（Lewis Clark）由使館顧問何義均陪同，在廣州訪問李宗仁。談話間對蔣介石及國民政府的腐敗無能頗為悲觀。克拉克且喟然嘆道：「中國只有共產黨的勢力和蔣介石的勢力，卻沒有介乎兩大勢力之間的第三勢力，難道地大人多的中國，沒有主張民主自由的中間分子嗎？」克拉克的用意很明顯，美國大有贊助「第三勢力」的味道，弦外之音，聰明如李宗仁者，當然心領神會，躍躍欲試，準備一展身手了。

38 年 8 月 15 日，李宗仁與美使館顧問何義均、立法院長童冠賢、總統府秘書長邱昌渭等反覆研究，最後決定在香港組織「第三勢力」，並成立「自由民主大同盟」，推顧孟餘出面領導，由他從旁支持，程思遠負責居中聯繫。9 月初，「自由民主大同盟」在廣州秘密舉行第一次會議，選舉顧孟餘為主席，童冠賢、程思遠、邱昌渭、黃宇人、甘家馨、李永懋、尹述賢為幹事。

會議並推舉童冠賢為書記，程思遠為副書記，周天賢為組織組長，涂公遂為宣傳組長，何義均為政治組長，陳克文為財務組長。李宗仁援助港幣 20 萬元為開辦費。10 月初，因戰局急轉直下，「自由民主大同盟」從廣州遷到香港，在香港又吸收一批新成員，其中有前清華大學教授張純明，前東北大學校長黃如今，原屬 CC 派小組織「革新俱樂部」的立法委員王孟鄰、邵鏡人和前北平市教育局長王季高等人。「自由民主大同盟」幹事會每週舉行一次，並決定辦一宣傳刊物，名為《大道》，顧孟餘自告奮勇為總編輯。

除上述李宗仁所支持的這一股「第三勢力」外，另一股也是由美國所奧援的「第三勢力」運動亦在香港滋長。事情緣於民國 38 年底，廣州嶺南大學校長香雅各（Dr. James McCure Henry）於解職過港返美時，曾對張發奎說：蔣介石的國民政府大勢已去，要張出來組織「第三勢力」，在香雅各的鼓動下，張開始有大幹一場之心。其後張以自己實力未逮，桂系軍隊在大陸又已全遭殲滅，而時已飛美的李宗仁，在美藉故養病亦非良策，張乃思及欲捧李出來，辭去「代總統」，以在野之身來從事「第三勢力」運動。

39 年 1 月 13 日，李宗仁桂系之親密戰友黃旭初致函李辭職組黨，李覆電則以「組黨尚非其時」。於是香港的「第三勢力」運動，遂以顧孟餘、張發奎兩人為中心，分途發展。兩人都希望取得美國的支持，後來張發奎因有香雅各在背後撐腰，顧遂與張合作，號稱「張、顧聯盟」。1 月 17 日，菲立普．傑塞普（philip Jessup）從台北飛抵香港，指示駐港美國總領事館有關負責人員，積極設法支持海外「第三勢力」組織。於是原本流亡香港之軍政人員和知識份子，為打通美國這條國際路線，遂八仙過海，各顯神通，紛紛舉行座談會，醞釀組織「第三勢力」團體，蔚然成風。

此時在香港的「第三勢力」運動，又增加了青年黨、民社黨的領導人李璜、左舜生、張君勱等人。其中且傳出美國欲日本及菲律賓撥出一小島以充當幫助「第三勢力」建立海外軍事基地之說，引起了張發奎、許崇智、李微塵、顧孟餘等人莫大的興趣，唯最後均以空歡喜一場收場。但由於美國人公然到香港散美鈔，特別是有傳聞美國軍人參與支持「第三勢力」活動，卒引起了港英當局的注意。

民國 40 年，在港英當局的干涉下，「第三勢力」在香港的行動不得不有所顧忌及收斂。「自由民主大同盟」已名存實亡，所辦的《大道》雜誌也只出了四期，便無疾而終。未幾，甘家馨、涂公遂等人主張另起爐灶，另辦一刊物，定名為《獨立論壇》，甘家馨、涂公遂任編輯，於 40 年 4 月 1 日出刊。不久，由青年黨謝澄平所主導，邀羅夢冊、張國燾、程思遠、董時進、伍藻池、黃如今等人加入的「民主中國座談會」亦宣告成立。

而顧孟餘在與美國哈德曼（Hartmaun）見面後，有了美國的支持，亦不甘示弱的聯合了張發奎、伍憲子等重行活躍起來，並決定辦一週刊，取名《中國之聲》，以張國燾為社長，宣傳「第三勢力」運動，張國燾的琵琶別抱，「民主中國座談會」旋告結束。

民國 41 年 10 月 10 日，就在台灣國民黨七全大會開幕之日，張發奎、顧孟餘又另行籌建「自由民主戰鬥同盟」，明顯和台灣國民黨唱對台戲。該盟以顧孟餘、張發奎、張君勱、童冠賢、張國燾、李微塵、宣鐵吾等七人為中央委員，甘家馨為秘書組長，周天賢為組織組長，涂公遂為宣傳組長，黃如今、何正卓、邵鏡人、王孟鄰等也分配在各組工作。

諷刺的是，「自由民主戰鬥同盟」在未正式對外「戰鬥」之前，內部就開始了「戰鬥」，張國燾、涂公遂等人被開除出盟，顧孟餘亦銷聲匿跡，遠走日本。「自由民主戰鬥同盟」無形解體，《中國之聲》停刊，五〇年代在香港盛極一時的所謂「第三勢力」運動，終告風流雲散。

五〇年代在香港反蔣反共的「第三勢力」運動，雖以淒涼悲劇乍起旋滅，但當時張發奎、顧孟餘等人，尚能利用美援，集合了一批文化學術界人士，以言論從事民主反共，宣揚「第三勢力」運動，出版了若干相當不錯的書籍雜誌。專書探討者有：民社黨人孫寶毅的《第三勢力必興論》、王厚生的《中國之路》（一名《第三勢力與中國前途》）、司馬璐的《平民政治》、李微塵的《中國局勢的必然發展》、于平凡（許冠三）的《中國自由民主運動史話》等。刊物較著者有：《大道》、《獨立論壇》、《中國之聲》、《再生》、《中聲日報》、《中聲晚報》、《民主與自由》、《主流月刊》、《前途》及《自由陣線》等。

由於國人對五〇年代香港「第三勢力」運動所知及研究者不多，相關介紹以拙文〈五〇年代香港第三勢力運動史料之介紹與略評〉最為完整；而研究者輒以政治大學歷史研究所萬麗鵑之〈一九五〇年代的中國第三勢力運動〉博士論文最有系統。但總的來說，第三勢力運動史料仍是十分零散且不易蒐集；而研究成果也非常有限。

據筆者所知，有關五〇年代香港的第三勢力運動，除萬麗鵑的博士論文外，就屬筆者撰寫的一些單篇論文及香港胡志偉先生的若干文章而已。萬博士論文之優點，是以相當多篇幅，清楚介紹了第三勢力的組織、分合、國際背景、甚至上溯到四〇年代的第三勢力運動；缺點是諸多基本史料盡付闕如，如最具權威及詳述第三勢力內幕分合的焦大耶（朱淵明）之〈「第三勢力」全本演義：第三百六十一行買賣〉；及細數青年黨謝澄平如何搭上美國路線，而最早擎舉第三勢力大旗的郭士所撰之〈「自由出版社」滄桑史〉等第一手史料，和筆者的〈「第三勢力運動」史料述評——以《自由陣線》週刊為例〉等均無參考，誠為美中不足之處。

就因為對第三勢力議題研究者鮮，所以第三勢力史料才有其研究價值和重要性。是以本書即以筆者過去所寫及新撰之論文；和相當不易覓及的兩篇第三勢力運動原始史料為主，編著成《五〇年代香港第三勢力運動史料蒐秘》一書付梓問世，相信對國內學術界於此領域之開拓，當有些許貢獻。感謝秀威宋政坤總經理的慨允出版，內子張鳳慧女士的操持家務，讓我無後顧之憂的悠遊於學術之海；登山兄的鼎力幫忙，賢妻益友，誠人生一樂也。

陳正茂　謹序於士林

2011 年 3 月 23 日

目　次

五〇年代香港第三勢力運動史料之介紹與略評

一、中國第三勢力運動發展史略

近年來，國內選舉益趨白熱化，朝野的國、民兩黨捉對廝殺，鬥爭的非常激烈。在兩大黨夾擊下，雖屢聞有第三黨欲扮演「第三勢力」角色，成為關鍵第三股力量，然觀乎日前國內政治生態，「第三勢力」想殺出一條血路恐怕不易。當今國人對「第三勢力」一詞並不陌生，此為受傳媒影響所致，但對「第三勢力」之認知，可能僅限於國、民兩大黨外的其他較具實力之黨派，如親民黨、台聯等等，對於過去「第三勢力」之瞭解，恐怕知之甚少，甚且毫無所悉了。其實，過去「第三勢力」運動，不論在中國或其後在香港，都搞的有聲有色，雖不敢言舉足輕重，但最起碼是有若干影響力的，因此，國、共兩黨多少都要拉攏之，賣點面子給他們。

在中國，「第三勢力」一詞，也有稱之為「中間勢力」者。[1]基本上，中國的第三勢力運動，可分為兩個階段，前一階段為大陸時

---

[1] 張君勱即使用此詞，見 Carsun Chang，《The Third Force in China》（New York：Bookman, 1952 年）。晚近大陸諸多學者亦用此詞。基本上，「中間勢力」在民國史上，不是個很受人注意的課題。一般研究中國現代史的學者，每多從兩大政黨的角度出發，致力於國民黨與共產黨的鬥爭。這種兩極分

期的在野黨派與「民盟」第三方面之政治勢力；後一階段則為五〇年代以香港為大本營的第三勢力運動。前一階段的第三勢力運動，時間可追溯至上世紀二〇年代末期，彼時國民黨北伐統一中國，開始實施「黨外無黨」的一黨專政。為反對國民黨的一黨專政，一些主張民主自由的有志之士，乃紛紛成立政黨與之抗衡。[2] 首先為民國 12 年曾琦、李璜、何魯之等人在法國巴黎成立的中國青年黨，繼有民國 19 年鄧演達的第三黨，和 23 年張君勱的國家社會黨；其後又有所謂的三派：梁漱溟的鄉村建設派、黃炎培的職業教育社與沈鈞儒的救國會，此即大陸學者所說的「民主黨派」。[3]

上述諸政黨均標榜為國、共之外的第三股政治勢力，這些中間黨派都有其政治主張與理想，然實力薄弱，尚不足以對國民黨構成威脅。所以雖然言為第三勢力，其實僅略具雛型而已。且當時處在國民黨專政的訓政時期，常備受國民黨打壓，存在相當不易。民國 26 年，抗日戰爭的爆發，才為這些中間黨派的生存發展提供了機會。原因是國民黨為營造朝野團結一致，共赴國難的氛圍，主動釋出善意，開始改變對在野黨派的態度，從是年 7 月「廬山談話會」的召開，邀請在野領袖共商國是，到其後 9 月的「國防參議會」之成立，網羅在野人士參加，即可見一斑。[4]

化的研究框架，嚴重忽略了夾在兩黨中間的政治力量，此股力量常來自知識份子群，其實他們在中國現代政治史上，仍有其一定之影響力。見張玉法，《近代中國民主政治發展史》（台北：東大版，1999 年）一書。

2 參閱馮兆基，〈中國一九四〇年代的中間勢力〉，未刊稿。

3 參閱姜平，《中國民主黨派史》（武漢：武漢大學出版社出版，1987 年 8 月 1 版）一書。

4 抗日戰爭開始後，於國防最高會議設國防參議會，選聘各在野黨領袖以及若干有獨立政治主張的人士共 24 人為成員。見張玉法，《中華民國史稿》（台北：聯經版，1998 年 6 月初版），頁 326。

青年黨領袖曾琦即言：「現政府組織最高國防會議國防參議會，就廬山會議人士中，選聘約二十分之一，意在集中各黨各派人物，共謀應付國難。弟與李幼椿兄均在被聘之列。」[5]此「意在集中各黨各派人物」，即為國民黨改善與各黨各派關係之先聲，而亦為渠等中間黨派尋得一有利發展契機，即支持國府抗戰，進而取得合法存在的條件。

民國 27 年，青年黨領袖左舜生與國社黨領導人張君勱和國民黨總裁蔣介石交換信函，在此情況下，兩黨才正式取得合法承認地位。[6]各小黨派雖與國民黨關係大有改進，然追求民主政治仍是其努力奮鬥的目標。因此，即便國家處於抗戰的艱困時刻，它們仍希望在抗戰中推進民主憲政，這使得中間黨派與共產黨的政治主張相契合，從而營造雙方相互援引合作之機。[7]尤其大家在爭民主、自由、憲政理念一致下，在四〇年代初期，國民黨專制獨裁又逐漸趨強之際，終於使得這些原本各自為政，甚至政治立場相去甚遠的小黨派，捐棄成見，共組「中國民主政團同盟」，即日後之「民主同盟」。[8]

「民盟」成員來自於「三黨三派」，內部有左右派之分，有親共如救國會者，也有堅決擁護國府，政治立場極右之青年黨者。其雖較缺乏群眾基礎，但因網羅一批學者名流，擁有清望和高知名度，故實力仍不容小覷。[9]戰後國、共劍拔弩張的時代，「民盟」即

---

5 曾琦，〈致劉湘書〉，陳正茂等編，《曾琦先生文集》（中）（台北：中央研究院近代史研究所出版，民國 82 年 11 月初版），頁 722。

6 陳正茂編著，《左舜生年譜》（台北：國史館印行，民國 87 年 12 月初版），頁 129～130。

7 周淑真，《中國青年黨在大陸和台灣》（北京：中國人民大學出版社出版，1993 年 11 月 1 版），頁 162～175。

8 梁漱溟，〈中國民主同盟發起成立之經過略記〉，見《憶往談舊錄》（北京：中國文史出版社，1987 年 12 月 1 版），頁 161～165。

9 張軍民，《中國民主黨派史》（北京：華夏出版社，1989 年版），頁 328～340。

以「第三方面」調和者身分，穿梭於國、共兩黨高層間，最終雖調解失敗，但卻引起國際間對中國這股標榜自由民主為理想之政治團體的注意，其中尤以美國為最。[10]當時負責調停國、共衝突的美國特使馬歇爾（George C. Marshall），即曾有寄望中國前途於這批自由主義知識份子之論，馬帥此語隱然已為五〇年代，美國以香港為大本營，積極扶持中國第三勢力運動留下伏筆。[11]

四〇年代在中國的第三勢力運動，終因「民盟」分裂及親共，遭國府取締宣布為非法政治團體而瓦解。[12]然民國 38 年，在國、共內戰劇變，大陸淪陷，國府遷台的風雨飄搖之際，又使得第三勢力有了生存發展的希望，此即五〇年代香港的第三勢力運動。[13]當時這股力量，在美國和桂系李宗仁的支持下，雲集香江一隅，首揭反國、共兩黨大旗，標榜反共、反蔣，堅持民主自由的第三勢力主張，在香港曾盛極一時，喧騰不已。[14]基本上，五〇年代的第三勢力運動，是美蘇冷戰結構下的一環，它背後有美國援助、反蔣勢力副總統李宗仁等之奧援，故有其錯綜複雜的國內外背景因素存在。

---

[10] 蔣勻田，《中國近代史轉捩點》（香港：友聯出版社出版，1976 年 11 月初版）一書，對「第三方面」調停國、共經過有非常詳實的記載。

[11] 馬歇爾對中國前途寄望自由民主人士，期望甚殷。民國 35 年 12 月 21 日，馬歇爾即言：「解決中國的問題，只有把所有少數黨結合成一個愛國、有組織的自由黨，致力於和平，民主的政府與人民的權力。他遺憾目前少數黨派的自私的領導，造成組成一個真正自由黨的障礙」。12 月 23 日，馬歇爾又說：「中國的希望在於需要組織前進份子為一愛國黨，摧毀反動份子對政府的控制和政府中封建主義的心理」。在馬歇爾使華期間，這類言論甚多。王成勉編著，《馬歇爾使華調處日誌（1945 年 11 月～1947 年 1 月）》（台北：國史館印行，民國 81 年 5 月出版），頁 179～187。

[12] 中國民主同盟中央文史資料委員會編，《中國民主同盟歷史文獻》（北京：文史資料出版社出版，1983 年 4 月 1 版），頁 355～360。

[13] 陳正茂，〈簡述五〇年代香港「第三勢力」運動〉，《傳記文學》第 71 卷第 5 期（民國 86 年 11 月），頁 65～66。

[14] 陳正茂，〈宣揚第三勢力的自由陣線〉，《全民半月刊》第 12 卷第 10 期（民國 80 年 11 月 25 日），頁 4。

當時第三勢力之要角有張發奎、顧孟餘、左舜生、李璜、張君勱、張國燾、許崇智、伍憲子、李微塵、童冠賢、邱昌渭、謝澄平、羅夢冊、董時進、許冠三、王厚生、司馬璐、孫寶剛、孫寶毅等。[15] 這些人分屬民、青兩黨，部分為國民黨及桂系政治人物。它們在美國金錢支助下，先後成立了「自由民主大同盟」、「自由民主戰鬥同盟」等組織，並透過報章雜誌宣傳其理念。

其後因「韓戰」的爆發，國際局勢丕變，使國府當局所在的台灣，成為美國在西太平洋圍堵共產主義不可或缺的一環。由於台灣是美國在東亞的重要戰略要地，使得美國不得不改善與台灣國府的關係，蔣介石政權重獲美國的支持，而先前美國暗中支持的第三勢力運動，也因美蔣關係之轉好而趨黯淡，最終風流雲散矣！

二、第三勢力運動研究概況

基本上，過去於大陸時期的第三勢力運動之學術研究，兩岸三地研究者已甚多，但是五〇年代香港的第三勢力運動，目前學界研究者殊少，甚至知之者亦鮮。坦白說，其實五〇年代香港的第三勢力運動，仍有諸多可供研究之價值，尤其可藉此運動之失敗，來深刻探討何以在中國特殊政治文化格局下，第三勢力政治運動，幾乎沒有發展空間之因素何在？此對當今海峽兩岸之政治生態，當有可供深思反省之處。筆者過去數年對此議題一直懷有高度興趣，也認真蒐集不少相關資料，欲撰寫《中國第三勢力運動史》一書，後因鑽研其他議題，此一心願將待他日完成。然有鑒於第三勢力運動之

[15] 周淑真，《1949 飄搖港島》（北京：時事出版社，1996 年 1 月 1 版），頁 288～309。

研究，有其重要之歷史意義，故筆者想先行介紹，略敘有關這方面的史料，或許有裨於學界或同道之研究。

基本上，過去以「第三勢力」為名撰寫之著作，最早為張君勱先生的《The Third Force in China》（第三勢力在中國）一書。但本書重點是張君勱以民社黨黨魁身份，在戰後國、共內戰期間，以「第三方面」角色奔走斡旋於國、共間的政治觀察。另外，書中亦述及民國以來，孫中山與極權主義浪潮、中共成立及其政策、蔣介石的崛起與失敗、抗日時期國共統一戰線之陰影；以及馬歇爾使華與「政治協商會議」、第三方面人士調停國共衝突經緯、民社黨參與制憲和共產黨分道揚鑣、塵埃落定國民黨失去中國及冷戰時期如何對付共產中國等。[16]

全書雖以「第三勢力」命名，但不啻是張君勱個人的政治回憶錄，殊非吾人所謂的五〇年代「第三勢力」運動。五〇年代初的第三勢力運動，張氏其實參與其中，且扮演重要角色，此書出版於民國 41 年，正是第三勢力運動如火如荼進行之際，張氏大可以把這段歷史放進去，之所以未曾言及，是有所顧忌？或另有考量就不得而知了。總之，張氏之書既然以《第三勢力在中國》為名，卻缺少五〇年代的第三勢力運動，這是美中不足，也是相當可惜的地方。

真正敘述五〇年代香港第三勢力運動之始末經緯的文章，為化名焦大耶（本名朱淵明）的〈第三百六十一行買賣〉一長文，取名如此，頗有諷刺從事第三勢力運動這一行，根本是「買空賣空」之空行的意味。該文於民國 42 年 10 月 3 日，開始在《新聞天地週刊》連載，共連載十二回，於是年 12 月 19 日刊載完畢。《新聞天地週刊》最後以《第三勢力全本演義》之名，發行單行本問世。

---

[16] Carsun Chang,《The Third Force in China》（New York：Bookman, 1952 年）。此書有中譯本，由中華民國張君勱學會編譯，《中國第三勢力》（台北：稻鄉出版社發行，2005 年 4 月初版）。

此書優點為作者可能是當年參與第三勢力運動人士，故對整個五〇年代香港第三勢力內幕訊息知之甚詳，可說提供了相當完整的原始資料。但最大缺點是為賢者諱，文章人物多用假名、化名、甚至英文代號，如此一來，欲了解從事者真正為何人，稽查十分困難，且行文以演義方式為之，嘻笑怒罵亦欠嚴謹。又當年參與第三勢力運動，有不少青年黨人士，據筆者所知，他們在台灣的青年黨刊物如《醒獅月刊》、《全民半月刊》等，也撰有不少回憶第三勢力之文章，值得研究者注意。

另大陸學者楊天石於 1992 年以英文發表“The Third Force in Hong Kong and North America During the 1950s”一文，此論文刊載於 Roger B. Jeans 主編的《Roads not Taken：The Struggle of Opposition Parties in Twentieth Century China》論文集中。本書是 1990 年 9 月，美國維吉尼亞州 Washington and Lee University 舉辦有關二十世紀中國在野黨派研討會之論文集，是西方（美國）探討民國時期少數黨派之首本著作，全書收錄論文十五篇，極具份量。楊天石於 1998 年將論文改以〈五〇年代在香港和北美的第三種力量——讀張發奎檔案札記之一〉刊出中文版，內容與之前英文發表的論文，幾乎完全相同。楊文是利用哥倫比亞大學所藏張發奎口述歷史與文件信函為素材，簡介 1952 年 10 月在香港所成立的「中國自由民主戰鬥同盟」此一組織的形式、文宣與核心份子，並分析其失敗原因。該論文僅以張發奎檔案為主，資料上有其侷限性，對當時之第三勢力運動缺乏全盤之觀照。

至於筆者過去撰寫的〈第三勢力在兩岸交流之角色分析〉(《第 2 屆海峽兩岸關係研討會》，1992 年 7 月 8－11 日）、〈簡述五〇年代香港「第三勢力」運動〉(《傳記文學》第 71 卷第 5 期，民國 86 年 11 月）、〈宣揚第三勢力的自由陣線〉(《全民半月刊》第 12 卷第 10 期，民國 80 年 11 月）、〈「第三勢力運動」史料述評——以《自由陣線》週刊為例〉（中華民國史專題論文集第四屆討論會，民國87年12月）等四篇有關第三勢力之文章，亦有可供參考之處。

然嚴格而言，〈第三勢力在兩岸交流之角色分析〉僅著重探討第三勢力失敗的原因；而〈簡述五〇年代香港「第三勢力」運動〉則略敘五〇年代香港第三勢力運動之經緯始末。真正以第三勢力史料，有系統地來闡述分析此運動之理論、內涵的為〈「第三勢力運動」史料述評——以《自由陣線》週刊為例〉一文，但不諱言，筆者那篇文章仍是非常不足的，裡頭只是對第三勢力的政治主張，作些概括性的敘述，缺乏深入的分析，尤其更缺少全面性的觀照。所以坦白說，兩岸三地學術界，仍乏對第三勢力運動作深入探討之研究者。

三、第三勢力運動重要文獻述評

在第三勢力運動活躍於香港的十餘年間，辦雜誌是其最主要，且稍有成效的工作。它們曾辦過《自由陣線》、《獨立論壇》、《祖國》、《大道》、《中國之聲》、《中聲日報》、《中聲晚報》、《主流月刊》、《再生》、《民主與自由》、《今日半月刊》、《聯合評論》等十餘種刊物。[17]揭櫫反共、反蔣旗幟，主張反國、共兩黨，要走自由民主之路的第三勢力之政治主張。在上述諸多刊物中，又以首尾創辦的兩份刊物最具代表性，此即由謝澄平主導的《自由陣線》週刊，和左舜生發行的《聯合評論》週刊。

《自由陣線》週刊，創刊於民國38年12月3日，正逢國府風雨飄搖播遷來台之際，結束於民國48年6月，又恰值台灣政壇擾

[17] 陳正茂，〈「第三勢力運動」史料述評——以《自由陣線》週刊為例〉（中華民國史專題論文集第4屆討論會，民國87年12月），頁1930。

攘，欲違憲拱蔣介石連任第三任總統紛擾之時，其起始與結束，正與其反共、反蔣理念相始終，故有其見證時代的歷史意義在。該刊總計發行了 40 卷 6 期，時間將屆滿 10 年，負責人先是左舜生，後為謝澄平；胡越（司馬長風）、許冠三、陳濯生等則擔任編輯。該刊始為週刊，中間一度改為半月刊，後又恢復週刊形式，它是所有第三勢力刊物中，辦的最久、高舉第三勢力旗幟最鮮明之刊物，在所有第三勢力刊物中，可說是一枝獨秀且絕無僅有的。

刊物取名為《自由陣線》，由其封面的「沒有自由絕無生路；聯合起來才有力量」的標語可知，它是含有深沉的時代意義。一般人常批評第三勢力最弱的一環為缺乏理論體系之建立，其實在該刊上，針對第三勢力之定義、源起、組織、領導、目標與任務，都有非常明確的闡述。是故，其為第三勢力運動初期，最具重要性的代表刊物，為探討第三勢力運動必備的原始資料。

《聯合評論》週刊則創刊於民國 47 年 8 月 15 日，至民國 53 年 10 月 23 日停刊，共發行 6 年餘，合計 316 號。該刊督印人為黃宇人，黃為反蔣大將；總編輯為青年黨的左仲平（左舜生），左與蔣淵源甚深，曾經是改善國、青兩黨的關鍵人物。該刊立論宗旨：強調遵守憲法與民主至上，但分析其發行 6 年餘之言論內容，不外乎反共和批蔣兩大基調，故為第三勢力運動後期之主要代表刊物。欲論述五〇年代香港第三勢力之政治主張，《聯合評論》可說是最重要之基本素材。據黃宇人回憶，《聯合評論》紐約航空版發行後，迅即成了美國華僑社會的輿論中心，台灣雖不准進口，不少人仍想盡辦法以求一睹為快；中共亦列為幹部的參考材料，承認該刊具有代表性，美國駐港總領事館也常翻譯該刊社論以供國務院參考，由此可見《聯合評論》影響力於一斑。[18]

[18] 黃宇人，《我的小故事》（香港：吳興記書報社，1982 年），頁 42。

大陸學者黃嘉樹即言：「民社黨的黨魁張君勱和青年黨的黨魁左舜生、李璜都未隨蔣介石逃往台灣，他們在香港，美國等地搞所謂『新第三勢力活動』，即一方面反共，另一方面也批蔣。左舜生在香港創辦的《聯合評論》，是這些人設在台灣島外的總論壇。」[19]評論甚是，尤其《聯合評論》在批判蔣欲違憲連任第三任總統及「自由中國事件」和「雷案」等重大議題上，更是嚴辭譴責抨擊，其言論之犀利、砲火之猛烈，在當時海內外刊物上，可謂一時無雙。[20]

基本上，這兩份刊物之所以重要，有三點特色值得一談：(1)此二刊物不僅是所有第三勢力刊物中，發行時間較長、影響力最大的兩份刊物，且在發行的時間點上，似乎有接棒傳承的歷史意義在，所以有其代表性。(2)該二刊物幾乎網羅所有健筆能文之士，將第三勢力之理論、內容、主張、政策，透過此二刊物園地，作淋漓盡致的發揮。故欲研究第三勢力運動者，此二刊物為絕對必備參考資料。(3)第三勢力運動之內涵，其實可分為兩個階段：38－47年為主張「自由中國運動」，謝澄平的《自由陣線》即為此主張之重要喉舌。[21]48－53年則以「反共、護憲、批蔣」為主軸，左舜生之《聯合評論》可謂為此主軸之急先鋒。

所以，真正代表第三勢力運動，夠得上份量的刊物，僅有《自由陣線》與《聯合評論》此二刊物。尤其在闡明第三勢力理論與批蔣這部分，這兩份刊物都是當時海外最具代表性的刊物。惜此二刊物，因批蔣甚烈，故常遭台灣當局查扣，或禁其入台，因此在台灣

[19] 黃嘉樹，《第三隻眼看台灣》(台北：大秦出版社，民國85年6月再版)，頁267。

[20] 陳正茂，〈堅持民主憲政——青年黨與雷震〉，《傳記文學》第90卷第5期(民國96年5月)，頁4～23。

[21] 謝澄平，〈為中華民族獨立自由民主而加強奮鬥〉，《自由陣線》第25卷第5、6期合刊(民國44年12月5日)，頁22。胡雪情，〈論民主中國運動〉，《自由陣線》第4卷第1期(民國40年1月1日)，頁4。

欲覓此刊物並不容易，此乃國人及國內學術界對五〇年代香港第三勢力運動瞭解不多之主因。

當然除上述這兩份最重要之原始刊物外，有關闡述第三勢力運動理論，尚有黃宇人、程思遠、甘家馨、涂公遂等主編之《獨立論壇》；王厚生主編的《再生》；雷震的《自由中國》；顧孟餘、張發奎、伍憲子、張國燾等創辦之《中國之聲》週刊；張發奎、許崇智、李微塵、顧孟餘之《大道》雜誌；及《中聲日報》、《中聲晚報》、《民主與自由》、《主流》月刊、《前途》等報章雜誌。另外，包括成舍我、王雲五等為發起人，立場稍偏國府，但立論尚稱公正的《自由人》三日刊、《自由報》；卜少夫的《新聞天地週刊》；張丕介、徐復觀之《民主評論》和《祖國週刊》、《時與文》及台北青年黨陳啟天所辦的《新中國評論》、余家菊之《醒獅月刊》等，都曾報導過第三勢力運動訊息，為研究第三勢力運動不可或缺的基本資料。[22]

至於在專書方面，則有民社黨人孫寶毅的《第三勢力必興論》、王厚生的《中國之路》（一名《第三勢力與中國前途》）、司馬璐的《平民政治》、于平凡（許冠三）之《中國自由民主運動史話》、李微塵的《中國局勢的必然發展》、易重光編的《黨天下與國家》等，上述諸書均由香港自由出版社及友聯出版。此外，傅正主編的《雷震全集》中之《雷震日記》，對五〇年代香港第三勢力運動著墨頗多，有其重要參考價值。而司法行政部調查統計局第六組編的《中國黨派資料輯要》一書，更是國民黨調查局當年專門調查在野黨派動靜的重要內部參考資料，其（中冊）部分，即為調查當時海外香港第三勢力組織動向的第一手資料，彌足珍貴。而匪偽人事資料調查研究會編的《附匪黨派組織及重要附匪份子人事資料彙編》一

[22] 當年美國駐台領事報告，也有若干第三勢力運動訊息，現由黃文範先生譯畢，準備以《福爾摩莎紀事》書名，由國史館出版。

書，與《港九政治活動的透視》（香港：自強出版社），亦為我們提供頗為可觀有關第三勢力的情報。

在回憶錄部分，不少為當年參與者之事後追述，如李宗仁口述，唐德剛撰寫，《李宗仁回憶錄》（台北：曉園出版社出版，1989年）、李璜，《學鈍室回憶錄》（香港：明報月刊社出版，1982年）、程思遠、《我的回憶》（北京：華藝出版社，1994 年）及其《政海秘辛》（台北：桂冠版，1995年）、黃宇人，《我的小故事》（香港：吳興記書報社，1982年）、雷嘯岑，《憂患餘生之自述》（台北：傳記文學出版社，1982年）、馬五（雷嘯岑），《政治人物面面觀》（香港：風屋書店，1986年）、鄭大華，《張君勱傳》（北京：中華書局，1997年）等。

而在個人著述方面，胡頌平編，《胡適之先生年譜長編初稿》（台北：聯經版，1984 年）、胡適，《胡適的日記》、吳國楨，《從上海市長到台灣省主席（1946～1953）——吳國楨口述回憶》（上海：上海人民出版社，1999年）、顧維鈞，《顧維鈞回憶錄》（北京：中華書局，1988～1993年）、梁敬錞，《馬歇爾使華報告書箋註》（台北：中央研究院近代史研究所，1994 年）、林博文，《歷史的暗流——近代中美關係秘辛》（台北：元尊文化，1999年）、關玲玲，《許崇智與民國政局》（台北：大安出版社，1991年）、汪祖華，《中國現代政黨結社搜秘》（台北：大眾時代出版社印行，民國 84 年）、楊天石，《海外訪史錄》（北京：社會科學文獻出版社，1998年）、《抗戰與戰後中國》（北京：中國人民大學出版社，2007年）、《尋求歷史的謎底》（北京：首都師範大學出版社，1993年）、黃嘉樹，《第三隻眼看台灣》（台北：大秦出版社，民國85年）、謝冰，《逝去的年代——中國自由知識分子的命運》（香港：天地圖書公司，1999 年）、周淑真，《1949 飄搖港島》（北京：時事出版社，1996年）等。

期刊研究論文有周一志，〈我對許崇智了解的片斷〉《文史資料選輯》13 輯（北京：中國文史出版社，1986 年）、汪仲弘註釋，〈台北舊書攤上發現的「總統府秘書長箋函稿」〉《傳記文學》第 71 卷第 4 期（民國 86 年 10 月）、沈錡，〈我所參加過的蔣公與美國訪賓的重要會議〉《傳記文學》第 78 卷第 2 期（民國 90 年 2 月）、郭士，〈「自由出版社」滄桑史〉《醒獅月刊》第 1 卷第 1 期（民國 52 年 1 月）、陳復中，〈「自由中國抵抗運動」的風流雲散〉《歷史月刊》第 181 期（民國 92 年 2 月 5 日）、張葆恩，〈大時代的悲劇人物（上）：悼念謝澄平老哥〉《全民半月刊》第 14 卷第 7 期（民國 81 年 10 月 15 日）、薛化元，〈張君勱「自由中國」政府（1949～1969）——以「第三勢力」論為中心的考察〉；及目前仍在《傳記文學》連載之阮毅成〈中央工作日記〉等。

零星披露第三勢力資料的報紙，有當年港、台的《工商日報》、《香港時報》、《中央日報》（台北版）、《公論報》（台北版）、《臺灣新生報》、《新生晚報》、《新中國日報》（檀香山）、《世界日報》（舊金山）、《自然日報》（香港版）、《星島日報》、《晶報》（香港版）、《人言報》（香港版）等，均有不少第三勢力消息之報導。

在外文資料方面，除日本菊池貴晴教授的《中國第三勢力史論》（東京：汲古書院，1987 年）外，就屬美國外交檔案最重要，因為五〇年代香港第三勢力運動，背後主要支持者即為美國。這方面最權威的資料為美國國務院所出版的 Department of State，〈Foreign Relations of the United States，The Far East：China、East Asia and The Pacific、Korea and China、China and Japan，1949～1954〉（Washington：United States Government Printing Office，1978～1985）。Davis, Michael C, ed,〈Confidential U.S. State Department Central Files. China, Peoples Republic of China,1955～1959〉（Internal Affairs. Frederick, MD：University Publications of America,1987） （microfilm）Davis, Michael C, ed,〈Confidential U.S. State Department Central Files. Formosa, Republic of China,1950～1954〉（Internal Affairs. Frederick, MD : University Publications of America, 1986.）（microfilm）。

四、結語——建議與期許

總的來說，第三勢力運動史料是十分零散且不易搜集的，而研究成果也非常有限。據筆者所知，有關五〇年代香港的第三勢力運動，在目前兩岸三地較全面完整的研究，只有政治大學歷史研究所萬麗鵑博士作過研究，並以〈一九五〇年代的中國第三勢力運動〉完成其博士論文。[23]其他僅有筆者撰寫的一些單篇論文而已。萬博士論文之優點，是以相當多篇幅，清楚介紹了第三勢力的組織、分合、國際背景、甚至上溯到四〇年代的第三勢力運動；缺點是諸多基本史料闕如，如焦大耶（朱淵明）的〈第三百六十一行買賣〉和筆者的〈「第三勢力運動」史料述評——以《自由陣線》週刊為例〉均無參考。

就因為對第三勢力議題研究者鮮，所以第三勢力史料才有其研究價值和重要性。一般人對第三勢力之看法，只是認為它的政治立場是反共兼反蔣，政治主張為民主與自由，其實這僅是表象，其始終訴求的「自由中國運動」、「民主中國運動」之底蘊為何？恐怕瞭解者甚少。基本上，第三勢力是個爭取自由與民主的運動，它代表著一個孕育中的自由傳統，不僅反對國、共兩黨的專制政治，更代

[23] 萬麗鵑，〈一九五〇年代的中國第三勢力運動〉（台北：國立政治大學歷史研究所博士論文，民國 90 年 7 月）。

表著中國自由主義知識份子的一種政治文化。此股勢力試圖在政治上保持獨立，思想上希冀提供中國政治另一條路向——即民主自由的政治選擇。

職是之故，筆者撰此拙文之目的，即希望拋磚引玉，能引起更多研究者之興趣，與提供覓尋資料之方便。尤其建議研究者可以由《自由陣線》週刊入手，探討第三勢力所謂的「自由民主運動」或「民主中國運動」之底蘊；或以《聯合評論》週刊為主軸，分析其立論主旨，對該刊反蔣言論之內容、「雷案」以及「違憲競選第三任總統」之面向，也可作進一步之探討。

總之，第三勢力運動之研究，仍是目前國內學術界最缺乏的地方，拙文只想先提供若干基本素材，供有興趣研究者之用，希望對國內學術界於此領域之開拓，有些許貢獻及裨益的地方。

本文發表於《傳記文學》第 92 卷第 6 期（民國 97 年 6 月）。

第三勢力運動史料述評：以《自由陣線》週刊為例*

一、前言

民國38年前後，正值國府於大陸挫敗，國命如絲，國家在危如纍卵、風雨飄搖之際，有一部份堅持民主自由的人士，在美國和李宗仁的支持下，雲集於南天一隅，首揭反國、共兩黨大旗，標榜反蔣且反共不作左右袒的一股勢力正在滋長者，這一股力量曾經在五〇年代的香港盛極一時，甚囂塵上，喧騰不已，它就是一般人所通稱的「第三勢力」運動。[1]

第三勢力運動在當時以張發奎、顧孟餘、張國燾、許崇智、伍憲子、李微塵、童冠賢、邱昌渭等人為首，也曾組織了「自由民主大同盟」和「自由民主戰鬥同盟」兩個主要機構。[2]其後，以青年

---

* 本書《五〇年代香港第三勢力運動史料蒐秘》可說是國內首本有關第三勢力運動史料之著作，而由於國內學界研究第三勢力運動之論文不多，為呈現內容的完整起見，故將昔日放在《中國青年黨研究論集》（臺北：秀威資訊，2008.05）中之〈第三勢力運動史料述評：以《自由陣線》週刊為例〉亦收錄於此書中，特此告知。

1 陳正茂，〈宣揚第三勢力的自由陣線〉，《全民半月刊》第12卷第10期（民國80年11月25日），頁4。

2 程思遠，《政海秘辛》（香港：南粵出版社，1988年1月1版），頁231～236。

黨的謝澄平和程思遠、羅夢冊、董時進等人為主的「民主中國座談會」亦加入第三勢力的行列。[3]一時間在香港的第三勢力運動搞的好不熱鬧，而各種以第三勢力為政治訴求的團體也如雨後春筍般的出現，最多時曾達百餘個。[4]

然未幾，隨著韓戰的爆發、國際情勢的丕變，美國基於防共策略的需要，重拾與臺灣的國府修好，在國府的抗議反對及第三勢力自身之內鬨下，美國終究放棄扶植第三勢力的努力。這股在五〇年代初期曾想躍躍欲試，大幹一場的第三勢力運動，卒在頓失所倚的情況下，不得不日趨窮途末路而終歸風流雲散。[5]

第三勢力運動雖有如曇花一現的乍起旋滅，在政治上可說是以淒涼悲劇收場，但在宣揚民主反共的言論上，則有一定的貢獻。原因是當時的張發奎、顧孟餘等人，尚能利用美援，糾集了一批文化學術界人士，以言論從事民主反共，闡述第三勢力運動理論，出版了若干相當不錯的書籍刊物。[6]

在專書方面有民社黨人孫寶毅，《第三勢力必興論》、王厚生，《中國之路》一名《第三勢力與中國前途》、司馬璐，《平民政治》、李微塵，《中國局勢的必然發展》、于平凡（按：即許冠三），《中國民主自由運動史話》等。[7]刊物較著者如《大道》、《獨立論壇》、《中國之聲》、《再生》、《中聲日報》、《中聲晚報》、《民主與自由》、《主流月刊》、《前途》、《今日半月刊》及《自由陣線》等。[8]其中尤以

---

3 周淑真，《1949 飄搖港島》（北京：時事出版社，1996 年 1 月 1 版），頁 305。

4 陳運周，〈從香港看「第三勢力」〉，《新聞天地週刊》第 6 年第 40 號（民國 39 年 10 月 7 日），頁 4。

5 程思遠，《我的回憶》（北京：華藝出版社，1994 年 12 月 1 版），頁 234。

6 李璜，《學鈍室回憶錄》（下）（香港：明報出版社，1982 年元月初版），頁 723～724。

7 同註 4，頁 6。

8 虞初行，〈試論「第三勢力」〉（上），《自由陣線》第 8 卷第 4、5 期合刊（民

《自由陣線》最為重要。《自由陣線》是第三勢力運動刊物中，發行最久、立場最堅定、內容最明確、旗幟最鮮明的喉舌先鋒。是以本文即以《自由陣線》週刊為代表素材，述評第三勢力之理論，兼亦評論第三勢力在中國當代政治挫敗之因素所在。

二、《自由陣線》週刊簡介

《自由陣線》週刊，創刊於民國 38 年 12 月 3 日，負責人先是左舜生，後為謝澄平。[9]創刊時初為週刊，中間一度改為半月刊，最後又恢復週刊形式。[10]該刊由民國 38 年 12 月問世到民國 48 年 6 月停刊止，共發行了 40 卷 6 期，時間將屆滿 10 年，在所有第三勢力刊物中，可說是一支獨秀且絕無僅有的。至於該刊緣起之由來，據熟稔內情的郭士提及：

> 遠在民國 38 年李宗仁代總統時代，當時國民政府大勢已去，李宗仁在離國以前，紛紛對有關的政治人物和政治團體，大放交情，拚命拉攏，有的送錢，有的送官，有的送護照，自己則希望去美國取得美援後東山再起。青年黨也就透過總統府邱昌渭的關係（邱早年為青年黨黨員），分到了 4 萬銀元券，這一筆錢即由謝澄平經手，以團體名義領到，分了一部份給臺灣青年黨總部，其餘的便在九龍牛池灣的一個村落，租了一塊地皮，修了一些房屋，作為香港青年黨人的

國 40 年 12 月 14 日），頁 32。

[9] 陳正茂，〈左舜生傳〉，《國史擬傳》第六輯（台北：國史館編印，民國 85 年 6 月初版），頁 13。

[10] 同註 1，頁 5。

落腳地，也就成為後來『自由出版社』的大本營所在。一方面由於錢的數目太少，粥少僧多，無法分配；一方面也由於青年黨人參政的時間較短，鬥爭意志尚未完全淘汰腐朽，所以便將這一筆錢創辦了『自由陣線』週刊。[11]

而刊物取名為《自由陣線》之因，由其封面的「沒有自由絕無生路；聯合起來才有力量」的標語可知，它是含有深沉的時代意義。[12]至於該刊立論宗旨，在〈我們要向新生的大道邁進〉一文中提到，該刊之企圖，「在鼓吹正確的思想，推動第三勢力的力量，抱著戰鬥的人生觀，努力復國運動，摧毀專暴的、反動的、黑暗的、賣國的統治，以建立國家獨立、政治民主、經濟平等、生活自由的新中國，進一步，促進實現和平繁榮康樂的新世界。」[13]

而這一新中國的營建；新世界的未來，依《自由陣線》而言，只有積極鼓吹第三勢力運動，才是唯一的希望及力量。因此，基於順應時代潮流，負起歷史使命，推動第三勢力運動，《自由陣線》義無反顧提供了闡述、討論的空間。在〈本刊的動向〉文中，《自由陣線》自陳：「檢討過去言論，第一卷提出『第三勢力』這一名詞，肯定中國第三勢力的存在，而展望其前途的發展，這一階段可以說是醞釀時期。第二卷，各方人士響應第三勢力運動，熱烈討論

[11] 郭士，〈「自由出版社」滄桑史〉，《醒獅月刊》第1卷第1期（民國52年1月1日），頁8。

[12] 刊物取名《自由陣線》的由來，據盛超言：「作為個人言論自由的一種刊物，它是在中共氣燄最高的時候，中國大陸上人民全失了自由而逃亡到香港的人們敢怒也不敢多言的時候，一群愛自由生活而認定『不自由，毋寧死』的朋友，大家來作自由的呼聲，自由的呼聲雖然薄弱，總叫中國人民自由的生路之一線不致完全斷絕。」見盛超，〈自由陣線在爭鬥中〉，《自由陣線》第3卷第6期（民國39年12月1日），頁24。

[13] 〈我們要向新生的大道邁進〉，《自由陣線》第2卷第1期（民國39年4月16日），頁2。

第三勢力的使命、任務乃至組織與領導等等問題，這一階段可以說是廣泛討論時期。今後，第三勢力運動必然進展到理論建立時期和組織表現時期。」[14]

換言之，身為第三勢力之代表性刊物，《自由陣線》有必要隨著不同階段之第三勢力運動需求而調整其言論立場。既使到了民國40年，第三勢力運動已逐漸沒落式微之際，《自由陣線》仍一本初衷，聲嘶力竭的為第三勢力搖旗吶喊，且在外界攻擊第三勢力缺乏理論系統之批判聲中，明確的提出第三勢力的歷史使命，其言:「『自由陣線』是倡導第三勢力的革命運動，這種運動的基本目標，在於『政治民主』、『經濟公平』、『文化自由』，根據此三種目標，為樹立『理論的體系』，及訂定『政治的綱領』、『經濟的政策』之準繩，而作建設新中國的藍圖。」[15]然形勢比人強，在第三勢力運動已偃旗息鼓後，《自由陣線》仍堅持到底，直到民國48年6月，才走完它的歷史任務。

平情而言，在五〇年代香港複雜惡劣的環境下，《自由陣線》的表現可謂相當了不起的。它呼籲自由人大聯合，結成廣大的自由陣線，並樹起第三勢力的大纛，以期建立民主自由的新生力量，對新舊極權勢力，做殊死的鬥爭。[16]尤其在第三勢力的醞釀、溝通、推廣以及在反共建國的立論和報導等等作用上，實有其不可數量的功績。[17]其價值誠如郭士所言：「當時大大小小的官僚逃來香港後，都忙著開飯館開舞廳，效法白俄路線，他們（按：指《自由陣線》）

---

14 〈本刊的動向〉，《自由陣線》第3卷第1期（民國39年9月16日），頁2。
15 午潮，〈讀「試評自由陣線」後的我見〉，《自由陣線》第6卷第8期（民國40年8月10日），頁16。
16 〈卷頭語〉，《自由陣線》第7卷第1期（民國40年9月14日），頁3。
17 虞初行，〈試評「自由陣線」〉，《自由陣線》第6卷第4期（民國40年7月13日），頁15。

在這樣的氣氛中，能首先燃起自由反共的火炬，這不能不說是非常難能可貴的事情。」[18]

三、第三勢力理論述評

五〇年代於香港的第三勢力運動，《自由陣線》無疑是其宣傳的主要刊物。第三勢力運動日後被譏評之最大缺點，乃為缺乏理論體系的建立，而事實上亦如此。然吾人仍可由《自由陣線》上有關介紹第三勢力之文章，分別就定義、源起、組織、領導、目標與任務；及其和第三方面的分野等面向，來描述勾繪第三勢力之理論架構。

1. 第三勢力之定義

何謂「第三勢力」，此為最基本之正名，然由《自由陣線》上宣揚第三勢力的文章看來，對於第三勢力一詞，在定義上是有各種不同的解讀。有言第三勢力並不是黨，一定要以黨名之，則可謂「沒有黨的黨」。[19]或謂第三勢力是中國人民爭生存、爭自由的新生力

---

[18] 同註 11，頁 8。另張葆恩亦言：「自由陣線，樹立了反奴役、反暴政、反極權的大纛。正值紅朝新貴們彈冠相慶，自由陣線在東方之珠，帶頭發出了：『沒有自由絕無生路，結成陣線才有力量』的反共怒吼。其時，避居港、九的人多如恆河之沙，號稱反共的民主人士，亦大有人在。可是他們對沐猴而冠的新仕版，卻都噤若寒蟬，沒有半點斥責與批判。他們有的做寓公，閉門謝客；有的做生意，專探商情。而自由陣線能從事於一般謂為『不識時務』的民主自由運動，這不能不說是異數、是壯舉。」見張葆恩，〈大時代的悲劇人物（上）——悼念謝澄平老哥〉，《全民半月刊》第 14 卷第 7 期（民國 81 年 10 月 15 日），頁 27～28。

[19] 洪明，〈第三勢力與中國前途〉，《自由陣線》第 1 卷第 8 期（民國 39 年 3 月 1 日），頁 13。

量。[20]通俗的說，第三勢力是真正信仰自由與民主的勢力。[21]眾說紛紜中，較具體的歸納有四：

一、為代表民主自由的勢力，史農父於〈中國第三勢力究竟在那裡？〉言：「第三勢力名詞的又一由來。在極右的政治法西斯作風之下，人民沒有民主自由。在極左的布爾希維克政治之下，人民也沒有民主自由。然而爭民主爭自由是人民的共同要求，爭民主爭自由的勢力便是第三勢力。」[22]

但由於國、共兩黨亦標揭民主自由的招牌，為免魚目混珠，王厚生以為「區別國共的民主自由和社會上民眾所要求的民主自由有所不同，我們要把民眾所要求的民主自由勢力稱呼為『第三勢力』。

所以確實地言，第三勢力就是民主自由勢力，第三勢力是民主自由勢力的代名詞，不過必須弄清楚，這個以『第三勢力』之名為代表的民主自由勢力是由民眾的民主自由要求所滙合而成的力量，而不是掛羊頭賣狗肉的少數勢力。」[23]

民主自由的勢力既然是真正的第三勢力，那麼其信念為何呢？盛超說：「第三勢力運動既以真正的民主自由的新中國之創建做它的最高信念，我們運動的方向當然是以中國人民最大多數的最大幸福為指歸。第三勢力不僅在國、共兩黨之外尋求出路，它也在資本主義和社會主義之間另闢新道，更在自由世界對極權帝國主

---

[20] 盧一寬，〈第三勢力與勞工〉，《自由陣線》第 2 卷第 2 期（民國 39 年 5 月 1 日），頁 6。

[21] 孫誼，〈第三勢力與工商界〉，《自由陣線》第 2 卷第 2 期，頁 13。又虞初行亦言：「今日的所謂第三勢力，只是中國民主自由運動的俗稱而已。」見虞初行，〈試論「第三勢力」〉（上），同註 8。

[22] 農父，〈中國第三勢力究竟在那裡？〉，《自由陣線》第 1 卷第 10 期（民國 39 年 4 月 1 日），頁 1。

[23] 王厚生，〈什麼是第三勢力？〉，《自由陣線》第 2 卷第 3 期（民國 39 年 5 月 16 日），頁 10。

義的戰鬥勝利之中創建新中國，以拯救中華民族於水深火熱之中。」[24]

由上述言論分析，可知《自由陣線》相當堅持只有第三勢力才是自由民主理念的正統，國、共兩黨的民主自由只是虛有其表，以民主自由為名，行專制獨裁之實的幌子而已。也因如此，在國、共兩黨缺乏民主自由的信念下，能給中國人民真正幸福，挽救中國人民於水火中，只有第三勢力一途了。

二、為象徵中國人民的自覺運動。胡雪情說：「第三勢力運動是中國人民的自覺自救運動。這是中國人民對腐敗自私的國民黨政權已經絕望，對專制賣國的共產黨有了深切體驗與認識之後，迸發出來的自救運動。」[25]

而這種人民的自覺自救運動表現於軍事上，為大陸上各地農民武裝抗暴運動；在政治上，則為自由民主人士的聯合運動；在文化上，即係否定舊勢力、反抗共產黨、開拓新生道路的言論及反馬列主義的運動。

《自由陣線》言：「這些自發自覺的運動，雖然在國、共兩黨不斷的打擊與壓制之下，仍能繼續滋長發展，足以表示潛在力量之強大。」[26]是以肯定認為第三勢力運動，即中國人民廣泛普遍的自發自覺的更生運動。它是所有反專制、反極權、反暴力、爭民主、爭自由、爭生存的諸種力量之總和。[27]不是外界力量可以輕易摧毀的。

---

[24] 盛超，〈我們應有的信念和動向——創造中的第三勢力運動〉，《自由陣線》第2卷第8期（民國39年8月1日），頁5。

[25] 胡雪情，〈現階段第三勢力運動的檢討〉，《自由陣線》第2卷第8期，頁5。

[26] 同上註。

[27] 〈樹立堅強的文化陣線〉，《自由陣線》第2卷第4期（民國39年6月1日），頁2。

三、為民主中國運動。《自由陣線》負責人謝澄平曾提：「『自由陣線』創立之初，我們就明確指出中華民族面臨有史以來的空前危機，我們立願推進民主中國運動（先名第三勢力運動，後稱新勢力運動），以期搶救中華民國。」[28]

而此民主中國運動，就其基礎和動力來說，可以說是中國人民自救運動，就它必須經歷的過程和階段而言，可謂為聯合反共運動，但終極目標仍是民主中國運動的實現。[29]

四、為綜合性的運動。勞乃人在〈第三勢力與知識份子〉文中說到：「第三勢力運動應該是一個全中國被奴役被壓榨的同胞的自覺運動。它不僅是一個政治運動，而且是一個社會運動、文化運動。第三勢力，不只要否定政治上的第一第二勢力；同時要否定社會，文化方面的第一第二勢力。」[30]

黃新民則云：「第三勢力運動，消極方面是反專政、反侵略、反飢餓、反殘暴、反貪污的運動，積極方面是爭獨立、爭民主、爭自由的運動。前者的目的是在推翻專制王朝，是革命性的行動；後者的目的是在創設一個人人安樂的國家，是積極性的行為。所以第三勢力運動，統括說來，是革命建設的運動。」[31]總而言之，第三勢力是一個非常的政治運動，是一個革命運動，同時也是一個新的思想鬥爭運動。這個運動在中國是創舉，是一個偉大的歷史性的創舉。[32]

---

28 謝澄平，〈為中華民族獨立自由民主而加強奮鬥〉，《自由陣線》第 25 卷第 5、6 期合刊（民國 44 年 12 月 5 日），頁 22。

29 胡雪情，〈論民主中國運動〉，《自由陣線》第 4 卷第 1 期（民國 40 年 1 月 1 日），頁 4。

30 勞乃人，〈第三勢力與知識份子〉，《自由陣線》第 2 卷第 2 期，頁 10。

31 黃新民，〈華僑——第三勢力的支柱〉，《自由陣線》第 2 卷第 2 期，頁 16。

32 竺以，〈展望第三勢力運動〉，《自由陣線》第 6 卷第 8 期（民國 40 年 8 月 10 日），頁 7。

綜觀《自由陣線》上有關第三勢力之定義，可知第三勢力基本上應該只是革命過程中一個暫定的名詞。[33]至於此一名詞沿用時間之久暫，端視客觀形勢的推移而定。由於第三勢力一詞之定義，並無明確的界定，所以此一名詞甫提出，即頗具爭議性，也遭至各方不少批判。李璜說；「第三勢力」四字不通，在今日用之，尤其不通，因第三之上，必須有第一、第二；如果假定中共是第二，則三者之間已有是非善惡之分，何況反共與共，勢難兩立，如何能相提並論，故爾不通！[34]《民主評論》〈社論〉亦言，「第三勢力的所謂『第三』，假如是一個單純的數目字的涵義，則近乎不通；因為一個國家，出現幾個政治勢力，是一種自然的演進，並非可以人力預先用數目字來加以限定的。」[35]陳啟天則評論：

> 我們以為第三勢力這個名詞，含意過於含糊，不足標明一種運動的特徵。我們以為現在世界的大勢，只有兩大勢力的對抗：一方面是共產勢力，又一方面是自由勢力。除此兩大勢力外，並無所謂第三勢力存在的可能。……所謂第三勢力既以反共抗俄為號召，則一切反共抗俄的力量，無論在大陸、在台灣、在海外，也無論是國民黨、非國民黨，均應聯合起來一致反共抗俄。所謂第三勢力這個名詞易於使人誤會；不但反共產黨，而且反國民黨，不但反大陸，而且反臺灣。其實中國自由勢力的基地在臺灣。沒有臺灣，自由中國便無立腳的基地。……我們以為在臺灣以外，在國民黨以外，從事

---

[33] 〈對第三勢力的熱望〉，《自由陣線》第2卷第8期（民國39年8月1日），頁2。

[34] 李璜，〈談第三勢力〉，《聯合評論》第49號（民國48年7月24日）。

[35] 〈變態心理下的第三勢力問題〉，《民主評論》第2卷第9期（民國39年11月5日），頁2。

> 反共抗俄的自由運動，是必要的，但不必標名為第三勢力，致分散了自由勢力。[36]

語云：「名正言順」，陳氏之論，可說為這個在邏輯上陷入不可存在矛盾中的「第三勢力」一詞，下了最佳之註腳。

2. 第三勢力之源起

凡是一種政治勢力的崛起，必須具備客觀環境，本身條件和外在機緣等因素。五〇年代初期國內及國際間的特殊時代背景，為第三勢力提供了一個相當好的成長空間。日本政治學家古島一雄曾言：「當政治發展到某一階段，再加上國際環境的演變和需要，一個力量自然而然就要產生的。」[37]五〇年代初期的國際和國內環境有何演變呢？其對第三勢力的興起有何影響呢？

辛念渠在〈第三勢力的領導問題〉一文中，提出了清楚的說明，他說：「今日中國客觀環境促使第三勢力成長的基本因素有三：一為極權統治者與被壓榨的人民之間所存在著的對立形勢。二為國際情勢的急劇轉變，已使反侵略反極權的民主自由陣線日益顯明而堅強。三為覺悟份子正期待一個真正民主的新生力量的成長。」[38]關於上述所言的第一點，同為第三勢力刊物的《再生》曾有很好的補充，《再生》在〈論我國的第三勢力〉文中提到：

國民黨統治大陸時代，只有人民與政府之間的矛盾，亦即官僚、豪門與人民之間的矛盾，今日共產黨統治大陸，情形亦復如此，

---

[36] 陳啟天，〈評第三勢力〉，《新中國評論》第2卷第4期（民國40年9月），頁2。

[37] 〈古島一雄談中國第三勢力〉，《自由陣線》第5卷第10期（民國40年6月1日），頁12。

[38] 辛念渠，〈第三勢力的領導問題〉，《自由陣線》第2卷第6期（民國39年7月1日），頁7。

也只有人民與政府之間的矛盾。人民要自由，共產黨不給；人民要民主，共產黨不准；人民要和平，共產黨要戰爭；人民要國家獨立于國際社會之林，共產黨要一面倒；人民要與一切以友好善意待我之國家合作，共產黨偏聽命於莫斯科，排斥西方民主國家。這是中國社會當前面臨的另一個特殊形勢——人民之間沒有矛盾，人民與政府之間卻存在著尖銳的衝突。[39]

這種人民與政府間的尖銳衝突，有朝一日終將爆發，在中國人民了解只有從共產黨鐵蹄之下再解放出來，才有生路；而臺灣的獨裁政權與其特務統治和腐敗政治，又不能當此大任，於是一個新勢力的產生就是理所當然而勢所必至的了。[40]至於第二點，《自由陣線》以為，要構成一個世界自由民主陣線的整體，便不能缺少中國人民爭生存、爭自由的新生力量。世界自由民主陣線正急切的期待著中國新生力量的成長，好把東西兩方面的自由陣線連接起來；如此對冷戰有個全面的安置，對熱戰也才有一個善後的準備。[41]所以說，第三勢力的源起並不是一件偶然的事，它是有其內在生長的社會條件和外在大時代的需求所致。

是以《自由陣線》樂觀的認定：「歷史經驗告訴我們：二十世紀的後半期，極端的個人資本主義固應成為過去，但反資本主義的極端反動的極權共產主義，經過一度狂瀾之後，也開始走向下坡路去；代之而起的應該是這個既不代表資本主義也不代表共產主義的新興的第三勢力運動的時代了。中國第三勢力運動便是這新時代的產物，亦即是這個世界性運動的一支生力軍。」[42]

---

39 〈論我國的第三勢力〉，《再生》香港版第2卷第24期（民國40年9月16日），頁2。

40 石貫一，〈六年來的台灣〉，《自由陣線》第25卷第5、6期合刊（民國44年12月5日），頁33。

41 同註38。

42 同註32，頁6。

最後在第三點方面，當整個大陸同胞陷於水深火熱的時候，人民在對國民黨已厭惡失望，對共產黨更加痛恨絕望的同時，自然都渴望有一股力量，能引導中國走向新生大道，因之第三勢力就應運而生。[43]易言之，《自由陣線》以為，第三勢力的興起與展開，是由於全國普遍的要求與企盼，而這股要求與企盼的心聲，是隨著國、共的不得人心所產生。

誠如魏沐塵所言：「人民對第一勢力已感絕望，所以才盼望第二勢力為他們的救星，怎奈第二勢力倒向新帝國主義，行動乖謬更甚，致無數的良民被迫上梁山，這些被迫上梁山的善良百姓，他們既領略夠了往昔的壓榨，復遭受如今的奴役，事實的教訓使他們瞿然憬悟，自救的責任應當及時負起，只有把自己武裝起來才是自衛的不二法門，這個為了自衛的團體，就是第三勢力。」[44]

綜上所言，可知《自由陣線》亟力強調第三勢力運動，是中國近代政治發展的一個必然趨勢，它並不是一個已經成熟的力量，它只是一種基於客觀條件所催逼所造成的結果，它是一種不期而然，不約而同，直接產生於中國近代政治發展的中心原則，它是一種時代的脈動。[45]也因此，在當時眾多懷疑第三勢力背後有不單純因素存在的批判聲中，《自由陣線》以第三勢力的興起乃是國內時勢演變之必然，現實環境演變之結果，人心自發自覺之歸向，給與外界抨擊者有力的回應。

---

[43] 午潮，〈試論第三勢力的前途〉，《自由陣線》第 6 卷第 11 期（民國 40 年 8 月 31 日），頁 4。

[44] 魏沐塵，〈第三勢力的基礎〉，《自由陣線》第 2 卷第 1 期，頁 13。

[45] 張丕介，〈論第三勢力〉，《民主評論》第 1 卷第 17 期（民國 39 年 2 月 16 日），頁 17。

3. 第三勢力的組織

第三勢力在確立了意識形態，有了行動的靈魂後，接下來的步驟，就要談到行動的基本形式。換言之，也就是組織形態的問題。針對外界批評第三勢力缺乏組織，《自由陣線》原先不以為意，還說：「所謂組織不必就是形式上的機構，第三勢力在目前也不需要形式化地設立總部分部支部一套機構。」[46]第三勢力是基於民主自由的信念所凝成，凡是民主信徒、自由鬥士，都是同一陣線的成員，凡是反共的機構，都是同一陣線的組織。[47]

其後由於客觀環境的日益迫切需要，第三勢力分頭努力各不相謀的散漫情形也亟需改進，《自由陣線》不得不調整態度，開始重視檢討組織的重要性。最早提出此問題者為辛念渠，他說：「中國被壓迫的人民唯有在民主的原則下，自動的組織起來，並且產生一個真正代表民意的領導重心，然後才能有計劃、有步驟、有效果的展開反抗極權統治者的鬥爭。」[48]而歷史上任何一個運動，必須有了組織和領導，才能發揮它巨大的力量。因此如何來組織和領導呢？辛念渠提出了四點主張：「1.集結獨立自覺份子商訂共同行動綱領。2.實踐共同行動綱領，深入廣大群眾。3.透過廣大群眾的意見，配合國內外的情勢，舉行全國代表性的會議。4.成立常設機構，指導自由民主運動的全面開展。」[49]

上述意見雖嫌空泛，但終歸已是第三勢力運動想要步入組織化的開始。至於領導人物問題，辛念渠說的也很明確：「真正的領導者，必需是在廣大的運動開展中長成的。它並不是某個人，或者某少數

---

[46] 岳中石，〈我對第三勢力的希望〉，《自由陣線》第2卷第3期，頁12。
[47] 同註22。
[48] 辛念渠，〈第三勢力的領導問題〉，同註38。
[49] 同上註。

的人……我們解決第三勢力的領導問題，不是去覓求某些權威，或者去發現某些英雄；而是要在第三勢力的平面上，從集結和組織的過程中建立一個民主的重心。」[50]故第三勢力運動理想的領導者，應該從根本上忘記自己是一個領導者，否定領導者傳統的優越感與自我意識，全心全意的確立一新的領導方針，回到人民中間，把自己當做一個真正的平民。所以第三勢力運動，就領導人言，應該是一個下級運動，或者叫做還原運動。來自民間的領導者，仍然回到民間去。唯有站在人民中間，才能懂得什麼是民主自由；才能堅持自己的立場，為民主自由奮鬥到底。[51]既然第三勢力運動的領導者不能有英雄氣質，也不可有「超人」偏向，要徹頭徹尾是個平民化的領導者，此領導者的任務是艱巨的，責任是重大的，故他必需具備有恢宏的襟度、壯闊的意志，律己從嚴，責人從寬，眼光遠大，負責而不居功，果敢而不僨事，體格強壯，神志清明，刻苦任勞任怨，知人容人用人，打破名利生死關。[52]能符合上述所舉之各項條件，才配成為第三勢力運動的領袖。

繼辛氏之後，對第三勢力運動組織發表最具代表性文章者，當屬冷生的〈第三勢力組織問題的關鍵〉一文了，該文對第三勢力由誰來組織說到：「要組織的人便來組織。我可以組織，你可以組織，他也可以組織。集合許多『我』、『你』、『他』，自不難走上組織的道路。」[53]而且第三勢力的組織結構形態，應該要採取單一式的組織，不是混合式的組織。也就是說，每一第三勢力的成員，均以個人的身分，參加組織，從事組織。不是以任何黨派任何團體的全部

---

[50] 同上註。

[51] 同註30，頁11。

[52] 冷生，〈第三勢力組織問題的關鍵〉，《自由陣線》第2卷第10期（民國39年9月1日），頁5。

[53] 同上註，頁4。

或一部來參加的。第三勢力的結構實質，應該有可以共同信守的某種限度的約束性與相當嚴格的紀律，應該有原則上可以共同遵行的基本信念和主張，以作行動的標的。這是有鮮明個性的革命組織，不是個性不鮮明甚至沒有個性的普通政團。[54]

上述之言，簡單的說，即第三勢力的組織結構，不想再重蹈當年「民主政團同盟」或「民盟」的悲劇。由冷生之文可看出，《自由陣線》對第三勢力組織結構之基調乃是，第三勢力的組織形態必須是一個革命政黨的組織，而不是一盤散漫的政治團體、或派系集團。組織必須走群眾路線，而不能關門自守的與群眾隔離、架空。另外，基於組織是群眾政治理念相結合的最高形式，為要正常的行動和有計劃的領導群眾，必須要有統一的綱領和嚴明的紀律，唯此紀律的規範是可以透過自覺的、民主的原則來形成。[55]最後，則為組織的性能，不應該只是一個黨的性能，或政治性同盟的性能；第三勢力以為它應該是要具有全面改造社會的機能。[56]

4. 第三勢力的使命（目標及任務）

任何一種革命運動，均有其奮鬥的目標、努力的使命和最終的任務。第三勢力運動亦不例外。冷生說：「第三勢力的使命，就國內言：應該在國、共兩黨之外，以絕對超然的地位，別樹一幟。打破暴君統治的鐵牢，開闢國家民族新生的大路。就國際言：應該在民主國家集團與極權國家集團的對立之下，在資本主義與社會主義的矛盾之中，另闢蹊徑，尋求世界和平的坦途，導引人類歷史趨於

---

[54] 同上註。

[55] 張炬人，〈論第三勢力〉，《自由陣線》第4卷第3期（民國40年1月19日），頁3～4。

[56] 〈第三勢力運動的現階段〉，《自由陣線》第5卷第1期（民國40年3月30日），頁5。

合理正常的發展，謀取人類生活的繁榮康樂，長治久安。這是人類歷史的遠景，中國第三勢力者應當勇敢的負起加速此種遠景實現的責任。」[57]

冷生之言，或許陳義過高，然基本上，它只是第三勢力運動一個長程的使命與希望。至於近程的奮鬥目標，《自由陣線》言：「第三勢力努力的指標，不僅在摧毀舊的，黑暗的，更著重於新的，光明的建設。我們的努力不是衝動的，盲目的，而是有明顯的目標和確實的途徑。我們的基本信念，就是新中國建設的遠景。」[58]而此一遠景之藍圖，即求中國與世界之臻於「政治民主」、「經濟公平」、「文化自由」的理想社會。[59]故具體言之，吾人可歸納第三勢力運動的使命有三：近程——摧毀中共政權，恢復祖國獨立。中程——確立民主制度，還我人民自由。長程——打倒極權主義，永建世界和平。[60]

客觀說來，僅就上面三點而言，第三勢力之訴求，其實與國民黨的反共主張大同小異，但對於國民黨當局極力封殺第三勢力運動，《自由陣線》頗為不解的提出〈國民黨不必怕第三勢力〉，原因為第三勢力不但不危害國民黨，且對國民黨有許多利益。理由如下：

> 第一：現在大陸上的人民，被共產黨殘害得生存無路，憤激反抗的情緒日漸高漲，但是他們想到國民黨過去的腐化無能，又覺無所寄託。如果有一個不危害國民黨的新生勢力出現，這些反共而不滿意國民黨的人們，就會集中起來，成為最堅決的反共力量，這就有助於國民黨的反共戰爭。

---

57 冷生，〈第三勢力的幾個基本問題〉，《自由陣線》第2卷第8期，頁7。

58 倪惟一，〈地方政權的重建〉，《自由陣線》第6卷第2期（民國40年6月29日），頁6。

59 午潮，〈試論第三勢力的前途〉，同註43，頁4。

60 張一之，〈第三勢力的歷史使命〉，《自由陣線》第2卷第2期，頁5。

第二：共產黨由於奴事蘇俄，出賣國家，實行專制，殘害民主，在共產黨內部業已存在著深刻的不滿情緒，但是對國民黨又感到絕望的，因此他們在理想和組織上又無路可走。如果有一個新理想新形態的第三勢力，就會使這些愛祖國愛民主的份子，脫離共產黨，投入反共陣營，這樣便能分化瓦解共產黨的組織。這個力量是國民黨所絕無的，而是第三勢力所能有的。

第三：如果國民黨能真誠與第三勢力合作，承認其平等地位與民主權利，這樣一來，『自由中國』才能名符其實，才與『鐵幕中國』成為善惡是非的鮮明對照，才使有良知的人，勇於抉擇。因為自由中國不止於民族獨立的意義，而是在內部真正能實行自由民主制度。國民黨如果能這樣做，也唯有這樣做，才能挽回人民的信心與國際的同情。[61]

這段話，坦白說，平實中肯，頗具意義。第三勢力運動之使命，既與國民黨努力目標大致相契，何以反共力量無法團結，左舜生說：

「散居在中國大陸和臺灣以外的中國人，其數目在一千萬以上，大多數都是反共的。臺灣沒有方法運用這股力量以加強反共的陣容，這股力量的自身，也無法加強團結以發揮更大的作用。為許多人所相驚怕有的所謂『第三勢力』，僅僅只有這麼一個傾向，說真有人可以提挈這股力量，而加以像樣子的組織，截至現在為止，這樣一個或者若干個理想的人物，確實還沒有為世人所發現。把這種零星的力量分別附益於臺灣，對臺灣未必有益；把這種零星力量組織起來以與臺灣相呼應，也許反而可以相得益彰。可是留在臺灣的人們，

[61] 秦秋帆，〈國民黨不必怕第三勢力〉，《自由陣線》第2卷第2期，頁19。

具有這種認識的人也不太多，或許這也就是這種力量難於形成的原因之一。」[62]

陳啟天亦云：「我們以為政府當局對於所謂第三勢力的態度，宜用自由勢力的聯合陣線，融化許多各自為謀的所謂第三勢力份子，不必因其曾經從事所謂第三勢力便過度疑忌。我們深信：如果自由勢力的聯合陣線能早日建立起來，便可融化一切反共勢力，並團結一切反共勢力，而不必以第三勢力自詡了。」[63]可是臺灣當局，計不及此，仍使雙方分道揚鑣，殊途而無法同歸。

5. 第三勢力與中間勢力

第三勢力最令外界質疑的，即為第三勢力乃是「中間勢力」、或謂「第三方面」、「第三黨」等稱呼。而在《自由陣線》上，關於第三勢力與中間勢力的區別，也是人言言殊，各不相同的。有贊成第三勢力即中間勢力者。[64]有承認「中間路線」存在者。[65]然更多的文章是反對將第三勢力與第三方面或中間路線劃上等號。魏沐塵即說：「第三勢力既為隨著國共的沒落而產生，所以他在先天性上

---

[62] 左舜生，〈反共形勢在延宕中〉，《自由人三日刊》第 17 期（民國 40 年 5 月 2 日）。

[63] 同註 36。

[64] 如農父言：「第三勢力是基於民主自由的共同要求而漸漸凝成的，並不藉國際背景的提攜，或者實力分子的拉攏雜湊——拉是拉不來，湊是湊不攏的。對國共而言，它是第三勢力（以前國是第一勢力，共是第二勢力。目前共是第一勢力，國是第二勢力）猶之國共談判時候之有第三方面。這是第三勢力名詞的由來。再，國代表右的勢力，共代表左的勢力，其代表中間不左不右的勢力就是第三勢力。所以第三勢力也可以叫做中間勢力。這是第三勢力名詞的又一由來。」見農父，〈中國第三勢力究竟在那裡？〉，同註 22。

[65] 如洪明言：「我們承認『中間路線』的存在，相信第三勢力即將成長。」見洪明，〈第三勢力與中國前途〉，同註 19。

負有艱鉅的使命，其歷史任務在承擔起國共所不能解決的問題，並剷除國共兩大之間的一切惡勢力，因此第三勢力決不是徘徊於國共兩大之間的騎牆份子，更不是倚靠於兩大之間的中間路線。」[66]易言之，第三勢力，它不是跨於國、共兩黨之間，而是超出國、共兩黨之外，它不是調和折衷於國、共兩黨之間，而是對國、共兩黨有所否認與批判。[67]

因此，第三勢力絕對不是國、共兩黨左右兩家之分店，持此論者，在當時不僅存在於《自由陣線》，張丕介在《民主評論》亦發表相同的論調。他說：「所謂第三勢力者，決不是國民黨加上共產黨的混合體，也不是寄生于國共之間的中間路線，更不會是某些野心政客軍閥的封建力量。它是以全民族全社會為基礎的，超越於今天國共之上的新勢力。」[68]

其後，同為宣揚第三勢力刊物之《再生》亦言：「你們走中間路線？不，我們拒走中間路線，也反對走中間路線。在民主與獨裁、自由與奴役、理性與瘋狂之間，沒有中間路線可走。想走中間路線的人，一定是掛羊頭賣狗肉，不是投機、取巧份子，定是騙子。」[69]語鋒犀利，以示第三勢力絕不同於中間路線者。

由上觀之，彷彿第三勢力之「第三」，除了是出諸暫時的權宜之計外，它不僅不是標榜中間的「第三」，甚至還含蓄著代表排斥左右兩極端之意義。[70]是故王厚生說：「第三勢力，它與極左極右都勢不兩立，所以，第三勢力具有一個特徵，即它不是一種消極的被動的因素；相反的，它是一種積極的主動因素，它不與極左極右

---

[66] 同註44，頁12。

[67] 〈展望第三勢力〉，《自由陣線》第3卷第6期（民國39年12月1日），頁38。

[68] 同註45。

[69] 〈論我國的第三勢力〉，同註39。

[70] 王厚生，〈回首年話〉，《再生》香港版第24期（民國39年9月16日），頁4。

的勢力妥協，也不為極左極右的勢力拉攏，起調和作用，是故第三勢力又可視為辯證法中的『合』的勢力，辯證法中的『合』，不是調和『正』、『反』而成，乃是摧毀『正』、『反』以後，奠立的新的『合』。」[71]

除了和中間路線有所不同外，第三勢力和「第三方面」也有明顯的歧異。冷生對此有簡要的說明：「第三勢力既不同於共產黨人所說的『中間路線』，亦不同於國共和談期間人所慣稱的『第三方面』。中間路線易流於政治上的機會主義者，而成為騎牆派。第三方面原是兩者之間的『和事佬』，上焉者左右逢源，沒有主張，也不能表現主張。下焉者變形易質，竟完全一邊倒了。兩者充其量只是沒有個性的政治團體，自不能與具有革命特質的第三勢力等量齊觀。」[72]

呼應冷生之文，而能真正對第三勢力與第三方面提出更具體區分的為王厚生，王氏在〈什麼是第三勢力？〉文中明白描述到二者的分別，他說：第三勢力與第三方面是不同的，就組織內容言，「第三方面」是除開國、共兩黨之外，各黨各派和一部分社會人士形成的，所以它的範圍局限在一些政團和民主人士，比較上是社會的少數力量。而第三勢力在組織內容上則完全與「第三方面」不同，因為它本身就是全國四億民眾的組織，它的範圍遍及全國，不分老少男女農工商學，都是「第三勢力」的組成分子，所以，它是社會上的絕大多數力量。

職係之故，第三方面只能建築基礎於「第三勢力」上面，沒有「第三勢力」，那裡來「第三方面」？沒有第三勢力即無第三方面，

[71] 王厚生，〈第三勢力與憲政〉，《再生》香港版第 13 期（民國 39 年 4 月 1 日），頁 4。
[72] 冷生，〈第三勢力組織問題的關鍵〉，同註 52，頁 4。

有了起來了的第三勢力，然後才會產生堅強有力的「第三方面」。[73]至於「第三黨」與第三勢力之分野，亦是如此。王厚生言：「今日國內，倘果有第三黨之組織，亦決不能以民眾的第三勢力自居，因為第三勢力為民眾的勢力，果有合乎民主精神與標準之第三黨組織，並只能認為第三黨在民眾要求民主的環境中，基礎上，適合時代的需要而成立，但絕不能讓第三黨『獨占代表第三勢力』的資格。」[74]

整體觀之，五〇年代的第三勢力運動者，大多數的人顯然在態度上是不承認第三勢力與第三方面有任何關連的，除了極力撇清二者之間的不同外，也不願意外界對其與「政協」時代之第三方面產生聯想，甚至亦怕重蹈戰後國、共對峙期間，第三方面走中間路線之悲劇。

四、結論——兼論第三勢力之挫敗

大凡一種革命運動的成功，需要多方面因素來配合，五〇年代的第三勢力運動之所以只能造成一股狂熱，但形成不了氣候，基本上是由多種原因所致。就客觀情勢而言，第三勢力運動，在遭受國、共兩黨的左右開攻打擊，其環境之惡劣，可想而知。[75]但就運動本身的條件論之，其所具備的條件不夠充分，亦是一大關鍵。如缺乏正確的思想領導，光有空洞的政治理想，是不能成為事實的；領導人物的不足，不能領袖群倫，人心無法昂揚；組織的鬆弛，未能

[73] 王厚生，〈什麼是第三勢力？〉，同註23，頁10～11。
[74] 同註71。
[75] 伯平，〈何以不能造成狂熱？〉，《自由陣線》第25卷第5、6期合刊（民國44年12月5日），頁30～31。

將散漫的意志與力量集中起來，運動自然無法達到預期的凝聚作用。[76]

此外，理論體系的闕如，無完整周詳嚴密的實踐計劃，亦為第三勢力運動的一大敗筆，從事運動者認識含糊，觀念上缺乏進取精神，舊式的政治觀念，沒有與時俱進，信心不夠，對第三勢力運動欠缺真正的認識與瞭解。也是第三勢力一份子的孫寶毅批評的很好，他說：第三勢力迄今何以還沒有成為一具體的強大政治力量之因，為若干人太重視美援，認為美援不來，一切都無辦法。且大家太重視於現成領袖與現成力量，而決心赤手空拳，自己站起來幹的，簡直鳳毛麟角。又在思想上，雖反共抗俄的前提是一致的，但在內容上，則五花八門，無法統一；在方法上，有的主張從百年大計的文化與教育入手，有的則迫不及待最好在五分鐘內即開始軍事行動。[77]

檢視五○年代的第三勢力運動，孫氏所指出的缺失，無可諱言，是確實存在於第三勢力陣營中的。不僅孫氏批評，第三勢力運動大將之一的左舜生，指責更是露骨，左氏說：

「在今天要構成一個『第三勢力』之所以難於有成，其原因也不複雜：一、領導無人，不得已而思其次，以為可以藉組織來作集體領導，此即無異表示並無任何人確有自信並確有把握，敢於挺身出來多負責任。二、今天的青年也確實不容易領導，許多的老年人和中年人在多數青年的眼中，不是已經人格破產，便是思想落伍，要他們輕於接受這樣一種人物的領導而效命於國家，實在是難之又難。三、今天這個局面確實是太艱難也太複雜，要提出一個釐然有當於人心，而又切合於事實需要足以解決當前難題的良好辦法，有

[76] 同上註。

[77] 孫寶毅，〈第三勢力如何團結起來？〉，《再生》香港版第 19 期（民國 39 年 7 月 1 日），頁 7～12。

什麼個人或集團真正可以提出？四、這個運動的起來既雜得有國際因素，甚至可以說大部是由於國際因素，而今天的國際情勢又確實是微妙難知，變化莫測，假定『第三勢力』因今天國際的情勢如此而起來，萬一明天國際的情勢如彼，又如何求得一足以自存之道？古今中外原有不少借助外力的政治運動，但如果完全依靠外力，這豈不是過於危險？五、此外還有一個更基本的難題，便是由於一般精神的墮落，與新生機的梏亡，因之使人處處感到新人才的缺乏，在這一點上『第三勢力』之不容易形成，也正猶之臺灣之不能作有力的表現一樣。一言以蔽之，實由於問題太大太難，而人才太少太不夠標準而已。」[78]

總之，五〇年代的第三勢力運動，吾人可以很客觀的說，其「勢」是有的，但「力」則談不上。《工商日報》曾評「力」之主觀內容有七個基本條件，分別是：1.要有足以號召群倫的領導人物。2.要有堅強刻苦的幹部。3.要有廣大支持的群眾。4.要有切合此時需要的綱領主張。5.要有嚴密的組織。6.要有深入廣泛的行動。7.要有國際的同情與援助。[79]準此七點而言，第三勢力運動顯然是夠不上標準的，故其失敗之因亦就不言而喻了。

五〇年代的第三勢力運動雖告失敗收場，然其起落在中國現代政治史上，仍有其參考取向的價值。何以在中國政治史上，以知識份子為主體的第三勢力常扮演一政治核心的邊緣角色，很難取得主流的地位，其故何在？吾人以為除了外在因素外，第三勢力在先天上也有其侷限性，以致於其能發揮的影響力有限，第三勢力的侷限性有四：

---

[78] 左舜生，〈對復國建國的一個期待〉，《香港時報》（民國40年8月4日）。
[79] 〈評所謂「第三勢力」〉，《工商日報》香港版（民國39年6月8日）。

第一：角色的模糊

第三勢力雖然標榜有別於國、共兩黨，甚至亦強調其非「中間路線」。那到底其飾演何種角色呢？以民主自由勢力自詡，基本上，民主自由只是很空洞的口號，如何能因此口號而定位其屬性，且以「第三」自居，本身意涵已頗堪玩味。誠如《民主評論》批評甚是：「『第三勢力』並不是一個政黨的名稱，而是一種第三人的稱謂。一個人可以自稱為是甚麼政黨，或甚麼主義，但無法稱自己是第幾勢力。」[80]

孫抱貞亦說：「第三勢力何以不能形成為我國一個具體的政治力量，並且何以會前後變質，這不能不歸根於這個名稱很不妥當。所謂第三勢力的怪現象，如含糊、不堅定，易於引起一般國人的錯覺，和便於引起政治野心家的幻想與混水摸魚或偷天換日的勾當，都是由此而來。」[81]試想，所謂第三勢力，顧名思義，應該是在第一勢力和第二勢力之外，另行建立一支勢力。換句話說，即在極權與反極權之外，再來一個也極權也反極權的集團，這在邏輯上如何能說的通呢？所以，角色的模糊可以說是第三勢力運動之最大致命傷。

第二：政治資源缺乏

第三勢力運動可謂完全靠美援起家，打通國際路線，有美國奧援，運動就搞的頗像個樣子，生龍活虎，一旦國際情勢有變，美援不來，士氣就土崩瓦解，無以為繼。針對這種完全倚賴外力的情況，也是當時海外第三勢力運動之精神領袖張君勱，曾專函在香港的謝澄平（按：謝即《自由陣線》負責人，是搞第三勢力運動最有成績

---

80 〈變態心理下的第三勢力問題〉，同註35。

81 孫抱貞，〈「第三勢力」的思想背景〉，《再生》香港版第13期（民國39年4月1日），頁7。

者），提到「不依傍實力」的精神條件，張說：「第三勢力倘稍存依傍瞻顧之心，自己動機不正，勇氣為之減少，此為第三勢力所不可不大大覺悟者也。」[82]然言者諄諄，聽者藐藐，第三勢力的政治資源可謂完全建立在美援之上，其後美援不來，第三勢力運動也旋即拆台。

第三：結構的脆弱

第三勢力的結構形態是以派系聯盟式的組織為主，衡諸五〇年代的第三勢力運動，這種聯盟式的組合方式，先天上有其脆弱性，因為容易造成分離主義或山頭主義。雖說在《自由陣線》上，從事第三勢力諸君亦提出第三勢力的結構形態，應以單一式的組織為佳，而不是混合式的組織。[83]然形勢比人強，最後第三勢力的組織仍是以派系聯盟的方式為之。這種多派系的聯盟組合，內部統合不易，凝聚共識困難，對於其特定的內容與所代表的事實則尚未範型，所以其角色較模糊不清。

這種模糊不清的角色，使第三勢力在拓展社會基礎上遭遇很大的困難，因為它缺乏公共政策，目標不明確，缺乏決定政策之一貫性及統一性。美國密西根大學政治系教授（Samuel T. Eldersveld）說：「政黨最重要的功能是決定政策，隨著民主化的發展，民意的塑造對政黨選舉時獲得選票有著密切的關係。政黨政治即是民意政治的意涵，而表現在民意政治上最具代表的指標即為公共政策的制定。」[84]

---

[82] 張君勱，〈致謝澄平書論第三勢力之精神條件〉，《再生》香港版第17期（民國39年6月1日），頁9。

[83] 冷生，〈第三勢力組織問題的關鍵〉，同註52，頁4。

[84] 轉引自陳正茂，〈第三勢力在兩岸交流之角色分析〉，《第二屆海峽兩岸關係研討會》（香港：1992年7月8～11日），頁16。

以此而言，第三勢力顯然尚未符合政黨的條件，也因如此，第三勢力要由一個菁英式的結盟轉化成平民性的政黨，在社會基礎上似嫌薄弱。其結果亦肇下第三勢力在參與政治和社會事務上影響力的不足，而這種不足，有一大部份的原因，與第三勢力在先天上組織結構的脆弱性有關，此亦第三勢力侷限性之所在。

第四：屬性的限制

第三勢力基本上是以知識份子為主體的，知識份子在中國常扮演一個「關心他個人身處的社會及時代的批評者與代言人」的角色。[85]此角色尤以表現在政治的批評上最明顯。如果知識份子在社會上有立足之資，他就有較大的批判自由；如果在政治之外，尚有抗衡政治的憑藉，則其批判的自由將更大。[86]此種政治批判自由的權力，外緣因素來自社會對知識份子超然性、客觀性、中立性之角色期待；內緣因素則來自當一群知識份子所秉持的思想觀念遙遙領先社會的發展進度時，他們即很容易成為傳統文化和社會現象乃至於政治現實的批判者，甚至革命者。[87]

職是之故，就政治立場言，知識份子在傳統政治中常以「第三勢力」或「中間勢力」的角色出現。但在中國現代政治舞台上，知識份子卻常遭到「同化」的命運，何故？那是因為知識份子在政治上雖然獲得了參與的機會，在政治與社會事務上扮演某種角色，但是，並不意味政治權利的分配，或者，雖然獲得政治權利的分配，也不意味參與理想的實現。在這種情況上，知識份子的參與成了分

---

[85] See Crane Brinton, The Anatomy of Revolution（N.Y.: Vintage Book, Revised & Expanded, 1965）, p.42.

[86] 金耀基，《中國現代化與知識分子》（台北：時報文化出版事業有限公司出版，民國 70 年 11 月初版），頁 62。

[87] 陳國祥，《青年呼聲》（台北：四季出版公司出版，民國 68 年 9 月 1 版），頁 172。

沾一些政治權力而遷就於現實。這有兩種形態，一是成了政治現實結構的一份子；一是成了對政治現實的妥協。這兩種形態，都是知識份子參與的被政治現實同化。

當然，這種同化並不是毫無積極意義的，可慮的是，知識份子在被同化的過程中嚐到了權力、權利與名譽的滋味，而放棄了對於參與理想的追求。當知識份子在現實政治社會中，因此而享受到權力、分配到權利，進入統治階層或成為現實政治與社會的利益既得者後，知識份子便會察覺到，這些收穫，事實上是一種妥協的代價，是一種交易；有所得必有所付出，有所妥協。否則，這些獲得的便會立即喪失。

因而，所謂「權力常使人腐化」的現象與後果產生了。知識份子不只耽於權力、權利與名望而放棄了參與理想，甚至為了保持所獲得的，進一步擴大與升高所獲得的，而成了「新階級」，既寄附於現實政治權力，復成為辯護與維護者，知識份子的參政理想性至此早已蕩然無存了。其實，中國的知識份子一直強調某種參與而保持獨立人格與理想的信念。但是，除非排斥的反應特別強烈而無可妥協，否則，知識份子被同化倒成了常態。[88]由過去的「民盟」及五〇年代的第三勢力運動，可以清楚的檢驗出第三勢力在中國當代現實政治挫敗之因素所在。

---

[88] 楊選堂，〈知識份子的政治參與〉，《中國論壇》第15卷第1期（民國71年10月10日），頁4。

五〇年代香港第三勢力的主要團體

——「中國自由民主戰鬥同盟」始末

一、前言

民國38年，是中國政治史上驚天動地的一年，鏖戰多年的國、共內戰，終告塵埃落定，共產黨席捲大陸，國府則倉皇遷台。處此風雨飄搖之際，一部分對國、共兩黨均不滿的失意政治人物、知識份子，在美國和李宗仁的支持下，雲集香江一隅，首揭反國、共兩黨大旗，標榜反共、反蔣，堅持民主自由的第三勢力主張，此即五〇年代在香港曾盛極一時，喧騰不已的第三勢力運動。[1]

基本上，五〇年代的第三勢力運動，是美蘇冷戰結構下的一環，它背後有美國援助；以及反蔣勢力李宗仁等之奧援，故有其錯綜複雜的國內外背景因素存在。當時第三勢力之要角有張發奎、顧

---

[1] 林博文言：「反蔣親共的『民主人士』於一九四八、四九年紛紛自港北上變為紅朝新貴，形成了第一波的政治運動。『民主人士』北歸後，一批反蔣反共的國民黨政客、將領、自由派、學者和文化人，組成了『第三勢力』，試圖在國共之間另起爐灶，以延續中國政治傳統中最脆弱的一環——反對力量。第二波的政治運動於焉在香港興起，而在五、六〇年代蔚然成風。」見林博文，〈五〇年代香港『第三勢力』運動興亡始末〉，《歷史的暗流——近代中美關係祕辛》（台北：元尊文化出版，1999年1月初版），頁107。

孟餘、張君勱、左舜生、李璜、張國燾、許崇智、伍憲子、李微塵、童冠賢、邱昌渭、謝澄平、羅夢冊、董時進、許冠三、王厚生、司馬璐、孫寶剛、孫寶毅等，這些人分屬民、青兩黨，部分為國民黨及桂系政治人物。[2]

它們在美國金錢支助下，先後成立了「自由民主大同盟」、「中國民主反共同盟」、「中華自治同盟委員會」、「大中國建國會」、「中國民主大同盟」、「中國自由民主戰鬥同盟」等名稱大同小異的第三勢力團體，並透過報章雜誌宣傳其理念。曾辦過有《自由陣線》、《獨立論壇》、《祖國》、《大道》、《中國之聲》、《中聲日報》、《中聲晚報》、《主流月刊》、《再生》、《民主與自由》、《今日半月刊》、《聯合評論》等 10 餘種刊物。[3]高擎反共、反蔣旗幟，揭櫫要走自由民主之路的第三勢力之政治主張。

在這麼多眼花撩亂的第三勢力團體中，真正較具實力和代表性的，當屬民國 40 年由張發奎、張君勱、顧孟餘等成立的「中國自由民主戰鬥同盟」（以下簡稱「戰盟」）。本文即以「戰盟」為探討對象，談談當年在美國暗中支援下，香港第三勢力運動的經緯始末。

---

[2] 李璜將當時南下香港的流亡人士分為四類，即平民與學生、工商界熟手、文化界人士、軍政界人物。李璜，《學鈍室回憶錄》下卷（香港：明報月刊社出版，1982 年元月初版），頁 721～723。胡志偉則分的更細，胡將其分為七類：(1)、失意政客：如張君勱、彭昭賢、王正廷、李璜、左舜生、謝澄平等。(2)、落魄軍人：如張發奎、許崇智、劉震寰、上官雲相、陳濟棠、金典戎等。(3)、桂系要員：如黃旭初、童冠賢、張任民、韋贊唐等。(4)、中共叛徒：如張國燾、龔楚等。(5)、漢奸：陳中孚、招桂章、趙正平等。(6)、知識份子：如顧孟餘、丁文淵、黃如今、張純明、李微塵、易君左、趙滋蕃等。(7)、知識青年：如胡越、徐東濱、陳濯生、許冠三等。胡志偉：〈「自由中國抵抗運動」的開場與收場〉，《傳記文學》第 93 卷第 6 期（民國 97 年 12 月），頁 48～49。

[3] 陳正茂，〈簡述五〇年代香港「第三勢力」運動〉，《傳記文學》第 71 卷第 5 期（民國 86 年 11 月），頁 66。

二、「戰盟」前的第三勢力組織

基本上，在大陸淪陷後，「韓戰」繼之而起的五〇年代初期，美國為對抗共產主義在亞洲的擴張，積極採取行動以謀因應。當時美國對付中共的策略，是雙管齊下進行的。「韓戰」爆發後，美國與蔣介石的國府重修舊好，除外交上承認中華民國，軍援、經援也源源而來，希望強化台灣對抗中共的實力。另方面，在中央情報局的佈陣下，美國也以香港為大本營，透過金錢援助，扶持既反共又反蔣的第三勢力團體。美國此舉，除反共因素外，顯然對台灣的蔣介石政權，仍存有戒心。[4]

就在美國的「金錢」攻勢下，當時困居香江，經濟非常拮据的一些過去在中國略具知名度與影響力的政治人物，成為美國物色網羅的對象。而彼輩為得到美援，也積極配合希望得到美國的青睞。當時這些人的身份，約可分為四類：(1)國民黨軍政界人物：如張發奎、顧孟餘、許崇智等；(2)民、青在野黨領袖：如左舜生、李璜、何魯之、張君勱、伍憲子、李微塵等；(3)民意代表或失意政客：如童冠賢、黃宇人、王孟鄰、邵鏡人（CC 派人物）、張國燾、宣鐵吾等；(4)知識份子和桂系人物：如黃如今（前東北大學校長）、張純明（前清華大學教授）、王季高（前北平市教育局局長）、黃旭初、程思遠（後二者為「桂系」代表）等。[5]

---

4 基本上，第三勢力及以後「戰盟」的經費，均係由美國中央情報局資助，代表哈德門由該局駐東京麥克阿瑟總部之分局支付。汪仲弘註釋，〈台北舊書攤上發現的「總統府秘書長箋函稿」(2)〉，《傳記文學》第 71 卷第 4 期（民國 86 年 10 月），頁 46。

5 程思遠，《政海秘辛》(香港：南粵出版社出版，1988 年 1 月 1 版)，頁 234～235。

為得到美援及打通美國這條國際路線，在「戰盟」之前，其實香港的第三勢力團體，已如雨後春筍般的成立。[6]其中較具知名度的，當推青年黨左舜生、謝澄平等創辦的《自由陣線》集團。民國38 年夏，李宗仁在廣州時，曾以代總統名義發給青年黨、民社黨各兩萬銀元作為疏散經費。[7]青年黨即以這筆錢，在香港創辦《自由陣線》週刊，該刊由左舜生主持，然不久即面臨財務困難，曾向台灣的國民黨請求補助並獲得應允，後因該刊言論轉趨激烈，國民黨因此停止補助。[8]

就在《自由陣線》面臨停刊命運之際，「及時雨」出現了，時美國巡迴大使傑塞普（Philip Jessup）正在香港，謝澄平透過管道與傑塞普見面時，知其曾任哥大教授，遂以曾留學哥倫比亞大學，執弟子之禮甚恭而獲傑氏好感，傑氏答應以亞洲基金會名義，給予每月兩萬美元的補助。關於此事經緯，當年亦參與第三勢力運動的張葆恩，於謝澄平逝世後的追悼文章，曾詳實的敘述其始末。

張說：「一日，澄平於過海輪中巧遇盧廣聲，盧告訴澄平傑賽普已到香港，可透過尤金見傑氏。澄平即將此事就商於何魯之，何

[6] 焦大耶言：「當一九四九年冬季至一九五〇年春季之交，是這運動最蓬勃而又最混沌的時期。當時左一個座談會，右一個小組會，有十人八人一堆的，也有十幾二十人一起的，有的約期會談，並無固定形式，有的則商擬名稱，起草綱領，儼然要有正式組織，據一般估量，類似此種組合，達一百以上；傳說美國領事館曾有調查，則為七十餘個，當較可靠。」焦大耶，〈第三百六十一行買賣〉，《新聞天地》第 9 年第 40 號（總號 294 期）（民國 42 年10 月 3 日），頁 8。

[7] 傅正主編，〈雷震日記〉（1950 年 3 月 17 日條），《雷震全集》（32）（台北：桂冠版，1989 年 5 月初版），頁 63。程思遠說李宗仁在廣州的時候，以代總統名義發給青年黨、民社黨各 3 萬元，見程思遠，《政海秘辛》，（香港：南粵出版社，1988 年 1 月 1 版），頁 236。

[8] 傅正主編，〈雷震日記〉（1950 年 4 月 8 日、5 月 10 日、6 月 10 日、6 月16 日、8 月 11 日條），《雷震全集》（32），同上註，頁 80、103、123、127、163。

氏贊成其積極採取行動。澄平隨即到美國駐香港領事館求見尤金，但出來接見的是S君，從三十九年元月起，澄平與S君多次見面，最後敲定以《自由陣線》周刊和美方合作，先從文化方面做起，建立重點，由文化運動，發展到政治運動，再進而及於軍事的運動，形成第三勢力的整體架構，以達成反共復國的使命。」[9]《自由陣線》至此乃由謝澄平接手，並擴大規模辦了「自由出版社」及《中聲日報》、《中聲晚報》等刊物，形成所謂的《自由陣線》集團。該集團核心人物除謝澄平外，尚包括何魯之、丁廷標、劉子鵬、于平凡、史澤之、易重光、樓文毅、許子由、張葆恩、左幹忱等人。[10]

當時謝澄平以《自由陣線》為言論喉舌，對倡導第三勢力運動非常積極，嘗與張國燾、顧孟餘、何魯之、童冠賢及自己舉行五人茶話會，每星期四舉行一次，開會地點多在童冠賢家裡。後又加入黃宇人、程思遠、張國燾、董時進、伍藻池、黃如今、羅夢冊、史澤之等，舉行跨黨派九人定期座談會。後謝澄平認為可以將座談會擴大為組織，並命名為「民主中國座談會」，主張從教育著手，培育下一代，奠定組織的社會基礎。[11]但就在謝準備籌組之際，又出現一位 H 先生，此公支持張發奎，因張主持廣州行營時與其有接觸，H 先生是美國中情局的華南首腦；S 君則是華中的負責人。

然張發奎以自己是軍人不懂政治，乃向 H 先生推薦顧孟餘，於是第三勢力形成所謂的「顧、張」局面，且欲組新政團。澄平為此事曾請詢S君，S君建議澄平與渠合作，澄平最後見了 H 先生，

---

[9] 張葆恩，〈大時代的悲劇人物（上）——悼念謝澄平老哥〉，《全民半月刊》14卷7期（民國81年10月25日），頁29～31。

[10] 〈關於共匪及第三勢力在港活動與我方今後工作部署之建議〉，《總裁批簽》，台（48）（央密字第093號，1959年5月5日），中國國民黨中央黨史委員會（以下簡稱黨史會）藏。

[11] 黃宇人，《我的小故事》下冊（香港：吳興記書報社，1982年），頁128～130。

也引薦顧孟餘見了 S 君，此為美國推動中國第三勢力雙頭馬車的局面。S 君支持謝澄平；H 先生力挺顧、張，為避免力量分散，澄平一派基於第三勢力大聯合的考量，遂放棄自組政團，轉而加入張、顧新政團的籌組工作，此即日後的「戰盟」組織。[12]「戰盟」成立後，謝澄平、何魯之等雖以青年黨代表列名其中，然《自由陣線》仍維持其獨立運作，在整個五〇年代第三勢力運動中，擁有相當實力。[13]

客觀說來，其實《自由陣線》集團，對第三勢力運動的重要性與影響力，較其後的「戰盟」大的多，尤其在言論鼓吹方面更是如此。自謝澄平接掌《自由陣線》後，該刊即致力於第三勢力理論的闡揚與宣傳活動，39 年 5 月 1 日，該刊還特別出版「第三勢力運動專號」，表明其作為第三勢力旗手的決心。在〈我們的基本信念〉文中，《自由陣線》揭櫫「民主政治」、「公平經濟」、「自由文化」三大綱領，作為打倒中共專制，反對國民黨獨裁，建立獨立民主的新中國的理想目標。[14]

此外，「自由出版社」亦出版大量反共書刊，對海外反共運動頗多貢獻。據謝澄平說，「自由出版社」自 39 年 7 月成立至 43 年底止，《自由叢書》共出刊 256 種，舉凡中國歷史文化、各國政治文化、蘇俄問題與經軍事專著等，約有 60 餘種，而關於中共問題的書籍則有近百種之多。[15]唯自民國 48 年起，亞洲基金會改變方

---

[12] 張葆恩，〈大時代的悲劇人物（中）——悼念謝澄平老哥〉，《全民半月刊》14 卷 8 期（民國 81 年 11 月 10 日），頁 18～19。

[13] 萬麗鵑，〈一九五〇年代的中國第三勢力運動〉（台北：國立政治大學歷史學系研究部博士論文，民國 90 年 7 月），頁 29。

[14] 本社，〈我們的基本信念〉，《自由陣線》第 3 卷第 3 期（1950 年 10 月 10 日），頁 4～5。

[15] 謝澄平，〈三年來的自由陣線〉，《自由陣線》第 12 卷第 5、6 期（1952 年 12 月 5 日），頁 4。辛木，〈自由叢書發刊五年〉，《自由陣線》第 21 卷第 1

向，從資助宣傳轉為補助教育，對《自由陣線》經援也大幅削減，《自由陣線》至此維持日益艱困，最後終於走到停刊命運。該刊總計維持了十年，而較晚成立的「戰盟」，則早已結束多年，可見《自由陣線》集團對第三勢力運動的貢獻，遠在「戰盟」之上。

三、「中國自由民主戰鬥同盟」的成立

有關「戰盟」的成立經過，前戲還有一段插曲，此即許崇智先行成立的「中國民主反共同盟」與「中華自治同盟委員會」二組織事件。事情緣於民國 39 年，前廣州嶺南大學校長香雅各（Dr.James McCure Henry）於解職過港赴美時，會晤了昔時廣東軍政領袖張發奎。晤談中，香雅各積極鼓勵張發奎出面領導反共游擊戰爭，並暗示倘張願意出面，美國將會予以支持。[16]張發奎亦認為：「有主義、有聲望的人應該建立一個新的秘密團體，形成一種新的力量；為了未來的工作，應該訓練年輕人。」而關於此一團體成員，張提到可網羅顧孟餘、童冠賢、張國燾、李璜、李微塵、伍憲子；香雅各則提到張君勱和許崇智。香謂待其回到美國後，可能會接觸某些人，如事情有所進展，將會寫信給你們。[17]

民國 40 年初，果然有三位美國人帶香雅各的信函至香港，其中二人，一人名為哈德曼（Hartmaun）；另一人為柯克（Cooke），他們聲明渠非代表美國政府，而是代表美國民眾前來協助中國發展第三勢

期（1954 年 12 月 6 日），頁 13。

[16] 金典戎，〈最初在香港搞第三勢力內幕〉，《春秋》（香港版）第 175 期（1964 年），頁 2～4。

[17] 楊天石，〈五〇年代在香港和北美的第三種力量——讀張發奎檔案之一〉，楊天石，《抗戰與戰後中國》（北京：中國人民大學出版社，2007 年 7 月 1 版），頁 630～631。

力。[18]逢此難得機會，許崇智表現的最積極，許逐一聯絡了童冠賢、彭昭賢、張國燾、宣鐵吾、上官雲相、胡宗澤、梁寒操、方覺慧、張任民、伍憲子、伍藻池、王厚生、金侯城、左舜生、顧孟餘、王正廷、任援道、鄧錦章、趙立武等人，發起組織了「中國民主反共同盟」。[19]

該盟曾煞有其事的發表十二項〈政治綱領〉，並正式對外招兵買馬，而美方原本對此組織也寄予厚望給以支持，但未幾即知許根本扶不起來，且其行徑荒唐不堪。《雷震日記》即載：「許崇智在香港組織第三勢力時，曾組一俱樂部，以聯絡各方人士。但許之俱樂部『在妓女寓中，許請客一面大談政見，一面懷抱女人』，因此『大家都看不起其為人』。」[20]

所以不久張發奎即與許崇智發生不合，張另找顧孟餘合作，欲另組新政團，美方雖介入協調，仍無結果。後美國亦知道許崇智並無多大號召力，且所提計劃也不切實際，故棄許而支持張、顧。[21]而原擬參加該盟之人，也見風轉舵轉而追隨張、顧。許為與之對抗，曾聯合汪偽時期失意政客如鮑文樾、汪嘯崖、任援道等組「中華自治同盟委員會」，許自任委員長，下設行政、軍事兩委員會，由許及任援道分別負責。該會標榜反共反台，曾與美國聯邦調查局駐日聯絡組合作，在香港召募幹部送往菲、日等地受訓。[22]許之組織因

---

18 〈對顧張等醞釀第三勢力近況報告〉，（中國國民黨中央改造委員會第 150 次會議紀錄，附件，1951 年 6 月 7 日），黨史會藏。

19 〈許崇智領導「中國民主反共同盟」發展現況〉，《總裁批簽》，台（40）（改密室字第 0083 號，1951 年 2 月 23 日），黨史會藏。〈「民主反共同盟」集會情形〉，見《總裁批簽》，台（40）（改密室字第 0124 號，1951 年 3 月 23 日），黨史會藏。

20 傅正主編，〈雷震日記〉（1951 年 2 月 6 日條、2 月 23 日條），《雷震全集》（33）（台北：桂冠版，1989 年 8 月初版），頁 31、48。

21 〈對顧張等醞釀第三勢力近況報告〉，同註 18。

22 〈許崇智在港活動〉，見《總裁批簽》，台（40）（改密室字第 0614 號，1951 年 12 月 22 日），黨史會藏。

得不到第三勢力人士的支持，旋即解散。迨「戰盟」成立後，許、張前嫌冰釋，許才加入「戰盟」，擔任中央執行委員職務。

有鑒於香港第三勢力團體的各立山頭，力量分散，在美國強力主導下，張發奎、顧孟餘等決定整合擴大第三勢力組織，將第三勢力建立成一股容納各黨派，有效且有力的反共聯合陣線。其步驟先由彼時在港的各黨派推出代表若干人，再由張、顧邀請參加座談交換意見，最後則成立籌備會，並推選出常務委員主持會務，和負責與美方簽署協定事宜。

張、顧基此原則，於是先提出一組八人名單，計張發奎、顧孟餘、李璜、張君勱、伍憲子、童冠賢、張國燾、黃旭初等八人。嗣美方以人數過少，不足以反映各黨派力量，張、顧乃又提出二十五人名單，分別為張發奎、顧孟餘、童冠賢、許崇智、上官雲相、彭昭賢、宣鐵吾、張純明、張國燾、何義均、黃宇人、黃如今、甘家馨、黃旭初、徐啟明、周天賢（以上國民黨）；張君勱、伍憲子、伍藻池、王厚生、李微塵（以上民社黨）；李璜、左舜生、謝澄平、何魯之（以上青年黨）。[23]

二十五人名單出爐後，張、顧旋於 40 年的 5 月 11 日邀大家見面，並宣示建立組織之必要。後因內部意見紛歧，未能取得共識，於是又有 6 月 2 日的聚會。除原則上決定凡係反共人士不屬於台灣者，一律邀其參加，會中並推張發奎、顧孟餘、伍憲子三人為組織成立前對外折衝的代表。[24]值得注意的是，青年黨代表在兩次的聚會中均未與會。箇中原因為青年黨高層發生內鬨，在張、顧第一次所提名單中，原本有李璜、左舜生二人，但李璜以「左舜生多話，不能守秘密」，表示青年黨由他一人代表即可，此舉遂引起青年黨

23 〈對顧張等醞釀第三勢力近況報告〉，同註 18。

24 〈港澳政治活動〉，見《總裁批簽》，台（40）（改密室字第 0272 號，1951 年 6 月 27 日），黨史會藏。

其他領導人左舜生、何魯之、謝澄平等人的不滿，彼輩曾在《自由陣線》刊登啟事，指出「近有李××者以黨派立場自稱領袖，……在外多方招搖」否認李的領袖地位。[25]

其後，迨張、顧將名單擴至二十五人時，將左、何、謝三人列入，並許左舜生為常務委員。然左、何等因與李璜不睦，且知李參加在先，故均婉拒參與。次外，青年黨內部問題複雜尚有二因：一則謝澄平有自己的美國管道，並接受美國津貼，深恐一旦加入，美援統一支配，對其未必有利。而李璜因左舜生已被推舉為「戰盟」常委，自己反而落空，面子殊掛不住；兼以曾琦病逝美京後，台灣青年黨方面推其為代理主席，故亦左右為難，頗難抉擇，遂暫採觀望態度。[26]所謂二十五人代表，既各有考量，意見復不一致，最後張、顧欲籌建第三勢力聯合陣線之企圖，不得不終歸沈寂。

不過據黃宇人說，這個「第三勢力」的最高組織是由美國駐港總領事館政治部主任授意下成立，由顧孟餘、童冠賢、何魯之、謝澄平與政治部主任接頭，其後顧等四人與張國燾秘密組織了一個委員會，定名為 Steering Commitee，最初譯為「指導委員會」，後經顧孟餘改為調度委員會，其宗旨在於策動留港中國民主反共人士的聯合運動。[27]

---

[25] 〈自由陣線、自由出版社啟事〉，《自由陣線》第 5 卷第 5 期（1951 年 4 月 27 日），頁 20。

[26] 雷震於日記中曾提及此事，「青年黨之李璜原加入，因要統一美援，故謝澄平之自由陣線未加入，且謝在《工商日報》登廣告謂李 XX 不能代表青年黨，因此李乃逡巡未決，而慕韓死去，青年黨議決由李代理，促其入臺，李因此更莫知所從了。」傅正主編，〈雷震日記〉（1951 年 5 月 22 日條），《雷震全集》（33），（台北：桂冠版，1989 年 8 月初版），頁 99。

[27] 林博文，〈五〇年代香港『第三勢力』運動興亡始末〉，《歷史的暗流——近代中美關係祕辛》同註 1，頁 112～113。

民國41年3月23日，民社黨主席張君勱應張發奎邀，由印度經澳洲抵香港，與張發奎、顧孟餘、李璜、張國燾、李微塵、童冠賢、金侯城、毛以亨、伍藻池等晤面，又掀起第三勢力另一波高潮，彼等決定成立「中國自由民主戰鬥同盟」(即「戰盟」)，並委張君勱為該同盟駐美代表。是年10月10日，「戰盟」發表宣言，正式對外公開，且向美國司法部辦理登記。[28]該日，台灣的國民黨當局也正在台北召開「七全大會」，「戰盟」選擇同一天成立，顯然有和台灣互別苗頭、互相較勁的意味。至於「戰盟」的宗旨，民國42年元月，顧孟餘曾以〈中共現狀與其命運〉為題，於《東京評論》發表，正式提及「戰盟」「反共反獨裁」的成立宗旨。[29]

而在是月15、16兩日，《東京新聞》也連續發表了顧孟餘同日本新聞界著名人士阿部真之助的談話。當阿部問到「戰盟」時，顧氏說：「我們發起中國自由民主戰鬥同盟已有三年，為要慎重，故未發表，直到最近，始出宣言。暫時以張君勱、張發奎兩先生及鄙人三人之名出面，宗旨則在反共反獨裁」意思是搞兩面作戰的第三勢力。[30]是年11月16日，「戰盟」於《再生》發表宣言，揭示該盟五大信念：

(一) 人類最主要的活動目的，是在於獲得自由，包括個人生活的自由和人格發展的自由。

---

[28] 〈張君勱抵港行動〉，見《總裁批簽》，台(41)(改密室字第0178號，1952年4月15日)，黨史會藏。又見鄭大華，《張君勱傳》(北京：中華書局，1997年)，頁570。

[29] 〈第三勢力活動情形〉，見《總裁批簽》，台(42)(改密室字第0069號，1953年3月4日)，黨史會藏。

[30] 周淑真，《1949飄搖港島》(北京：時事出版社出版，1996年1月1版)，頁309。

(二) 人類思想之所以進步，文化之所以發皇，是得自於互異的、多方面的發展，統制文化，統制思想，只有凍結人類創造的活力，窒息人類發展的生機。

(三) 自美、法革命以來，民主精神和民主制度已成為人類政治發展的主潮，任何形態或假借任何名義的獨裁，任何主義下的極權制度，都違反這主潮和傾向，都沒有存在的價值。

(四) 私有財產是與人類文明同時俱來的，由於文明的演進，私有財產的範圍、來源和其性質雖有變遷，然迄於今日，私有財產制度在原則上還有其存在的理由，各個人保持有限度的私產與平均財富之政策，實可並行。

(五) 國家的職司，對內是在維繫社會間的關係，協調人民的利害，使之趨於大體上的和諧；對外則是協調國與國間的關係，並維護其人民全體利益，不受外力的侵凌。因此，國家施政機構（政府），對內不得有挑撥其社會間矛盾的行為，和施行任何迫害及榨取其人民的政策，對外更不以任何理由自行強制使其國家成為別國的附庸。[31]

對「戰盟」成立的理念，進一步向外界闡明清楚。除宣言外，「戰盟」還標舉十二條原則為奮鬥目標，舉其要者如：推倒中共一黨專政與極權主義；爭取保障信仰、思想、言論、出版、集會、結社等之自由；軍隊屬於國家，任何政黨或個人，不得憑藉武力為奪取政權的工具；爭取國家獨立，民族平等，反對一邊倒政策，不承認中共政權所訂立的任何喪權辱國條約；保障自耕農，並推行合作經營制度；實行民主企業制；鼓勵對外貿易之自由發展；推行社會

[31] 〈中國自由民主戰鬥同盟宣言〉，《再生》第4卷第4期（1952年11月16日），頁14。

福利制度和地方自治；實行教育機會均等，普及義務教育；推行公共衛生，促進民族健康等。[32]

基本上，「戰盟」的主要成員是以知識份子為主體，不少人是教師，也有少數學生、工人和商人，其成員約有二、三百人，分佈於香港、北美、日本、澳洲、印度和中國大陸地區。其中較具知名度者有顧孟餘、張發奎、張國燾、張君勱、伍憲子、伍藻池、童冠賢、龔楚、蔡文治、彭昭賢、宣鐵吾、黃宇人、李微塵、黃旭初、程思遠、劉震寰、許崇智、尹述賢、甘家馨、周天賢、毛以亨、龔從民、謝澄平、羅永揚、劉裕略、梁永衡、任益年、陳芝楚、張六師、孫寶毅、徐慶譽、王同榮、謝扶雅、李大明等。[33]

它的基層組織是小組，以香港居多，約有十幾個小組。「戰盟」的主要活動是文化宣傳，它擁有四個刊物：分別是《獨立論壇》（黃宇人主持，甘家馨、涂公遂等主編）、《再生》（張君勱系統，王厚生主編）、《中國之聲》（社長張國燾；主編張六師，編輯陳濯生、孫寶毅、李微塵、徐亮之等）和《華僑通訊》（主編不詳）。此外，它還贊助、支持如《人言報》、《中聲日報》、《中聲晚報》等幾種報紙，並準備編輯叢書及開辦大學。另一項活動是聯繫華僑，「戰盟」曾派人分赴澳洲、印度等地，企圖擴大在僑界的力量。

另外，「戰盟」也曾企圖聯絡亞洲的反共力量，並鎖定以越南為基地。民國 43 年 9 月 23 日，張發奎致函張君勱，內稱「如能得吳廷琰氏同意，誠為最好良機」、「吾兄與吳交厚，一言九鼎，倘能促成，不但可助越吳反共，而吾人亦可藉彼之助，奠反共復國之業」。張發奎還和韓國駐南越公使崔德新聯繫，支持他組織所謂「中韓越三國軍事同盟」，函稱「倘由此三國軍事同盟逐步演化而為自

32 〈中國自由民主戰鬥同盟宣言〉，同上註，頁 14～15。

33 汪仲弘註釋，〈台北舊書攤上發現的「總統府秘書長箋函稿」(2)〉，《傳記文學》第 71 卷第 4 期（民國 86 年 10 月），頁 45～46。

由亞洲同盟，以與自由世界配合呼應，則蘇俄侵略野心之戢止，中共政權之削弱，固易如反掌矣！」據說，「戰盟」還派人潛赴大陸進行地下活動。[34]

「戰盟」成立後，就屬張君勱活動最積極，張君勱在美曾力邀胡適參加，希望藉胡適之聲名，擴大第三勢力之影響力。然胡適以「與共產黨鬥爭，計算的是兵力，你究有幾師幾團呢？在目前共產與反共大鬥爭的激流中，不是共產，就應該是澈底的反共，中間決無餘地，可資徘徊猶豫」[35]勸張不必作所謂第三勢力之想而婉拒之。另張也曾拜訪馬歇爾及司徒雷登，尋求彼輩支持，同樣均遭拒絕，顯見此時美國對第三勢力之態度，已不若往昔熱衷。

但張君勱仍不氣餒，靠過去關係，張拉攏了民憲黨代主席李大明和洪門致公總堂會長譚護加入「戰盟」。民國 42 年元月 20 日，兩黨聯合發表宣言，提出倒共、復國、民主三大救國目標。[36]2 月 24 日，兩黨還致電蔣介石，勸其召開國是會議，改組現政府為聯合政府，調整現有軍事體制，政黨撤離軍隊，取消特務制度，釋放一切非共黨之政治犯，恢復憲法，使人民享有一切人權自由。[37]同時，為擴大第三勢力運動的影響，李大明還將所辦的舊金山《世界日報》和檀香山的《新中國日報》變成第三勢力在美的宣傳報紙。

---

[34] 楊天石，〈五〇年代在香港和北美的第三種力量——讀張發奎檔案之一〉，楊天石，《抗戰與戰後中國》，同註 17，頁 632。

[35] 胡適，〈談目前的世局〉，《中央日報》（1952 年 11 月 11 日）。另胡適曾接受記者訪問提到：「由於世界局勢的逐漸明朗，共產極權與民主自由兩大陣營的界限已經更分明了。在這種情形下，絕對不會有任何所謂第三勢力的出現或存在。」見胡頌平編著，《胡適之先生年譜長編初稿》第六冊（台北：聯經版，民國 79 年 11 月第 3 次印行）頁 2228。

[36] 〈民憲洪門聯合發表宣言〉，《世界日報》（1953 年 1 月 20 日）第 1 版。

[37] 〈民憲洪門電蔣建議四項〉，《世界日報》（1953 年 2 月 14 日）第 1 版。

雖係如此，但因僑界對第三勢力並不支持，所以「戰盟」在美成果仍極有限。[38]

四、「戰盟」內部的紛擾

為具體凝聚第三勢力的團結，民國42年初，李宗仁、張君勱分別由美國致函給在港的「戰盟」領導人，呼籲團結港、澳各組織。[39]為此，「戰盟」成立伊始，張發奎即積極運作，擴大組織並擴充人事安排：中央委員會委員有張君勱、顧孟餘、張發奎、張國燾、許崇智、童冠賢、宣鐵吾、龔楚、蔡文治、謝澄平、劉震寰、黃旭初、程思遠、李微塵、李大明等十五人。張君勱、顧孟餘、張發奎、張國燾、許崇智五人為常務委員；李微塵為秘書長。

中央軍事委員會委員長為張發奎，副委員長蔡文治；中央政治委員會委員長顧孟餘；中央文化宣傳委員會主席張國燾，副主席謝澄平；組織部部長顧孟餘兼，副部長龔楚；青年部部長黃宇人，副部長彭昭賢；對外聯絡部部長程思遠、副部長梁友衡。[40]這些人都是之前「自由民主大同盟」的人馬，但仍以顧孟餘和張發奎的人馬居多，且因青年黨及許崇智（許後來才勉強加入）並未參加，故嚴格言，還談不上是第三勢力的大聯合。

---

[38] 萬麗鵑，〈一九五〇年代的中國第三勢力運動〉，同註13，頁46。

[39] 〈港第三方面醞釀結合〉見《總裁批簽》，台（42）（改密室字第0157號，1953年5月2日），黨史會藏。

[40] 司法行政部調查統計局第六組編，《中國黨派資料輯要》中冊（台北：出版項不詳，1962年），頁256。另見〈民主戰鬥同盟活動〉、〈民主戰鬥同盟糾紛〉，見《總裁批簽》，台（42）（改密室字第0128號，1952年4月11日），黨史會藏。

基本上，「戰盟」的擴大組織，其實只是高層名單增加若干人，本身並無多大意義，且未幾內部即發生分裂。首先是「戰盟」兩大實力份子蔡文治與謝澄平，在「戰盟」成立後反成了次要角色，於是蔡表示不滿，謝亦態度消極。本來美方情報人員，預備將「戰盟」遷往東京或沖繩，成立一個「政府」，並醞釀以許崇智為主席。在美方的催促下，張發奎已準備率領人員前往沖繩執行其所謂「中央軍事委員會委員長」職務，但因蔡文治反對而不果。而「戰盟」內部也以許崇智老邁無能，不接受其任主席。所以「戰盟」的領導層仍以張君勱、顧孟餘、張發奎為主，一時有「張、顧、張」之稱。[41]

其次針對台灣收買伍憲子，企圖分化「戰盟」事深致不滿。伍憲子在國民黨重金引誘下，赴台參加民國40年雙十國慶，雙方並在事前相約嚴守祕密。豈料伍憲子到台後，國府當局卻故意介紹他同美國大使館的官員會面。隨後台灣當局再向美國提出抗議，說華盛頓正在支持台灣，另外又支持張、顧在香港搞第三勢力來破壞台灣。

茲因此事，美國當局不得不把哈德曼調回去，加以申斥。幾個月後，哈德曼又回到香港，對張發奎、顧孟餘發牢騷說：「你們說沒有錢不好辦事，但有了錢又鬧糾紛」，言下不勝感慨。張、顧對台灣當局收買伍憲子事深惡痛絕。[42]李微塵還為此事在《中國之聲》為文罵「蔣介石是中國的毒瘤，這毒瘤已使民主政治在中國流產，又使台灣無法進行有效的反共鬥爭，如果不及時割治，可能陷中華民國的台灣和反共基地的台灣於淪亡。」[43]

---

[41] 汪仲弘註釋，〈台北舊書攤上發現的「總統府秘書長箋函稿」(2)〉，《傳記文學》第71卷第4期（民國86年10月），頁46。

[42] 周淑真，《1949飄搖港島》，同註30，頁307。

[43] 〈我們對台灣的態度〉，《中國之聲》第1卷第6期（1951年11月15日），頁2～3。

張發奎雖對台灣分化「戰盟」一事非常不滿，但其對蔣態度仍有所保留，他說：「我不反對政府，亦不反對蔣先生，但是我有意見，不能不提出。」[44]另一「戰盟」大將顧孟餘雖也反對蔣之獨裁，但亦無意把蔣或國民黨拉下台，他甚至表示：「台灣政治雖有許多不滿人意之處，但它此時在國際間尚是自由中國的象徵」，應該「支持並鼓勵台灣國民政府對共產黨之間的鬥爭。」[45]由此可見，顧、張等人對國民黨和蔣尚有所期待也。至於張君勱的看法則較激進，他認為國民黨與蔣均已腐朽不堪，欲建立一個民主憲政的新中國，只有端賴於中國的第三勢力運動，故對蔣及國府不應抱有任何幻想。「戰盟」高層既然對國府及蔣態度分歧，勢必影響彼此間的團結，後來引起磨擦也就不足為奇了。

而「戰盟」內部的內鬨，更是「戰盟」紛擾的主因，當時「戰盟」三巨頭，張君勱在美，顧孟餘赴日，真正掌控盟務的為張君勱系統的李微塵。李權力甚大，原《獨立論壇》的甘家馨、涂公遂等人，為與李合作，還不惜結束《獨立論壇》改投靠李。然在民國42年春，李卻藉故開除甘、涂等人。[46]不久，連張國燾亦遭到李的排擠，張本為「戰盟」領導層級人物，時為《中國之聲》社長，李微塵聯合童冠賢以財務困難，逼張交出《中國之聲》，張一怒之下

---

[44] 〈張發奎談話〉，見《總裁批簽》，台（42）（改密室字第0113號，1953年4月4日），黨史會藏。另1951年2月，雷震在港與張發奎見面，張也向雷表示：「對總裁批評則有之，並不反對，人若詢以反共否，彼曰『Yes』；人若詢以反蔣否，彼曰『No』。」見傅正主編，〈雷震日記〉（1951年2月5日條），《雷震全集》（33），（台北：桂冠版，1989年8月初版），頁28。

[45] 楊天石，〈五〇年代在香港和北美的第三種力量——讀張發奎檔案之一〉，楊天石，《抗戰與戰後中國》，同註17，頁633。

[46] 黃宇人，《我的小故事》下冊，（香港：吳興記書報社，1982年），頁144。

宣佈退出「戰盟」。張一向與顧孟餘接近，張的離去，象徵「戰盟」內部顧消張（君勱）長的態勢。[47]

而台灣方面不斷滲透「戰盟」，也是導致「戰盟」瓦解的另一因素，為此，顧孟餘曾一再致函張發奎、童冠賢，認為「戰盟以往表現不好，要求在組織內部肅清間諜、一切破壞份子、一切投機政客、個人出風頭、妄言妄動者。」懷疑「戰盟」內部有奸細、有破壞份子。民國 43 年 1 月 31 日，顧建議張發奎，要求「戰盟」暫時停止活動並且改組。顧認為「當時只宜由少數穩健可靠同志，相互作精神上之聯繫，而不可為形式上之組織；只宜作事實與理論上之研究，而不可為公開之號召」。同年 3 月下旬，張發奎派童冠賢赴日與顧商量改組「戰盟」事，顧要求將「戰盟」改名為「中國自由民主同盟」，並提出改組意見七條，張君勱同意顧清除內奸之意見，但反對改名及停止活動。張謂「旗號一旦樹起，不應退縮。」[48]

最後，張發奎為顧全大局，同意了顧的改組意見，但對易名事持保留態度。是年 8 月 18、27 日，張發奎在香港兩度集會，決定徹底改組「戰盟」，成為聯合性的組織，但仍保留「戰盟」名稱。[49] 張並且決定成立「改組籌備委員會」，負責改組事宜。9 月 8 日，顧孟餘以改組無望，致函張發奎，認為「今茲決定，與當時所商根本不同，弟不得已只得退出公司，以後一切概不負責。」正式宣佈退出「戰盟」；未幾，張君勱亦在美國宣佈退出，並去美國司法部

---

[47] 另有一說為張國燾的《中國之聲》社長一職，是被張發奎派其親信林伯雅所接收。見姚金果、蘇杭，《張國燾傳》（陝西：人民出版社出版，2007 年 3 月第 2 版），頁 427～428。

[48] 同註 45。

[49] 〈中國自由民主同盟及李宗仁近況〉，見《總裁批簽》，台（43）（中密室登字第 387 號，1954 年 10 月 29 日），黨史會藏。

撤銷登記。顧、張相繼退出「戰盟」後，張發奎的態度亦轉趨消極，民國 44 年，分崩離析的「戰盟」終告結束，存在時間僅 3 年餘。[50]

五、結論——「戰盟」失敗之因述評

基本上，「戰盟」之失敗瓦解，其因素是多方面的。約而言之，可歸納出以下五點：

(一) 美國援助的斷絕：美國在五〇年代初期，積極支援香港的第三勢力運動，其實是有其國際客觀環境的需求。當年亦曾參與第三勢力運動的青年黨領袖李璜，於此背景即看的很清楚。李璜說：「韓戰」爆發後，中共出兵朝鮮「抗美援朝」，與美軍打得異常激烈，一時戰況粘著，美國人便想在中國南方有所活動，以便牽制共軍，因而看上了香港這類的白命風雲人物，而派人前來接頭。

香港既是英國殖民地，美國自無法自己動手組織以至進軍，則只有利用在港這類人物，而以金錢助其組織情報機構，或俾其暗中號召尚在國內南方流離失所之舊部。於是反共號召，三三兩兩，以組織誇稱者，一時不乏其人。也有的大吹大擂，接洽不得其法，並未得到美金；有的得到美金有限，粥少僧多，虛應故事；及至牀頭金盡，無以為繼，而壯士無顏色了。[51]林博文也提出同樣見解：「香港『第三勢力』運動的興起與沒落，美國政府始終是幕後的主導者；易言之，『第三勢力』運動乃係當年美國對華政

[50] 萬麗鵑，〈一九五〇年代的中國第三勢力運動〉，同註 13，頁 50。
[51] 李璜，《學鈍室回憶錄》下卷，同註 2，頁 722～723。

策的副產品，因此，『第三勢力』的命運即必須以華府的中國政策為依歸，以國務院和中情局主事者的意志為意志，這種『仰人鼻息』的政治運動，其結局當然是可以逆料的。」[52]

而美援之所以中止，除看清「戰盟」這批人物不足有為外；台灣國府的抗議，亦是另一原因。茲以美國華府檔案為例證明之，「民國 42 年 6 月，雷德福準備卸下太平洋美軍總司令的職務，回華府出任參謀首長聯席會主席。6 月 2 日至 6 日，他和雷德福夫人訪問台北，住在蔣介石官邸，與蔣介石有三次「國務院感興趣的會談」。雷德福與蔣介石關係不尋常，因此，他可以坦白的以逆耳之言，與蔣介石討論一些敏感的內政問題。蔣介石的興趣是韓戰停火後的美國政策動向、英國對美國政策的影響和他不滿美國支持「第三勢力」，給予第三勢力訓練、補助及其他鼓勵，實不合美國所稱要加強中華民國政府的意向。雷德福承諾盡他所能制止這類活動，並預期可以成功。[53]

尤其「韓戰」結束後，彼輩第三勢力運動政治人物，因不中用而喪失利用價值，在美國無所求於彼的政治現實下，其被拋棄及中止美援，自在意料之中。難怪當年第三

---

[52] 林博文，〈五〇年代香港『第三勢力』運動興亡始末〉，《歷史的暗流——近代中美關係祕辛》，同註 1，頁 108。

[53] 王景弘：〈虛幻與務實：中美高層會談春秋〉，《採訪歷史——從華府檔案看台灣》（台北：遠流出版公司，2000 年 1 月 20 日初版），頁 227。而沈錡也提到：「民國四十二年十一月十三日，蔣公曾抽空接見了中央情報局駐遠東代表奧佛萊希，奧氏說，今後美國政府只支持台灣，不再妄想製造第三勢力，要求原在搞第三勢力的蔡文治等四百人及家屬五十人，能自沖繩島遷來台灣，望我政府予以收容，加以利用，蔣公答應不會虧待他們，可以原階敘用，但單位必須取消。」沈錡：〈我做總統侍從秘書〉（2），《傳記文學》第 75 卷第 6 期（民國 88 年 12 月），頁 76。

勢力要角之一的程思遠客觀評論道：「戰盟」的失敗，固有其內在原因，但主要還是由於美國改變政策，外因比內因重要。[54]所以雷嘯岑在《憂患餘生之自述》書中，甚為中肯的評論第三勢力之失敗，雷說：「『戰盟』創立之初，聲勢浩大，經費亦有旅美的華僑解囊應濟（按：不確，主要為美國的金錢援助），宜若可以大展鴻圖，構成一種在政治上很有作用的第三勢力了。」

然而由於後來美援的斷絕，經費陷入困境，「戰盟」欲再維持下去已難以為繼了。故雷氏深有所感謂：「第三勢力之所以成為『勢力』，是基於本國的文化傳統與社會結構，以及經濟發展諸條件而然。尤其是經濟條件最重要，中國社會上尚無中產階級的力量存在，搞民主運動十分困難，專靠外力支援，難以獲得本國群眾的同情響應，有如大海中的浮萍然，終歸要失散而無踪影可尋。」[55]

(二) 內部之內鬨：中國人「勇於內鬥」，始終是擺脫不掉的習氣，當初從事第三勢力運動的這批人也不例外，尤其在高層領導群中更是如此。例如顧孟餘排斥張君勱和張發奎，而張發奎與顧也貌合神離。[56]其後又有張國燾與李微塵的意見不合，憤而辭去《中國之聲》雜誌社長職務；繼而顧孟餘和李微塵亦因李文章內容太過武斷（李文原稿指國民

[54] 程思遠，《政海秘辛》，（香港：南粵出版社出版，1988年1月1版），頁240。

[55] 雷嘯岑，〈香港的第三勢力運動〉，《憂患餘生之自述》（台北：傳記文學出版社出版，民國71年10月初版），頁169～173。

[56] 例如張君勱在美國發表「戰盟」宣言，正式宣告「戰盟」成立，顧孟餘認為過於匆忙，「戰盟」成立為時尚早，此為二人矛盾的發端。楊天石，〈五〇年代在香港和北美的第三種力量——讀張發奎檔案之一〉，楊天石，《抗戰與戰後中國》，同註17，頁632～633。

黨人盡是貪污之輩），建議李修改，李不接受而交惡；後來導致顧孟餘、張國燾相繼宣佈退出「戰盟」。[57]

故雷嘯岑在評論〈香港的第三勢力運動〉時，不無嘲諷的說：「據我的體驗所及，中國高級知識份子祇要有三個人在一道搞政治活動，內部必然發生爭奪領導權的醜劇，雖把團體弄垮，亦所弗惜。主要原因是大家皆基於『為貧而仕』的下意識，靠政治活動以求生存，所以必須爭取領導地位，纔可望在政治上獲致顯貴職位，博得豪華的生活享受。」[58]誠然如是，觀乎許崇智、李微塵、伍憲子等輩之行徑，雷氏之觀察可謂洞若觀火，深入透徹矣！所以說，「戰盟」內部的糾紛迭起，共信不立，互信缺乏，亦是失敗之另一主因。

(三) 缺乏群眾基礎：「有將無兵」，坐而言，不能起而行，更是「戰盟」瓦解失敗最主要的致命傷。王厚生曾於《再生》發表〈第三勢力與憲政〉一文，內中強調「我們希望第三勢力興起來，強大起來不能單單寄期望於第三方面的幾個政團和少數人，應該寄期望於全國的廣大民眾，因為祇有廣大民眾的要求，第三勢力方才有興起之可能。」[59]而于平凡於《中國民主自由運動史話》書中也提及「中國第三勢力運動，當然是以廣大的人民為基礎的。」[60]

問題是，知道是一回事，實際去做又是另一回事。李璜曾深刻提到這些從事第三勢力的人物群像，「雖不少曾

[57] 雷嘯岑，〈香港的第三勢力運動〉，《憂患餘生之自述》，同註55，頁171～172。

[58] 同上註，頁172～173。

[59] 王厚生，〈第三勢力與憲政〉，《再生》（香港版）第11期，總第262號（民國39年3月1日），頁4。

[60] 于平凡，《中國民主自由運動史話》（香港：自由出版社印行，民國39年7月初版），頁112。

經赫赫一時之顯達者流，然其中或已宦囊豐裕，志在安享，或已久經坐廢，無復當年革命豪情。即有一二尚具豪情，而思聚眾，有所圖謀；但形隔勢禁，舊部星散；……以言革命事業，則徒恃少數美金，當然只有聚議，必無行動可言。」[61]

李璜對第三勢力這些品類不齊的投機份子曾嗤之以鼻的說：「美國人竟派兩三浮薄少年前來，立談之頃，莫明其妙，便亂散美鈔，或三五萬，或十萬八萬，並無整個計劃，而姑以試試看的心情，令一些手中已無寸鐵之過時人物，為之入大陸覓情報，或打游擊；美鈔這樣花法，只有被騙而大鬧笑話。因是傳聞有劉震寰騙得六萬美元，聲言拿去廣東打游擊，而本人坐在九龍新界未動，於是有『在深圳打游擊』的笑話流傳。又有許崇智在石塘嘴開廳大宴群『雄』，酒酣耳熱，一面高談其反共人有辦法，一面命女招待為之撫腿……此外尚有妄人蔡文治，聞曾任國防部第四廳副廳長，大概係曾在美國學過軍事，乃得美國人信任，予以大量美金，在沖繩島美軍基地設立黨政軍機構，自稱海陸空軍總司令。」[62]而美方人員最終也認定這批人根本不中用，於是宣佈解散蔡文治之組織，另方面也停止對「戰盟」的支持，如此情況下，民國 44 年，「戰盟」不得不自行宣佈解散。[63]

(四) 香港英國政府的取締：此舉更是壓垮「戰盟」的最後一根稻草，據雷嘯岑說，因為英國早已承認中共，因此港府原

[61] 李璜，《學鈍室回憶錄》下卷，同註 2，頁 726。
[62] 李璜，《學鈍室回憶錄》下卷，同上註，頁 723。
[63] 汪仲弘註釋，〈台北舊書攤上發現的「總統府秘書長箋函稿」(2)〉，《傳記文學》第 71 卷第 4 期（民國 86 年 10 月），頁 46。

本嚴禁中國人在香港從事反共活動，稽查不遺餘力。然英國之所以特許「戰盟」公開活動，原因是張發奎於抗戰勝利後，奉命接收廣東與香港，迨英國派員前來接收香港時，張毫無刁難，無條件將香港交給英國。英國因此而感念張之友誼盛情，乃對張氏發起的「戰盟」另眼相看，網開一面。

對張發奎英國可賣面子，但對「戰盟」另一要角顧孟餘，港府可沒有那麼禮遇了。某次，港府政治部託人帶口信給顧氏，請他來政治部一談，顧置之不理；繼以書面通知顧氏，指定時間約他到部談話，他依然置若罔聞；最後乃出傳票，派警察把顧氏傳來，有如對待犯人然，讓他站立著聽訓一番，並威脅警告顧氏言：「如果你在香港搞政治活動，我們就把你驅逐出境」。遭此羞辱，顧氏只好離港赴日定居，於東京遙領「戰盟」職務。[64]是以，在港府英方的取締下，「戰盟」高層四散各方，在群龍無首的情況下，「戰盟」之式微自在預料之中。

(五) 國、共雙方之夾擊：基本上，因「戰盟」係標榜反國、共兩黨的一股政治勢力，故其從宣佈成立開始，即遭到台灣與大陸方面的極力反對與兩面夾擊。國民黨一直把另立機構，領取美元從事反共活動的中國人視為「第三勢力」，認為此輩在港澳與海外同國民黨的「敵後工作」爭奪資源、爭奪人才，故對他們毫無好感。[65]因此透過內部的滲

[64] 雷嘯岑，〈香港的第三勢力運動〉，《憂患餘生之自述》，同註 55，頁 171～172。周淑真，《1949 飄搖港島》，同註 30，頁 309。

[65] 胡志偉：〈「自由中國抵抗運動」的開場與收場〉，同註 2，頁 44。另外，陳復中亦提到「第三勢力是美國中央情報局在國共之外另行扶植的一股政治力量，參與者奉洋人之命，拿洋人的錢搞政、軍組織，其宗旨是反共反蘇，故中共視之為不共戴天之死敵；然而它在港澳與海外又同國民黨的敵後工

透，來瓦解「戰盟」，一直是國民黨的策略。程思遠不諱言說：「此時，台灣方面在港的工作人員已經滲入，選舉結果，當選者，不是台灣的特務，便是與他們有關的人。」[66]民國43年7月5日，張君勱致函友人，也提及此事：「一二年來，台灣專以毀戰盟為事。」而「日內瓦會議」後，中共國際地位提高，「戰盟」在僑界影響力也逐漸式微，張君勱於函中即坦承「經周氏日內瓦會議之後，即勱再去印度、印尼、馬來，欲求昔日之得華僑歡迎而亦不可得。」[67]此信可謂將「戰盟」當時艱困處境具體道出，所以說，台灣與大陸方面的夾擊，也是「戰盟」散檔的原因之一。

除上述五點外，當然第三勢力在先天上亦有其侷限性，以致於其能發揮的功能有限，第三勢力的侷限性有：(1) 角色的模糊，第三勢力雖然標榜有別於國、共兩黨外的一股政治勢力，走的是不偏不倚的中間路線，其屬性是客觀中立的。但這只是主觀的認定及理想，一落實到政治面時，很難說能維持不變，因此從事第三勢力者，常被批評為一群投機的「騎牆派」。(2) 結構的脆弱，五〇年代以「戰盟」為主體的第三勢力運動，其結構形態是以派系聯盟式的組織為主，這種聯盟式的組合方式，先天上有其脆弱性，因為容易造成分離主義及山頭主義。觀乎「戰盟」初始時，青年黨的分離與張

作爭奪資源、爭奪人才，自然也遭到中華民國政府的抵制，結果是兩面出擊，腹背受敵。」陳復中，〈熱血男兒淚灑塞班島，反共志士魂斷長白山——「自由中國抵抗運動」的風流雲散〉，《歷史月刊》第181期（民國92年2月5日），頁55。

[66] 程思遠，《政海秘辛》（香港：南粵出版社，1988年1月1版），頁240。

[67] 楊天石，〈五〇年代在香港和北美的第三種力量——讀張發奎檔案之一〉，楊天石，《抗戰與戰後中國》，同註17，頁633。

發奎、張君勱、顧孟餘等高層領導間的各樹勢力，即為組織結構脆弱的具體寫照。

總之，五〇年代以「戰盟」為主的第三勢力運動，其中雖不乏具孤臣孽子的反共鬥士；亦有許多崇尚民主自由的理想主義者，然「形勢比人強」，在急遽變化的時代中，一旦外援斷絕、經費斷炊，內部分裂，他們祇能扮演花果飄零的角色。此種悲劇式的結局，代表著近代中國，民主自由政治，一直飽受風吹雨打的愁苦宿命。[68]而「戰盟」的解體，亦象徵五〇年代在香港曾盛極一時的第三勢力運動，終告風流雲散。

[68] 林博文，〈五〇年代香港『第三勢力』運動興亡始末〉，《歷史的暗流——近代中美關係祕辛》，同註 1，頁 119。

附錄

一、「自由出版社」滄桑史／郭士

二、「第三勢力」全本演義：第三百六十一行買賣／焦大耶

「自由出版社」滄桑史

郭士

山松野草帶花挑，猛抬頭秣陵重到，
殘兵遺廢壘，瘦馬臥空壕，
村廓蕭條，城對著斜陽古道。

這首《桃花扇》上的曲詞，讀來使人頗增感喟，白雲蒼狗，時事變幻無常，興亡得失，一切無非過眼雲煙。昨天我從彌敦道上經過，看見從前鬧哄哄不可一世的「平安書店」，與二樓的「自由出版社」，業已人去樓空，變成了百貨公司與電器行了。江山依舊，人物全非，真是眼看他起高樓，又眼看他樓塌了，是「自由出版社」的不幸呢，是反共文化陣營的不幸呢？

提起「自由出版社」，凡是熟悉政治行情的圈內的人物，大概都知道那是以青年黨為班底，以謝澄平為首領的一個美援文化機構，在不長不短的十年中，由無到有，由成到敗，盈虛消長，表面看來，只是這一小群人的聚散離合，但深一層的理解，這當中包含了整個美援機構的成敗問題，自由世界與共產世界鬥爭的基本觀念問題，以及曇花一現的所謂第三勢力失敗的原因等。我願以哀矜的心情，敘述這段已經過去了的故事，或者從一鱗一爪中，你可窺見個中消息，也可以多少體會一些人情與人性，芥子納須彌，小可窺大，看看政治究竟是一些什麼玩意兒。

首先燃起反共的火炬

「自由出版社」的前身，是《自由陣線》週刊。遠在 1949 年李宗仁代總統時代，當時國民政府大勢已去，李宗仁在離國以前，紛紛對有關的政治人物和政治團體，大放交情，拼命拉攏，有的送錢，有的送官，有的送護照，自己則希望去美國取得美援後東山再起。青年黨也就透過總統府秘書長邱昌渭的關係〈邱早年為青年黨員〉，分到了四萬銀元券，這一筆錢即由謝澄平經手，以團體名義領到，分了一部份給臺灣青年黨總部，其餘的便在九龍牛池灣的一個村落，租了一塊地皮，修了一些房屋，作為香港青年黨人的落腳地，也就成為後來「自由出版社」的大本營所在。

一方面由於錢的數目太少，粥少僧多，無法分配；一方面也由於青年黨人參政的時間較短，鬥爭意志尚未完全淘汰腐朽，所以便將這一筆錢創辦了《自由陣線》週刊，當時大大小小的官僚逃來香港後，都忙著開飯館開舞廳，效法白俄路線，他們在這樣的氣氛中，能首先燃起自由反共的火炬，這不能不說是非常難能可貴的事情。他們的編輯人員，薪水只有五十元到一百元，可見他們初時確是有一番幹勁和鬥志的。記得他們最初活動時，接洽印刷所，招待客人，還只能在「聰明人」〈今日之「美心」〉吃一客兩元半的常餐哩。

李、左、何，來去經緯

中國青年黨，以反共起家，於民國 12 年在巴黎成立，好好壞壞，在中國政治圈中已鬧了三四十年，其代表人物如所周知者，有所謂七大領袖，即曾琦、李璜、左舜生、陳啟天、余家菊、何魯之、常燕生等。民國 36 年參政時，曾、何、余、常參加政府，任國民政府委員。左舜生、陳啟天分任農林、經濟部長，李璜則在幕後領導黨務。不久常燕生於府委任內在成都病逝，曾琦於徐蚌會戰時遠颺美國。

1949 年大陸變色後，陳啟天、余家菊在臺灣，香港留下的則有李璜、左舜生、何魯之三位元老。其時青年黨的主席為曾琦，出國後代主席為李璜，照理謝澄平的《自由陣線》，應由李璜指揮的，但因李、謝素來不睦，同時李來港後不久又去了北婆羅洲，與四川軍人劉湘的兒子一道去開建築公司去了。因此初期的《自由陣線》，乃成左、謝合作的局面。左任農林部長時，謝原為他的政務次長，此次拍檔，駕輕就熟，本該相得益彰，但人與人間，似乎愈了解，反而愈有距離，左謝合作了一個很短的時期，左舜生便和易君左合夥，在鑽石山入口處，開「榮康士多店」去了。

謝澄平在青年黨中本為二流人物，未曾單獨挑過大樑，同時聲望也嫌不夠，壓不住同輩弟兄們，因此李、左，和他不能相處，便自然而然轉到何魯之這位元老身上來了。何是比較審慎的人，對謝說：「先請左李二公管，如果他們不管，我再管。」結果便成了何、謝合作的局面。

何、謝合作以後的發展

何魯之，四川成都人，在青年黨的領袖中，他年紀最長，冷靜、恬淡、踏實、有遠見，而且操守甚嚴。曾在四川大學、華西大學、東北大學等校，教授西洋史三十餘年；在青年黨創黨初期，以及其後與國民黨合作之中與參政時期，擘劃出力頗多。但他賦性寧靜，不喜外務，不如李璜、左舜生之在社會有名望。何、謝合作以後，經濟上即感困難，其初，何將其私蓄全部貼補《自由陣線》，後來漸漸亦感不支，於是又向油蔴地輪渡公司總經理劉德溥先生〈已故，青年黨人〉借了數千元，又拖了一段時間。

無論怎樣，一個團體或一個雜誌，專靠借錢渡日，始終不是辦法，而在香港，要靠辦刊物雜誌賺錢維持，除非是黃色、武俠、偵探之類，否則是不容易持久的。因此《自由陣線》也和其他刊物一樣，無時不在風雨飄搖中。而何、謝以及青年黨人，亦時在窮困潦倒中過活。當時何魯之患牙痛，即無力就醫，而謝澄平呢？每夜伏在鑽石山的火水燈下翻譯文稿（當時鑽石山房子很少有電燈）。那一段日子，是《自由陣線》最慘淡的時期，誰知就在這山窮水盡疑無路的時候，忽然柳暗花明又一村了。

搭上了美國路線

一天，謝澄平從外面回來，對何魯之說：「今天我在輪渡上遇見民社黨的一位朋友，他告訴我美國遠東區最高政治幕後負責人猶金，這幾天正在此地，他隨時來往於東京、馬尼拉與香港之間，聽說在物色自由民主人士，想在國共之外，培養一個中間的政治力量。」

當時美國對華外交，正陷於徬徨無主、走頭無路的時候。以前民主黨的羅斯福、馬歇爾、杜魯門諸人，總以為毛澤東、周恩來等是土地改革者，是民族主義派，因此盡量壓迫國民黨與共產黨妥協，馬歇爾並以特使身份來華調解國共糾紛；那知七上廬山，毫無結果。及至南京淪陷後，司徒雷登還在南京等了三個多月，透過燕京大學學生黃華（共產黨員，現任非洲某國中共偽大使）的關係，向毛周表示，美國願貸款四十億美元與中共「建國」，殊不料熱面孔遇著冷屁股，中共不但不領情，反而高呼一面倒，更進一步強烈的反美，將美國人從「望廈條約」以來，一切中美間不平的事實與條約，加油加醬的渲染公佈，大喊打倒美國帝國主義，驅逐美國人民，稍有嫌疑的，並誣以間諜罪名，逮捕入獄。

司徒雷登碰了一鼻子灰，只好下旗歸國。美國人才如夢初醒，熱湯團拿不起來，吃又不是，丟又不是，這才領會到共產黨就是共產黨，無所謂中共、俄共之分的。國務院為了洗脫責任，於是發表了對華外交《白皮書》。《白皮書》中有一章談到寄希望於中國自由民主人士，起來拯救中國。這種國民黨扶不起，對共產黨攀不動的心情，在失望與絕望之後，美國人自然而然地想扶植第三方面人士了，猶金便是這實際工作的幕後負責人。

不過何魯之當時的心境，倒不管什麼第三不第三，祇覺得在大陸變色以後，非在海外豎起反共的旗幟不可，要反共又非取得美國的援助不可。於是和謝澄平討論了一番，覺得形勢大有可為。謝說：「這倒是一個好機會，可惜我們不認識此人。」何說：「不要緊，外國人不講認識與否，他們是論事不論人的，只有中國人才講人情講介紹，你是留美學生，不妨去撞撞看。」謝澄平心念一動，隨口答道：「如何進行呢？」「明天你到美國領事館去，指明拜會此人，會客單上填上你哥倫比亞大學的學歷，而且聲明專談中國問題。」「這樣不大好吧！」謝澄平扭扭妮妮地說，一方面心中也實在沒有把握。

「有什麼不好，談政治是光明正大的，我早年在法國，與法國人交涉過許多事，都是這樣開門見山的。我有經驗，不要怕，和外國人交往，比和中國人還要容易些，去，去，明天就去，凡事都是創造出來的。」何魯之鼓勵著謝澄平，就這樣，何、謝商量，決定闖關。第二天一早，謝澄平穿上筆挺的西裝，久未刮臉的鬍鬚，也進理髮店去剃個精光，整整齊齊地過海，一車駛到花園道美國領事館門口。依照何魯之的設計，指名會晤猶金，果然不一會，客廳裏出來了一位學者型的外國人，白髮蒼蒼，面孔紅紅，看樣子已有六十多歲。精神飽滿，態度謙和，似乎很熟悉中國人的習慣與禮貌，一坐下，便首先自我介紹：「你是謝先生嗎？不巧得很，猶金先生今天一早剛剛飛到東京去了。我名S，有什麼事和我談一樣的，我早年也是哥倫比亞大學畢業的，我們是先後同學哩。」說罷莞爾而笑，抽了一口煙斗，噴出一股白煙。

「啊，原來是老學長，我是哥大某年某屆的。」老謝乘機攀上關係。「是的，我是某年某屆，我看到你的名片，所以出來見你。」於是一談之下，才知道謝做學生時，S先生正在學校任助教，不過系別不同，大家不認識。這樣一談，本來很嚴肅的空氣，變成十分輕鬆的校友聚會了。原來謝要找的猶金，不過是S的副手，S先生本人，才真正是美國東南亞政治最高的幕後負責人。謝澄平憑著一點同學的淵源，得來全不費功夫的接上線了。人生的際遇，有多少是人力所能計算把握的呢？

S先生與謝建交之後，三天五天一碰頭，從廣泛的問題談到專門的問題，從一般的問題談到具體的問題，謝的英文、知識、和交際手腕，倒也頗能與S維持友好。這樣從1949年的年底，到了1950年春暖花開的時候，彼此來往了數月，交換了不少的意見。謝與S之間，關係儘管很好，但始終不切題，鎖匙老打不開，謝明知S是幹什麼的，S也明知謝的心意，但大家始終弄不攏來。其時的S先生，除了和謝來往之外，又和旁的大小政客在週旋，如李××、孫××、張××、黃××等，均直接間接和他有接觸。

S先生在中國很久，能說流利的中國話，和華北的司徒雷登，與華南的哈迭滿，同稱美國的三大中國通，一出面便是大使級的人物。自然他所見的中國人士，不少比老謝有才華有魄力的。他覺得老謝聰明能幹，但總嫌他缺少一點什麼，因此一直和他保持著相當的距離。其時蔡文治也透過司徒雷登的關係，在冲繩島建立起軍事基地，所謂第三勢力的軍事重點已經建立了，而文化重點與政治重點還沒有完成，S先生的心情十分著急，而謝澄平的心情，則更是萬倍的著急，因為《自由陣線》越來越困苦，越來越難維持了。

又是一天下午，謝澄平拖著疲倦的身子，坐在何魯之的客廳裏，像鬥敗了的公雞似的，垂頭喪氣，悶了半天，懶洋洋地說：「不行了，我不行了，我失敗了！」「發生了什麼事嗎？」何魯之關心地問。「和 S 先生交往了這麼久，我是精疲力竭了。他始終和我不落題，現在連交際應酬費用也大費周章了。」「搞政治就是這樣，忍耐點，不必灰心，慢慢再看吧！」「不，何老師，我真是無能為力了。」謝澄平意冷心灰，說完後，望望何，忽然一線靈感提醒了他。「現在，只有請你出馬了。何老師，你出馬，或者可能有轉機。」「我？我素來不長於活動的，再說，你和他交往了這麼久，一切自然是你妥當，還是想法維持下去吧！」「不成，何老師，這樣下去沒有用處的，我知道得很清楚，萬一被旁人搭上關係，事情便更要複雜，現在換一個人出馬試試，或者還有救。」老謝婉轉堅持著。

「不，我還是不去好，我的性格太直率，容易把事情弄僵，不如你有伸縮性，可以保持關係。」何也一再謙遜辭讓。「何老師，不必推辭了，這種關係如果無法利用，等於沒有，我是黔驢技窮，翻不出花樣了。」「如果要我出馬，大家要信任我，我的辦法便是一劑白虎湯。」何考慮了半天說。「什麼叫白虎湯？」老謝不解，望著何。「白虎湯是中藥的名字，藥性猛烈，要就把病人醫好，要就會把病人弄死的。」「反正死馬當著活馬醫吧！我們現在只有這一條路了。」「好，那你去安排約會時間吧！」何最後終於答應一試了。

何魯之出馬

於是一天下午，謝澄平陪著何魯之，在中環一間精緻的洋房裏，會見了這位美國的神秘人物 S 先生。自然何出馬，份量不同，他是青年黨元老，國民政府委員，二十餘年的老教授，在形式上和聲望上比謝強得多。何是留法學生，法文很好，但不精通英文，於是謝便作了臨時的翻譯。初經介紹，略事寒暄約莫談了二十多分鐘，何發現談話浮泛空洞，不切實際，為了測驗對方有無誠意，何以退為進的忽然站了起來，看看手錶，望望澄平，說：「我們走吧！改天再談。我看 S 先生今天公事很忙。」

老謝漲紅了臉，萬分驚疑的望著他，心想這是何等大事，好容易大家才有機會見面，一見面，話還未談幾句，怎麼你就在喊走呢？謝澄平還未回過神來，S 先生已經站起，攔著了何，笑容可掬地說：「不，何先生，不要走，我們還要談，今天我沒有事，先吃點點心再說吧。」

大家又坐了下來，用過咖啡與茶點，尚未談話以前，S 先生靜靜地把何魯之從頭到腳，細細端詳了一番，很像中國相士看相一樣，約莫有好幾分鐘，S 定睛望著何，一句話也沒有講，直覺中，S 在鑑定何的神態，然後突破了沉默，十分慎重地打開了話匣：「何先生，很難有這個機會和你見面，也許我們的談話會影響歷史，你是歷史學家，歷史上很多大事是由一二人偶然的談話而引起的。」「所以我很重視我們今天的聚會。」何回答道：「請教何先生，對目前的世界形勢與中國局勢，有何高見？」S 正式提出了問題。於是何魯之也就十分慎重地說出了他的見解：

「自二次世界大戰以後，德日新敗，英國國力已衰，法國更是疲憊不堪，能支持到戰事結束，已非易事。只有蘇聯崛起，除了囊括東歐衛星國家以外，並乘中國八年抗戰之餘，赤化了中國大陸，現在共產世界擁有八、九億人口，數千萬方哩的土地，聲勢浩大，斯拉夫人因東正教之薰陶，承韃靼文化之遺緒，加以受共產主義之洗禮，民族性格陰鷙、堅忍、殘刻、鬼惑，今據世界屋脊之歐亞大陸交界地區，居高臨下，向四面八方滲透發展，以共產主義為外衣，以各國共產黨為其第五縱隊，陰謀赤化全球，征服世界。除美國外，恐怕世上無能與敵者。因此目前的世界形勢，顯然是美蘇爭霸的局面了。

至於美國，因居新大陸，社會安定，國力富裕，科學發達，技術進步，人民樂觀，進取活潑，有朝氣，有創造性，且承華盛頓、傑佛遜、林肯以來之自由民主文化傳統，對國際國內事務，均有責任心，有正義感。二十世紀兩次大戰，均因美國參戰最後獲勝，而且勝利後之國際和平組織，如第一次戰後之國際聯盟，與二次戰後之聯合國，均由美國人之發起而建立，可見美國民族已有世界觀念。有人說，十六、十七世紀是西班牙人葡萄牙人的世紀，十八、十九世界是英國人的世紀，二十世紀應是美國人的世紀。現在全世界受共產黨威脅，人類希望，只能寄託在美國人的身上。因此二十世紀的下半期，世界進入了美蘇爭霸的世紀了。」

「依何先生看，美蘇爭霸的結果如何呢？」S 先生很有興趣的問，臉上一直是笑容。「這恐怕閣下比我更清楚吧！因為你有許多可靠的具體的資料和情報作參考，而我只能看到一些報紙雜誌上的消息。不過就一般而論，蘇聯所長者，第一是人力，第二是組織，國際共產黨的組織是世界性的，而且機動、敏活。利用貧窮與落後，利用西方殖民主義的弱點，到處放火，使美國疲於奔命，這是值得注意的。美國之所長，在科學、財富、技術，而且有國際道義，聯合國可為其作世界性之政治運用。到現在為止，無論就物質與精神以及歷史文化傳統論，美國一切條件仍在蘇聯之上。

但美蘇最大之差異在鬥爭意志上，蘇聯是攻勢，美國是守勢，蘇聯處心積慮以謀世界，可以遍地開花，水銀瀉地的無限制的向美國鬥爭，而美國則只能維持原狀，從精神到事實，都局限於國家範圍與條約義務中，而且人民太年輕，對國際政治缺乏經驗，如威爾遜之被克里蒙梭、西園寺、勞合喬治等玩弄，以及史太林之欺騙羅斯福等，均可說明美國在國際政治舞台上尚是生手。如果商業觀念、技術主義過分流行，難免犧牲原則，影響士氣。今天蘇聯是世界性的強盜，而美國則只能是一國的警察。蘇聯可以包圍美國，美國雖亦可以文化經濟各種方式，透過各國與蘇聯週旋，但究竟支離破碎，難收指臂之效。不過美國代表人類正面的精神，文明之所趨，蘇聯只能是陰面的丑角，因此我仍然寄希望於美國，願意幫助他，使他完成此世界責任。」

「文明一定戰勝野蠻嗎？」S 先生伸了伸手臂望著何。「不一定。就歷史長期方向的價值而言，自然文明、道義、以及一切光明正面的精神，都可最後得到勝利，但就短期片段的歷史論，則常有野蠻勝過文明的事實，如羅馬之代替希臘、蠻族之侵擾歐洲、元之亡宋、清之亡明。」S 先生從沙發上站了起來，來回的走了幾步，抽了一支煙，又十分興奮而沉重的問：「何先生，過去美蘇之間的鬥爭，你有何高見？」「請原諒我說，S 先生，那美國是失敗的多。」何魯之於是從美蘇鬥爭的歷史上，一一為其指出失敗之點，諸如巴爾幹的登陸，雅爾達的密約，蘇聯的對日宣戰，東北問題，以及馬歇爾來華調解國、共糾紛的經過等，說得 S 先生全神貫注，頻頻點首。就這樣結束了第一次的談話。何、謝告辭出門時，街上已經萬家燈火了。

第二次會晤

不久，謝澄平又接到了 S 先生第二次約會的通知。第二次見面，仍然在那一間精緻的房間裏，空氣顯得親切得多，敬茶敬煙之後，S 先生掠掠頭上的白髮，笑容滿面的說：「何先生，上次承你指教頗多，聽說你是中國青年黨的創黨人之一，和共產黨半生鬥爭，可否談談過去的歷史，我想一定是很有趣味的。」「何先生和周恩來是老朋友，又是老對頭。在法國時大家還交過手哩。」謝澄平在旁插嘴說，銀絲眼鏡下兩眼笑成了一條縫。「那已經是三十多年前的事了，說起來也是很偶然的。」何魯之慢條斯理的呷了一口茶，繼續說：

「那是 1923 年的秋天，我正在巴黎大學讀書，一方面又擔任了『華法教育會』的秘書，『華法教育會』是李石曾先生所創辦的團體，專門照顧留法學生，為他們辦理一些事務上的事情，幫助他們選擇學校，介紹教師等。有些同學初到巴黎，偶爾也借住在會中，中國學生多喜歡來此探聽訊問一些事情，會中有全部留學生的名冊。那年山東發生了孫美瑤臨城匪案，中外輿論大嘩，巴黎的報紙，標題為『中華匪國』，中國學生都感到顏面無光。」

一天，四川同鄉曾琦跑來看我，義憤填膺，態度激昂，問我有何辦法，我說只有召集大家開會討論。於是由我發出通知，召集巴黎的留法學生開會，有的遠在里昂也趕來參加，純然出於一種愛國熱情。那天到會第一個簽名的便是曾琦，第二個是周恩來。我作主席，宣佈了開會理由後，邀請到會人士發言，依照簽名先後，第一位請曾琦，曾琦那天講得很好，聲如洪鐘，態度激烈，『內除國賊，外抗強權』這兩句口號便在當時提出，聽眾熱烈鼓掌。

第二位請周恩來，他也講得不錯，強調階級革命。會議正在進行當中，忽然共產黨搗亂會場，（以後才知道，一切集會共產黨如不能利用必定破壞。）會場秩序大亂，大打出手，法國警察也來干涉，會議幾乎流產。我一方面應付了法國警察，告訴他這和你們國會開會吵架一樣無干重要的，一方面設法澄清會場。其時周恩來正坐在第一排椅上，我怒目望著他，嚴厲地對他說：『如果今天會場打爛，共產黨人休想下臺，必負嚴重後果。』」周才悄悄通知了他們的同志，使會場秩序平靜下來，我控制著會議繼續開會，一直依照預定節目，開完散會。

這樣一來，大家對共產黨人的搗亂行為，恨之入骨。散會後，曾琦、李不韙、張子柱、李璜和我，第二次又在巴黎的哲人廳聚會，商量對付共產黨，這便是籌組青年黨的第一次聚會，所以我常說：「沒有共產黨，便沒有青年黨，青年黨是專為反共而組織的。他們談世界主義，我們講國家主義；他們講階級專政，我們講全民利益；他們主張集權專制，我們主張民主政治。從此我們便和共產黨分道揚鑣了，幾十年來彼此無時不在鬥爭中。」

「你覺得共產黨人究竟如何？」S 先生很有興趣的問。「他們是唯物主義者，不談空話的，所謂條件不夠不行動，情況不明不發言，他們倒的確有這股精神。」說到這裏，何魯之笑了一笑，說：「記得有一次乘船，我和一個共產黨的朋友同船，不知為了一個什麼問題，辯論起來，各不相下。我便向他講，在這條船上，你們共產黨人有四位，我們青年黨人有九位，無論講說講打，你們都在下風，究竟我們的結論如何？那位朋友上下打量我一番說：好，好，這次我們輸了，真理是在你們那一邊。說完，諾諾連聲走開了。」謝澄平與 S 先生聽了，都大笑起來。S 先生說：「共產黨是最現實不過的。」「不過他們是理想的現實主義者，每個戰鬥任務，他們步步為營，最為現實，但全部主義與思想，卻又是主觀不過。」何魯之說。

「你覺得周恩來為人如何？」S 似乎在研究人物了。「周恩來精明能幹，手腕敏活，有一晚他約我在巴黎郊外的『跳蝨橋』，在月白風清之下，談了很久，首先我問他為什麼要搞共產黨，他很坦白的告訴我，早年在上海和日本時；隨時餓飯，他感到物質問題不解決，一切問題無法解決，所以後來相信唯物主義。接著他問我喜不喜歡政治，我告訴他：我學歷史，當然喜歡政治。他說：現在我們在外國，終非久留之地，將來總要回國，才有我們的舞臺，要搞政治，就必須要有團體，才能奪取政權，現在我歡迎你參加我們的共產黨，否則你可以參加曾琦、李璜他們的青年黨。當時他還不知道我是青年黨的原始人物哩。以後在巴黎，有很多時候和他交手，他有時也還滿坦白直率的。」

「毛澤東呢？」S 先生更有興趣了。「毛澤東和我不熟，只是民國 34 年政協時代，在重慶見過一兩面，吃過一兩次飯，對他沒有什麼認識。」「有趣，有趣。」S 先生一面笑，一面抽煙，最後慢慢說：「蔣、毛都是性格意志最強的人物。」「中國歷史上的政治領袖大多如此。」謝澄平參加說。「外國也是如此。」S 先生幽默地笑笑。第二次談話便在這樣談掌故、談歷史、談人物中輕鬆地過去。

第三次會面

又過了一段時間，何魯之、謝澄平、和 S 先生的三人小組，又第三次碰頭了。這一次是 S 先生請吃晚飯，吃過飯後，回到一間密室裏，繼續談話，情緒是愈來愈融洽了。還是 S 先生提起了話頭：「何先生，今天我想專門談談中國問題如何？」「很好，我們願意聽聽閣下的高見。」何魯之謙遜地說。「不，自然還是聽你的，你覺得中國鬧成這樣，誰應負責任呢？」「應該歷史負責任。歷史上從來沒有不解決的問題，無論多麼困難的事情，在歷史洪流中都要成為過去。

中國的積弱，也不過近一兩百年的事情，就是在清初順、康、雍、乾時代，還能維持大國的體面，1840 年鴉片戰爭之後才一蹶不振的。以前的中國歷史，在人類歷史上十分燦爛光榮的。就拿這次共產黨赤化中國來說，他必然要來，也必然要去。為什麼中共會如此發展呢？源於孫中山先生之聯俄容共。為什麼孫中山先生要聯俄容共呢？因為當時歐美沒有一個有遠識的偉大的世界政治家，不了解中國民族的需要，不認識中國歷史的發展，當時英國侵略我們，日本壓迫我們，美國人袖手旁觀，不理睬我們，而蘇聯卻伸出『同情』之手，笑臉歡迎我們，據說連創辦『黃埔軍校』的幾百隻槍，都是蘇聯贈送的。而國內的軍閥林立，社會風氣敗壞，沒有新興的氣象，怎能挽救中國，完成革命呢？因此難怪孫中山先生要選擇這條道路。

歷史上常是利之所在即害之所在，顧住了這面便顧不了那面，現在不是談責任的時候，是應該想辦法的時候。中國不幸，遭此浩劫，人民和國家都必慘痛萬分，我們幸而逃出鐵幕，自然負起了復國的責任。現在中共已經決定一面倒向蘇俄，毛澤東到蘇聯去了一個多月，豈有一國『領袖』在外國耽誤這樣久的道理。我懷疑史毛之間除了公佈的中蘇條約之外，還有其他密約，將來總可看出的。（1950 年 6 月 25 日韓戰爆發，何當時談話大概在 4 月左右）所以現在中國問題，已和世界問題打成一片了，因為共產黨的問題，是全世界的問題，中國問題之解決，只有隨世界問題而解決了。不管怎樣，我堅信人性的自由意志，即使全世界赤化了，將來也必要爆發而再革命的。」

「你覺得中國局勢將來的發展如何？毛澤東會變狄托嗎？」

「不會。因為先有了狄托，史達林萬不允許再有第二個狄托。同時中共和蘇聯邊境接壤，形格勢禁，頗難轉變，國民黨不該在南京建都，共產黨不該在北京建都，兩者剛剛弄反了。至於大陸上，短期內，甚至三五年內，當然是大規模的屠殺鎮壓，有蘇聯的先例可見。但要完全征服中國人的觀念意識，以及生活習慣，以中國文化潛力之深，恐非急切可蹴。因此中共政權尚不能生根，等於浮在水面，但人民要想推翻他，一時卻也是不可能的。同時共產黨的銳氣方盛，此時亦無法和他再作軍事性的鬥爭，零星的游擊隊會到處皆有，但皆無補於事，不過癬疥之疾而已。中國局面，如無強有力的外力支持，當不可能有奇蹟出現。」

S先生靜靜地在聽，有時又似乎在考慮，眉頭深鎖，好像有重大的問題難以決定。最後當何魯之的談話告一段落時，他望著何說：「你們青年黨的朋友們，有什麼打算沒有？」何魯之一聽表情萬分沉痛的說：「我們青年黨以反共起家，以國家主義號召，今天國家弄得這樣，我們是完全失敗了，心情萬分的沉痛，現在逃到海外，只有盡我們的力量，一點一滴的再重新佈署，從事反共復國的工作，自然我們的根本原則，再困難也要堅持下去的。」「需不需要我們幫助你們？」S先生更親切的問。

「過去我們因標榜國家主義，很少和國際友人合作，現在想來是過份書生的。當我讀到意大利復興的歷史甚為感動。加富爾對他的人民說：『不管意大利人願意與否，意大利之復興，必待法國人之援助始能完成。』今天我們可以彷效他這一句話回答你：『不管中國人願意與否，中國之復國運動，必賴美國友人之合作與援助，始能成功』。」

S先生從沙發上跳了起來，緊緊的和何魯之握著手。「好，何先生，我們合作，我願意幫助你們，但怎樣具體著手呢？」「共產黨戰勝我們，是先在文化思想上佔優勢，然後再在政治上、經濟上、軍事上打敗我們的，因此我們還得從文化到政治、到經濟、到軍事，一系列的反攻過去。在香港我們無法談軍事，只有先在文化上從根做起，建立重點，再謀發展，好在我們已辦有一個《自由陣線》週刊，再加充實，即可發揮作用。我們要由文化運動，發展到政治運動，至於具體的進行，我想請澄平再和你仔細研究吧。」

「頂好，頂頂好，就這樣辦吧！現在我可以坦白告訴你們，美國為中國問題，苦惱萬分，國民黨如此，共產黨如彼，李宗仁離開了中國，蔣介石沒有復職，整個中國陷於虛脫真空狀態。我們急需尋求一批真正有抱負的中國人士，形成一個力量，以減輕我們在遠東、在中國的責任，我們願意盡量支持他，幫助他，展開反共自由民主運動。我接觸過許多中國人士，但都不合我們的條件，何先生的學識、見解、品格，我們素來佩服，青年黨的歷史也正合這種要求，我們就這樣決定吧，先從文化重點做起！來，我們乾杯！」

說著，S 先生打開了酒櫃，從中取出了三隻高腳玻璃杯，斟滿了白蘭地酒，三人一飲而盡。大家都感到說不出的快慰。臨行，何魯之先生走到門口，又轉身握著 S 先生的手說：「S 先生，如果我們的復國運動成功，你該是美國第一任的駐華大使，因為你是未來新中國的產婆。」S 先生哈哈大笑，說：「不，我不是產婆，我是中美之間的媒婆。」何、謝二人也哈哈大笑，在笑聲中辭別了回來。就這樣美國人製造的第三勢力的第一顆種子撒下了。《自由陣線》週刊，變成了「自由出版社」。中國青年黨暗中負起了反共復國的神聖責任。在下一次謝與 S 會面後，謝澄平便帶回了第一次的美援。

S 先生的佈局——第三勢力的三腳架

1949 年，是中國局面的轉捩年。1 月，蔣總統退位，李宗仁代行總統職務，籌備與中共和談，第一批是顏惠慶、江庸、章士釗、邵力子等民間彥碩飛石家莊，拜望毛澤東，探聽和平意向。第二批國民政府派出了以張治中為首的正式和平代表團，與中共正式談判，李宗仁的智囊黃紹竑掌握了代表團的幕後精神，一次二次的飛向北京。初初，中共對他們甚為客氣，禮貌週到，似乎頗有誠意的樣子，函電往返，南京傅厚崗李代總統官邸的長途電話，漏夜不停，忙壞的是隨身的副官秘書，李宗仁在紫金山下大做其和平總統的美夢，但一到中共用兩百根金條買通了江陰要塞司令戴戎光，長江天險無由憑守後，中共的真面目馬上暴露了。周恩來給予張治中的最後條件，不是和談，而是最嚴厲的招降，連和平總統李宗仁也不能忍辱接受了。

於是三個多月的和談美夢破裂，局勢急轉直下，4 月南京失守，5 月上海淪陷，9 月廣州不保，12 月四川變色。中共的四個野戰軍，一野彭德懷、二野劉伯承、三野陳毅、四野林彪，紅旗遍滿了全國，而從 17 年北伐成功即在南京奠都的國民政府只好遷到臺灣去了。更壞的是李宗仁逃到了美國，蔣總統沒有復職，群龍無首，國家沒有一個安定的中心力量，中國人固然人心惶惶，美國人亦弄得手忙腳亂，全國輿論大譁，舉世震驚，大家要追究失掉中國大陸的責任。於是以艾其遜為國務卿的美國國務院，不能不公佈了有名的《對華白皮書》，以洗脫自己的責任。這是 1949 年的中國大局和國際背景，而中國的第三勢力，便是在這樣的歷史環境中產生的。

當美國政府寄希望於所謂中國自由民主人士，產生第三力量以振救中國時，正是國民黨潰敗，共產黨氣焰萬丈的時候。美國政府儘管有此願望，但要真正的實現，實際執行的責任，便落在美國東南亞最高政治幕後負責人 S 先生身上了。S 先生的袖裡乾坤是，要建立一個軍事、文化、政治的三腳架，左文右武，而以政治居中領導，想將中國有志之士，組成一個新的政治團體，效法戴高樂在二次大戰中，於法國淪陷後，流亡倫敦組織「戰鬥法國」一樣，負起反共復國的任務。

其時，曾參加馬歇爾三人小組的蔡文治將軍，業已在沖繩島建立了第三勢力的軍事基地。蔡文治是湖北人，黃埔四期學生，陸軍大學將官班畢業後，又到美國參謀大學深造，大概因為他的太太是燕京大學學生，和司徒雷登的關係，因此美國選中了他。在沖繩島，他召集了一批一批的流亡軍人，作游擊戰訓練，也曾先後空投大陸若干傘兵，自然是凶多吉少，如石沈大海，害得香港新添了無數的孤兒寡婦。

第三勢力的軍事基地建立以後，S 先生便以謝澄平為中心，建立了文化據點。不久又物色顧孟餘、張發奎等建立政治領導中心，這便是後來「戰鬥同盟」的前身，今日的《聯合評論》也便是這一脈絡的政治遺緒。在S先生的心裏，以為只需將文化、軍事、政治的三腳架建好，第三勢力也就完成了，而反共復國的工作，也就有希望有寄託了。自己對國務院的責任，也就可以交差了，誰知後來竟引出了無數的糾紛，無數的是非呢？

「自由出版社」的開展

謝澄平搞通了美國路線，負擔了第三勢力的文化工作後，牛池灣青年黨的大本營漸漸熱烘烘起來，原來是門前冷落車馬稀的荒村野屋，如今，雖非冠蓋雲集，卻也車水馬龍了。他有了經濟來源，又有了真正的國際關係，在三十多年青年黨的奮鬥歷史中，從來沒有如此好運過。在他的銀絲眼鏡下，隨時可看見他一閃一閃的眼光，春風滿面的神情，似乎福至心靈，真的人也顯得不同從前，雍容大雅起來了。於是有了美援後的《自由陣線》週刊，如今正式改組為「自由出版社」了。

工作的業務範圍，迅速增加展開，在香港市面上，除了定期的《自由陣線》週刊外，一本一本的自由叢書、小冊子、文藝小說、漫畫集、專題研究、大學教本、名著翻譯……像後浪推前浪一樣，幾天一本，幾天一本，如潮湧上市場，街上的報攤上，小販手中，也儘多的是自由出版社的出書，在這殖民地文化籠罩下，點燃了自由民主，反共復國的火把。謝澄平對外，則聲稱他的經費來源，是由他的美籍夫人的富翁岳父所支持的，於是開玩笑的朋友都羨慕他走了正桃花運。（據說桃花運有三種：第一種正桃花，主人財兩得。第二種偏桃花，主專門與有夫之婦曖昧。第三種浪裏桃花，主翻去覆來的過氣女人，即一般所謂桃花霉運）。

老謝時時笑口常開，得意之至。其時，在香港市面上常看到的反共刊物，有丁文淵代表的《前途》（丁文淵已死，《前途》停刊）；顧孟餘、童冠賢代表的《大道》（已停刊）；張君勱代表的《再生》（已停刊）；孫寶剛、孫寶毅兄弟代表的《民主與自由》（已停刊）……等，但都不及自由出版社的聲勢浩大。除了自由出版社之外，謝澄平又增加發展，創辦了許多的事業，計有：《英文雙週刊》、《中聲日報》、《中聲晚報》、田風印刷廠、平安書店、尚德英文書院、中共問題研究所、自由作家俱樂部、時代思潮出版社（由羅夢冊出面領導，實際由謝暗中支持）、《主流月刊》（由羅夢冊出面領導，謝澄平暗中支持）、「民主中國青年大同盟」的支持（即目前友聯出版社前身）、開展「民主獨立中國運動」（延攬了張國燾、李微塵、羅夢冊、黃宇人、孫寶剛等……）。

直接間接，明的暗的，許多文化團體，都和謝澄平發生了關係，謝澄平家連威老道的客廳中，經常三日一小宴，五日一大宴，一批一批的大小新舊政客們，坐在他的沙發上，抽煙、吹牛、高談闊論，目空一切，一心以為出版了幾本雜誌，就可以把毛澤東打倒似的。而青年黨的人呢？也和當年南京參政時一樣，從四面八方匯集到香港，遠在臺灣的人馬，也有幾位乘勢渡海而來，過去避之唯恐不及的……，這時大家又聚頭了，左舜生還當了自由出版社的顧問。謝澄平呢？他是來者不拒，照單全收，像冬天滾雪球一樣，越滾越大，這時的自由出版社，是十分輝煌，頗有一番聲勢的。謝澄平成了文化界的彗星，過去名不見經傳的，如今卻隱隱約約，成為風雲人物了。

新舊份子衝突

自由出版社的班底，先天地離不開青年黨，因此內部人事，大多由青年黨人把持，重要的人物有：謝澄平、丁廷標（已故）、龔從民、史澤之、張葆恩、夏爾康、譚伯揚等。但為了業務的推動，老謝不能不廣大爭取人才。對搞獨立民主運動，對內則喊出了「增加新血液」的口號，吸收了一批「民主中國青年大同盟」的青年朋友，重要人物有：

1.邱然（北大外文系學生，筆名燕歸來，現為該同盟秘書長，友聯出版社總負責人，青年黨人邱椿之女公子）。

2.陳濯生（中央大學政治系學生，丁廷標女婿，現任友聯新加坡負責人）。

3.胡越（又名胡清平，東北人，現為友聯出版社日本負責人）。

4.徐東濱（西南聯大外文系學生，現為民主中國青年大同盟主席，長住香港）。

5.許冠三（筆名于平凡，謝澄平任教東北大學時學生，後脫離民主中國青年大同盟，現在港主持「春秋書局」）。

6.徐質平（筆名徐速，《星星、月亮、太陽》一書作者，後脫離民主中國青年大同盟，現在港自創「高原出版社」，出版文藝書籍）。

這一批人，都是比較年輕有朝氣的，謝澄平先後吸收了他們，分別在自由出版社擔任編輯或其他職務。另外對他們的團體；又按月給予津貼，資助其發展。這樣一來，漸漸成為兩個權力的對立，在老謝的初意，是想慢慢融化這一批青年人，那知這一批青年人，卻另有他們的政治意志，於是慢慢衝突起來，新人說老人腐敗墮落，只知打牌賭馬，搞是非，搞人事，沒有革命精神。而老的青年黨人，則以為江山是咱們打出來的，請你們來工作，反而喧賓奪主，鳩佔鵲巢，太不知自己分際了。也就反唇相譏，罵他們幼稚狂妄，雙方各走極端，彼此挑剌，弄得謝澄平左右為難，只有拖延下去。

但「民主中國青年大同盟」這批人，是另有政治目的的，他們的團體要生長發展的，不是多加一點薪水，多安插兩個位置可以解決的，他們是借母懷胎，想要代替青年黨的，終於紙包不住火，雙方不能不最後向謝澄平攤牌了。在「有你無我」的環境逼迫下，老謝終於脫不了青年黨的根本關係，而將這批青年人趕走了。自由出版社，在發展中，第一次「清黨」，結果新人退出，老人得勢，自由出版社總算渡過了一大難關。

新的一批青年人分裂出來後，他們更團結，更努力，後來利用了種種的因緣關係，也接上了美援的路線，成為日後之友聯出版社，青出於藍而勝於藍，業務比自由出版社做的更大，成為今日香港美援獨佔機構。而舊有的青年黨人呢？卻沒有這一點勁兒，愈鬧愈壞，終於鬥垮了事，從這之間，也可看出一點消息，……。

大壓力來了

當自由出版社的業務，正在蓬勃發展，繼而內部在鬧新舊人物衝突的時候，美國國務院又派了一個 H 先生來香港來幫助建立第三勢力。這位 H 先生的身份猶如國防部派出的視察專員，而 S 先生則是戰區司令長官。兩人的關係大概如此，H 先生過去是華南通，因此一到香港，便找著了張發奎將軍。張發奎在香港有其特殊的地位，因為日本投降時，香港屬於華南區範圍，張當時是華南區的受降長官，因此香港是他從日本人手裏接收過來，再由他手中交給英國政府的，所以英王特別送了他一顆勳章，除了榮譽之外，似乎還有特殊的政治身份。

論人事地利，H 先生很自然的找著了他，籌備組織所謂第三勢力的政治領導中心。張推說自己是軍人，不懂政治，轉介顧孟餘出面負責。顧孟餘是北大老教授，抗戰時曾任中央大學校長，早年任過鐵道部長，曾經與陳公博號稱汪精衛的左右手。是改組派的有數人物，而張發奎過去在國民黨的派系淵源，也是比較接近汪精衛的。顧張二人戰時均未隨汪落水，保留了一身清白，此時香港重逢，一文一武，暗中負擔了第三勢力的政治領導。

早在 H 先生未來以前，謝澄平曾經約集了何魯之、張國燾、童冠賢、顧孟餘和他自己，五人成立一個最高調度委員會，每週在童冠賢家裏面開會，也在試圖建立政治組織，但久久沒有成功。此時，H 先生經過張發奎的介紹找到了顧，於是顧孟餘便採取了雙軌政策，一方面和何、謝等周旋；一方面卻與童冠賢連同張發奎，又再與 H 先生接頭。於是三人委員會，七人委員會，十人委員會，種種傳說紛紜，甚囂塵上。同時許崇智老先生那裡，也聽說有外國人在支持，大小政客，又一窩一窩向許汝老處活動，各有路線，各有關係，真是八仙過海，各顯神通。

有時聽說美國人已在菲律賓找好了基地，有時又聽說某些人已辦好了去菲律賓的護照，要在那邊成立流亡政府，第一批先去兩百人，然後陸續再去。恰好這時「美國援華知識份子協會」發出了許多英文表格，請人登記。聽說公然有人以此表格，騙得一位大鄉里財主，出了二十餘萬元，辦了一張報紙。後來幾經轉變改組，這張報紙至今成為香港有聲有色的反共報紙了哩，於此可見當時政治行情的混亂。

在 H 先生與 S 先生兩位美國人會面之後，決計將自由出版社改組，直接隸屬顧、張的政治組織之下。謝澄平遇到了這突然的打擊，幾乎應付不過來。幸好後來顧、張的政治組織始終建立不起來，H 先生在香港足足等了三個多月，這一批一批的大小政客，酒席還沒有擺出來，便先搶坐上席，爭名位、爭頭銜，結果一事無成，大團結不攏，政治中心建立不起來，H 先生灰心失望之餘，只有悄悄走了。自由出版社才僥倖渡過了被合併的命運。謝澄平當時日日奔走顧老師之門（顧在北大執教時，謝是學生），心情是萬分難堪的。然而自由出版社內部的人員，卻還在不知天高地厚的胡鬧爭鬥呢。記得當時曾有一段笑話。有一天，……主席尷尬萬分。現在想來，都是些蝸角之爭而已。

H 先生走了以後，顧孟餘應付香港政府又不得當。英國自從承認了中共匪偽政權後，香港政府特別頒布了一條臨時緊急法例，「不准居民有實際政治活動，只能有政治言論」，而且港督有特權不說明理由，可以遞解居民出境。因此對於在香港居住的政治人物，大一點的，隨時請去談話，小一點的，隨時派人到家中檢查，一切集會，超過九人，便須報請批准。所以香港的政治活動，都假「請客遊宴」舉行。但聽說過去國民政府在大陸執政時，左派人士在香港地下活動，如民革的李濟琛，民盟的郭沫若、黃炎培等，都曾得到香港政府的庇護，而如今反共人士在香港，均反遭到了較為嚴厲的待遇。

顧孟餘的名望大，自然，一月半月的要請到政治部去談話。初初，英國人對這位中國的學者政治家，相當尊重，三十多歲的青年洋主任，總是請他喝咖啡，坐下聊天，後來幾次以後，發現顧先生說謊。問他今天會見某人沒有，昨天會過某人沒有，他一概回答沒有，而政治部的秘密工作人員，卻在他的屋前屋後，佈有暗探，詳細記錄報告，這樣發現他「所答非實」之後，對顧便漸漸不客氣了。談話時也沒有咖啡喝了，只能站著對答，最後是有禮貌的請他離開了香港。聽說外國人是很討厭甚至輕視一個人說謊話的，認為是懦夫的行為，不負責任的態度。

顧孟餘一方面受著香港政府的壓力，一方面自己內部的班底又常鬧意見，大團結團結不攏，政治中心組織又組織不起，第三勢力有勢無力，《中國之聲》——由張國燾任社長，網羅了各黨各派的人物。《獨立論壇》——由黃宇人任社長，以國民黨童冠賢院長時代之立法委員多人為基礎。《再生》——恢復了張君勱的《再生》，籠罩民社黨人。另外還創辦了兩個大陸問題研究所，分軍事研究與政治研究二種，秘密的找人負責。

第三勢力自 H 先生失望而去之後，內部愈鬧愈糟，政治領導中心建立不起不說，原有的幾個刊物出版社，也時有意見。但在醞釀過程中，又已經花了美國人很多錢，如何下台呢？不得已，勉強組成了所謂「中國戰鬥同盟」才好向美國人報賬。如所周知，「戰鬥同盟」的最高七人委員，名單是：顧孟餘、張君勱、張發奎、張國燾、童冠賢、李微塵、宣鐵吾，而「戰鬥同盟」之組成，實在已經是第三勢力大團結，團結不起來的尾聲了。但在形式上，一般人都還以為這是具體的力量展現哩！政治這玩意，有時是令人眼花撩亂，看不清楚的。

有人說「戰鬥同盟」一共花了美國人七七四十九萬美金，而美國國務院為第三勢力準備的開辦費卻是四千多萬美元。他們連零頭還沒有用上，便結束了。中國人的組織能力在那裡呢？所以好事者譏刺「戰鬥同盟」這班人，戲言之曰：「戰鬥不同盟，同盟先戰鬥」，真是一針見血之論。不過話說回來，顧張的政治領導中心沒有建立起來，對自由出版社而言，倒是好運，否則他們早被合併了。自由出版社僥倖躲過了外來強大的壓力，謝澄平又穩莊了下去……。

何魯之一念之差

前面講過，謝澄平在青年黨中原為第二流人物，未曾單獨挑過大樑，負過方面責任。當何魯之與S先生「隆中對策」之後，謝澄平第一次帶回了美援＊＊＊＊元。謝澄平將一張美金支票交與何魯之，自己還不敢承擔接受，也是何魯之存心太好，一念之差，造成了以後種種的糾紛，此是後話。當時何魯之將支票退回了謝澄平，開口說道：「澄平，還是你管錢好。第一、因為我的性格不適宜管錢，在青年黨中，數十年來我從不過問錢財的事，這已成為我的習慣了。第二、你們已是成年的人，正應藉此訓練自己，培養獨當一面的能力。再說，一個團體中似乎也要有一兩個年紀大一點的人，在幕後考慮問題，冷眼旁觀，不宜於完全暴露，讓人一覽無餘，因此我願以一個『顧問』的身份，幫助你發展，你好好負責幹吧。」

何魯之一片婆心，感動了謝澄平，自由出版社在何、謝合作和取得美援初期時，謝澄平對何魯之是言聽計從，衷心尊重的，而何魯之亦以一念之差，或者說是過於書生，以為凡人都是可以用道德人格感化的，過份相信了謝澄平，以致經濟大權輕輕落到謝澄平手中去了。不知謝澄平只是一個中人之資，染於蒼則蒼，染於黃則黃，是一個可上可下，並非能夠獨立自主開國開代的第一流氣質的人物。所以後來錢一多了，利令智昏之餘，再受二三宵小一包圍，於是骨頭便輕飄飄起來，將一個上好的錦繡河山，賭得一光二盡，而且身敗名裂，負人害己。大一點說影響國家，次一點說影響青年黨，再次一點說，影響自由出版社，更退一萬步說，影響自己在香港不能立足。難怪他在自由出版社關門之後，逃到東京，要在日本神社面前痛哭流涕了。

識者論自由出版社之垮台，謝澄平外無鬥爭（無論國民黨共產黨都未對他施以壓力）；內無篡奪（內部青年黨同仁，沒有一個存心想奪取他的寶座），然而公然垮台，其故安在呢？科學的說，是他不是一個領袖人才，才不稱職，不足以當此大位；迷信的說，是他命中未有這份福氣，消受不起這樣的事業，將一個可以旋乾轉坤，公私兩利的機會，曇花一現的夭折了。難怪他的好友青年黨人陳光泰君要慨嘆的說：「謝澄平過去從未接觸到國家政治，在香港自由出版社這一幕，應該是他政治生命的開始，不幸搞成了政治生命的結束」，真是一針見血之論。

而推源禍始，何魯之善意的誤了他，或者說何魯之知人不明，也是不能辭其咎的，所以有人以劉知幾所謂「政治家必須才、德、學、識，四者兼備」的標準而批評何魯之，則何先生仍然是短於「才」的人，如果他能正面負起自由出版社的責任，則其結果，或者會另有一番作為的。謝是偏才，何也是偏才，缺少一個真正的領袖，人生的因緣際遇，真是難說得很哩。

第一次的六人會議

就在拿到美援的當天晚上，在鑽石山何魯之的家裡，開了自由出版社第一次的六人會議。自然當時也說不上是一個什麼了不起的正式會議，不過總得約些志同道合的朋友談談，何況《自由陣線》週刊，還是一個定期的刊物，具有一定的形式呢？當晚出席的人有六位：計有何魯之、謝澄平、龔從民、張葆恩、史澤之、夏爾康。由何魯之領導，首先請謝澄平報告了和美國人活動接洽的種種經過，與將來所負的責任；以及今後事業的發展計劃等，接著何魯之講了一段沉重的話。

他說：「今後我們的責任重大，也是大家事業的開端，不僅關係個人，而且關係青年黨，關係國家，反共抗俄，自由民主運動是否成功，要看諸位的努力了。在一切剛開步走之時，我願以戒慎恐懼的心情，講一段西洋歷史的故事。希臘古代的大科學家畢達哥拉斯，在他教授弟子時，要弟子們首先學習五年之內不許說話，以訓練一個人的毅力，培養一個人的志氣，鍛鍊一個人的精神，他的名言是『窒慾以求真理』，自然我們今天不必做五年啞吧，不說話，但要有這種誠篤凝重的精神。青年黨中第一代人物，年紀一天天老了，精神身體也一天天衰了，一切要看你們的表演了。望你們切實負起責任，努力幹吧。」

這一席開場白，講得很嚴肅，大家都有莊嚴和興奮的心情，六個青年黨的青年，開始搭起了自由出版社的間架。第一任職務的分配如下：總經理：謝澄平、副總經理：龔從民、總編輯：史澤之、總務主任：張葆恩、資料室：夏爾康、顧問：何魯之。就這樣匆匆大體分派了職務，自由出版社在美國人的支持下開始活動了。除了何魯之以外，還有一二八時，淞滬抗日名將翁照垣將軍也是顧問之一。翁照垣曾經在民國 21 年十九路軍駐防上海時，以一個旅長的職位，獨立抗日而飲譽全國，現在正在香港，因此在地利人和之下，翁照垣和何魯之一樣，亦以顧問名義合作。

紅樓之會

有了美援支持的自由出版社，浩浩蕩蕩，做起事來分外順利。謝澄平初期頗有一股幹勁，清早六七點鐘便起床了，內內外外，應付處理許多的事情，接著又開辦了許多事業，事情一多，人手自然不夠，於是青年黨的各路人馬，紛紛由各地匯集香港。如劉子鵬等由臺灣趕回，吳忠漢、陳德瑛、高伯繩等，則由大陸逃出，一時人才濟濟，熱鬧非凡。謝澄平則搬家到尖沙咀（九龍的高等住宅區），展開了對外的交際；何魯之則搬家到廣東道的一間麵包店樓上，靜靜地每天閱讀數十份刊物報紙，考慮擘劃一些問題。不久，香港的政治圈裏，漸漸知道青年黨人在開始活動了。大家都在打聽，謝澄平是何方神怪？

一天，青年黨領袖之一的前農林部長左舜生，寄了一封信給謝澄平，提出了一些條件，要謝澄平限期答覆，大致內容如下：（一）左舜生任自由出版社社長，全權處理經濟事務。（二）成立五人委員會（五人為左舜生、何魯之、謝澄平、丁廷標、左幹忱）決定人事問題。謝澄平正幹得起勁，突然接到這樣一封哀的美敦書，真是有如中了廣島的原子彈，不知如何對付好。本待不理，一方面左舜生是青年黨的元老，而且過去是他的上司；一方面《自由陣線》初期的經費，是由他向李宗仁領來，這種血緣關係難於斬掉。如果接受，則一切大權旁落，心有不甘，謝澄平躊躇了許久，無法應付。

只有去找何魯之，何一接到這信，當時想了一陣，命人到庇利金街紅樓酒店去開了一個房間，他單獨和左舜生作了一度長談，丁廷標與左幹忱隨侍在側，但沒有講話。左舜生先開口，劈頭第一句話便是：「魯翁：澄平這人很難搞的，當年和我共事時，他總是先給你造成些既成事實，擺下爛攤子逼得你和他擦屁股善後，你要特別小心。」何魯之笑笑，回答說：「舜老，先請歇歇，抽袋烟，喝杯茶，讓我告訴你一切前前後後的經過吧。」

於是休息了一會，何魯之才將前後的活動經過，赤裸裸的和盤告訴了左舜生，當左舜生知道了外交關係，和經濟大權都在謝澄平手裏時，這位老上司無可奈何的擺擺頭，不勝感慨，接著談了許多青年黨內部的家事。大約經過了好幾個鐘頭的談話，最後何魯之說：「舜老，這樣吧，讓澄平他們負責去，你和我與照垣一樣，同以『顧問』名義幫助他們好了。事業需要的朋友多得很，將來還需邀約好多外人哩。」左舜生點點頭，紅樓之會總算完滿結束，一天烏雲過去，從此自由出版社幕後便有了何、翁、左三大顧問。但誰知竟因有此「三頭馬車」，而引來了謝澄平以左平衡何的念頭，以後自由出版社的種種紛擾，真正關鍵實肇因於此。政治上的發展，有誰能逆料呢？

郭士：〈「自由出版社」滄桑史〉（一、二、三），
原刊於《醒獅月刊》第1卷第1、2、8期
（民國52年1月1日、2月1日、8月1日）。

「第三勢力」全本演義：第三百六十一行買賣

焦大耶

這裡是一篇「第三勢力全本演義」。「第三勢力」這一個名詞，幾年來喧騰海外，讀者們大抵耳熟能詳，但是這麼一個「勢力」，究竟名稱何來？怎樣從「空氣」變成「液體？」又怎樣流散四方，而至於「氣化？」從事這一場勢力運動的是那幾個人，供奔走，賣氣力，爭名位的，又是些甚麼人？大概知道的人並不很多，知道得詳盡的人更不多；然而，想知道的人當然也不少。

為此，我們特別請由一位自此即與聞其事的焦大耶先生，源源本本，將這一段「勢力因果」，繹為演義，以供讀者茶餘飯後，且把這麼一個「勢力」消遣一番。其中人物，也許會是你的舊日僚屬上司，也可能是你的左右芳鄰，甚而你的至親好友，都可能在文中出現，讀來如見其人，如聞其聲。其中故事，有勾心鬥角，巧取豪奪的場面，也有使酒罵座，慷慨激昂的鏡頭，爭風恃寵，熱鬧處不下於大觀園；揮拳動武，緊張處毋輸於梁山泊。

紅樓夢中，焦大口裡，榮寧兩國府還有一對乾淨的石獅子，「第三百六十一行買賣」中，焦大耶筆下，卻連一隻乾淨的哈巴狗都沒有。正是：「店號勢力處處開，夢候美元滾滾來，皮破血流緣底事，眉橫目瞬只為財」。欲知真相如何，且聽本文分解。

第一回：吉賽普閑話一句　謝澄平有幸三生

「第三勢力」，到今天總算成了一個名詞，無論這名詞定義如何，又無論它是否真係「第三」，或者到底有無「勢力」，但是有不少的人借它搞起風雲雷雨，有人拿它招搖撞騙，更有人靠它打通國際路綫，發點洋財，則確屬事實。這是三百六十行以外，目前最時髦的一項生意。還有，張君勱曾寫了一本書，在美國出版，出版商定要以《中國第三勢力》為名，才肯承受，說是非用這個名稱，不能行銷。張氏雖覺內容不符，但也無法抗拒，只得照改，改後出版，果然不錯。足見這名詞還可以賣錢，而且賣的是美金。真是一登龍門，身價十倍！

有人說：第三勢力這名詞就是外國人取的，首先出自司徒雷登之口，當時在大陸上頗有人奉為「綸音」，當作「令箭」，大肆活動一番；並有人指證，說是那時外國人心目中，認為最初的「民主同盟」，就是中國第三勢力的象徵。然而另外卻又有若干人爭取這發明權，引經據典的，說是在某年某月，某出版物上，由他首先提倡出來的；同時卻有人予以反駁，說是果然如此，那麼，鄧演達的第三黨，豈不更是鼻祖？實際上他們通通沒有註冊專利，因之無法認定誰是首創，也無考證誰是首創的必要；倒是由這一名詞所引起的波瀾，所產生的黑幕，卻值得詳加報導。

「第三勢力」運動，並非發源於香港，但在香港醞釀得最為熱鬧，亦唯有在香港才便於醞釀，這是人所共知的事情。或曰：大陸淪陷前後，逃避來香港的人口，達一百五十萬以上，較之遷徙到台灣的戶籍，有過之而無不及。台灣既可撐持一個局面，靜待時機，難道香港就不可醞釀成一個勢力以相呼應麼？於是這「第三勢力」運動，就應運而生了。

當1949年冬季至1950年春季之交，是這運動最蓬勃而又最混沌的時期。當時左一個座談會，右一個小組會，有十人八人一堆的，也有十幾二十人一起的，有的約期會談，並無固定形式，有的則商擬名稱，起草綱領，儼然要有正式組織，據一般估量，類似此種組合，達一百以上；傳說美國領事館曾有調查，則為七十餘個，當較可靠。（因為有許多座談或組合，著手之初即以爭取美援為先決條件，故一談到具體問題及進行步驟，大多先寫萬言書，分析當前形勢，指出台灣「腐敗」，吹噓自己力量，然後提出反共辦法，以及這一群人的主張；最後自然是畫龍點睛，希望友邦如何如何援助，而將意見書送到美國領事館，請其轉交美國國務院，領事館是否照轉，結果又如何，現姑不論。然據以統計各方面活動情形與單位數字，則其正確性，自較一般為準。）

何以許多人不謀而合，都一致靦顏求人，向同一目標爭取呢？這也難怪，因為他們是受了同一啟示，莫不想捷足先登呀。原來美國的巡迴大使吉賽普（Philip Jessup），當1950年春天訪問遠東來到香港的時候，有一天在香港大酒店舉行記者招待會，談話中不知是有意還是無意的忽然露出一句話，說是：「美國希望中國出現第三勢力」。此言一出，聳動四座。因為吉賽普名義上是巡迴大使，但實際上儼然就是當時杜魯門政府關於遠東問題的決策人，儘管「閑話一句」，但其足以反映美國的政策，以及表示中國的形勢，尤其是反共的希望所在，則至為簡捷有力，予人以無窮憧憬。

況且，此際距白皮書發表的時間還不久，白皮書中明顯表示美國的兩個態度：一、美國不但不支持共產黨，且「鑒於以往世界各地聯合政府之情形，美國將力求阻止組織包括共產黨的聯合政府」，「不得直接或間接予以任何支持，鼓勵或認可之表示……，吾人之問題只在如何阻延，或抵消彼等在中國之勢力」（引號內均白皮書中語）。加以瀋陽美領事被中共所拘，北平東交民巷美兵營被中共所佔，引起美國全國憤慨，雖然斯際英國業經取得美國默契，表示承認中共，但美國反共，已無疑義。二、對國民政府的態度，則為：「吾人援華方案，旨在給中國政府一喘息機會……，解決中國各種問題，乃中國人民自身之問題。」「而調用美國軍隊自屬不可能。」「至該政府若自南京遷出，崩潰……吾人將採取若何步驟，須視屆時美國利益何在與該時情形而定」（引號內均白皮書中語）。

那麼，吉賽普斯時到遠東來，可能就是代表美國，重新決定政策；而吉賽普到香港，是在遠東各地考察大體完畢以後，根據他考察後的「情形」以及「美國的利益」，或許胸中已有成算，業經決定了今後要支持「第三勢力」，以擔當中國反共的大任，這也未始不是情理中應有的事啊。於是「有志之士」，紛紛以「第三」自命，要靠美國的排頭，造成「勢力」，一舉而取「第一」、「第二」而代之，或至少形成鼎足三分天下之勢，這該是何等便宜的事！較之劉關張諸葛亮輩簡單省力多了。凡是在政治場中混慣了的人，誰肯放過這機會呢？

可是首先得到滋潤的，還是依靠人事關係，接通了路綫的一群。那時九龍鑽石山頭有一簡陋刊物，名叫《自由陣線》，原是青年黨一批朋友所辦。經費來源，乃係廣州撤退時由代總統餽送的兩萬大洋，（同樣獲得贈送的自不止一處，然而這班人，對於此一筆臨別秋「水」，特別善自珍惜，除搭大批木屋於牛池灣，以收容同僚外，餘款毅然未予瓜分，竟能撐起一個喉舌，在那種時會，也誠屬難能可貴！）數月之後，刊物幾乎無法繼續。（有人形容他們，說是這一班人多數三兩個月，不能理髮，簡直變成「長毛」，或不免言之過火，唯其艱窘，當可想見。）

然而蒼天有眼，不負苦心，居然逢凶化吉——吉賽普來了！同時有一個美國西點軍校出身的王之也來了，王與馬歇爾關係很好，因丁廷標與之有舊，遂介紹丁與吉賽普晤談，丁又介紹謝澄平、何魯之與吉賽普見面。敘談之下，吉與謝澄平竟有先後同學之雅，時臨運轉，一切事體都好辦了。吉就將之轉介與東南亞某部門的主持者洋人蘇傑士，輕而易舉的，從此那簡陋的刊物，就由週刊，而出版社，而印刷廠，而日報社，而晚報社，而書店，而政治運動，並將刊物附帶發行英文版，彷彿即將大有所為。而「第三勢力」一名詞，亦就是這一系列的刊物、叢書、報章所竭力嘶喊的。（自然啦，物有本，水有源，吉賽普的一句話，是不可抹煞的）。隨後即正式散發小冊子一本，闡述「第三勢力」運動的理論，並標列其主張與綱要，似乎這運動即有逐漸具體與成熟的趨勢。

第二回：老政客網羅名士　大教主夢受天書

但不久這一系列的核心政治組織，由衝突而分化，由分化而癱瘓而瓦解了。未熟先爛，真是出人意料之外。這時，這核心所網羅的，已達百人，若干都係知名之士，有黨魁、有「教主」，有自命的學者，有文人，至於達官、貴人、辯士、政客，乃至參謀長，帶兵官之類，自吏應有盡有，無所不包。經常的大會，均舉行於淺水灣頭豪闊的唐筱蓂公館中；普通會議及會客，則月費千元賃房於佐敦道口。其中多人在這系列中咸有固定職務，各盡所長：或撥補一部分經費，由其另張一幟，主持一個單位，以相呼應。而無固定職務的人，其有生活困難，或活動需費者，按月酌送，其津貼由三百、五百、以至一千，視情況而定。隱約間，這些開支，全係已有預算中的某種項目內的一部，可以隨時由主持人動用，而且數額不小，因之氣派很大。如此種種，還能說不是已有了相當的規模，更有了可靠的來源了嗎？

但究竟經費來源如何？每月實際收支數額若干？無人能問，問亦不得答覆，亦不得要領。當其盛時，自然大家心照不宣，絕無人作不識相的「打破砂鍋問到底」的蠢舉；可是另一面的衝突卻先爆發了，那完全是文人們自古已然於今為烈的脾氣所引起的，江山已改，本性不移。俗話說：「老婆是別人的好，文章是自己的好」，衝突起因，固很複雜，然觸發之點，還是起因於一篇文章。這文章是一位在這系列中另樹一幟，素有「教主」雅號的羅夢冊所寫，名字叫〈福利宣言〉。

據其自我介紹，說這是人類歷史中的「第四宣言」，何以如此客氣，不逕稱第一，又放棄第二或第三，而竟甘願屈居第四位呢？原來是本「紀年」體制，以時間來定的先後。第一，是美國的〈獨立宣言〉，第二，是法國大革命時代的〈人權宣言〉，第三，則是馬克思、恩格斯合作的〈共產黨宣言〉。此外，即別無宣言，縱有，亦不足道。直排下來，本宣言——〈福利宣言〉——就是第四啦。

不要說顧名思義，這宣言可予人類以「福利」，較之耶穌的「福音」，還更具體而實惠，即單憑這種氣概與自負，就值得佩服，令人只有五體投地的份兒，那裡還有什麼話好說呢？誰知那圈子中人，竟有予以批判者，並說宣言裏面的毛病很多，尤其是「輻射時代」一章，甚至有「高山滾鼓」之處。又有人說這宣言，或許是「教主」在夢中所得的一冊天書罷，有若干地方竟看不懂。似此唇槍舌劍，就不免發生爭辯。由爭辯而發生正反兩面，由正反兩面，竟至產生陣線，意見陣線既分，則「自由陣線」就不免分裂。

於是李微塵，張六師等就形成一個陣線，積極另圖活動，這一系列的主持者謝澄平大概是支持「教主」的。適逢李微塵所主編的刊物英文版，有人指出毛病，說他在某期文章中竟然大捧蔣夫人一頓，這顯與「第三」立場牴觸，謝遂借故請李休息，由伍藻池接替其職務。李亦決心聯同張六師，爭取張國燾，一面搭上彭昭賢、宣鐵吾等另一堆的路線，走上九龍塘的上官公館，而脫離了這一系列。

同時，謠言紛起，說是經費收支大有出入，有人竟說：「我的津貼係若干，組織的津貼係若干，事業的開支又係若干，究竟實際領到若干，報銷若干，從何而知？必須公開，以杜中飽！」又有人列舉事實，密告洋狀，請求徹查；復有人要索不遂，公然吵鬧，大罵山門；更有人攔路質問，大打出手，弄得形形色色，不可開交。沸沸揚揚，風聲四播，反對方面即利用資料，冷嘲熱罵，大肆渲染。而內部亦意見紛歧，磨擦日甚，於是較為年輕的一輩，紛紛脫離，各尋門路，另樹一幟。

如許冠三的人人出版社，陳濯生的友聯出版社，以及馬義的自聯協會等，都係由這一系列分裂出來的。其原始創辦人之一的丁廷標亦走出，仍由王×之關係赴沖繩島擔任某一部分的翻譯工作去了。此時，該勢力後台以屢接控告，流言日繁，頗感不耐，遂從加強審核，削減經費著手，予以整頓。嗣後經費一減再減，以致陷於只有勉強維持，無從發展的境地。回憶當日初起的情勢，蓬勃的氣象，真不勝今昔之感！這就是吉賽普來港後一言所興起的現象之一，也可算是「第三勢力」運動的一個序幕。

當序幕由熱鬧而吵鬧的時候，正宗戲還未登台，要角們亦猶在後台等待化粧。等待什麼呢？仍舊是等待同一支援，不過路線係另一條罷了。大家知道，華北有一位生長杭州，久主燕京大學的美國朋友司徒雷登，然華南也有類似的一位，就是嶺南大學的校長香雅各。當 1949 年冬，香氏離穗返國經港時，曾走訪老友張發奎辭別，並詢以有無需他幫忙的事？張「大王」當時一腔義憤，志切反共，立即發表許多反共而又不同於台灣的意見。結論說：「現在既不愁人力，初期也不需經費；若有一塊基地，讓吾人自由活動，則短時期內，即可建制成軍，配合世界形勢，反攻大陸，不成問題」。香氏聞之頗為動容，當即問道：「基地以那些地方最為相宜呢？」張氏答覆：「以越南為最好，菲律賓次之，日本東京亦可」。香氏微微點頭，識之而去，從此差不多一年的辰光，並無消息。

第三回：宜嗔宜喜老將應「命」　半推半就大王出「山」

那時許多反共的人士，基於軍事的眼光，都一致希望張大王出來幹一番；但大王深居簡出，高踞快活谷上，門雖設而常關，不肯輕易見客，往訪的人，若非事前約好，多不得其門而入，如方覺慧，宣鐵吾，張導民等多曾嚐過閉門之羹。可是一部分舊屬老友，仍然常是座上之客，而且經常高談闊論，發揮反極權理論，和表示反共產決心。偶或有人贊美「解放軍」戰鬥精神與「優良」作風，以及認為中共政權行將成功的人，張大王即不惜大聲斥駁，指為荒謬，說是受了宣傳的欺騙與偽裝的麻醉。甚至率直說道：「這些搞法，我是早已領教在案，屢次上當不小！」其豪情勝概，固猶不失當年大王的雄風。然而舊屬及老友們，若果正式敦促他出來幹的話，則他又推三阻四，說是時機還未成熟；究其實哩，無他，就是基地問題沒解決，亦就是他所想望的路線尚無回音，所以也只好大家談談罷了。

但是反共人士是等待不及的，加以是時「第三勢力」的呼聲，已彌漫海隅，大王既千呼萬喚尚不出台，有人就另找目標，認為有一位老將許崇智，資望更高，雖脫離實際軍政已久，然在華南的號召力量，當亦不弱。況且老將興緻甚旺，久已躍躍欲試，經常也重視大王的潛在實力，屢於同鄉的讌聚中，在酒酣耳熱之際，輒起立舉杯，高呼大王的名號道：「向華，你擁護我不擁護我？」大王亦起立擎杯，恭而敬之的大聲答道：「當然哪，我一定擁護老總」。「老總」者係四軍將領對老將一致的通俗尊稱，因為許老將曾於民 15 前，統帥過四軍的緣故。

老將聽到這種答覆，自然開心。那時西南方面許多舊雨新知，群集老將之門，石塘咀俱樂部中，經常高朋滿座，如方覺慧、溫應星、張導民、關素人、劉震寰、余 X 忠等，為其奔走策劃，不遺餘力。老將做法，彷彿甚為開明，既勤於招待，又善於「三顧」，禮賢下士，大有劉玄德之風，因之其所接觸，日漸擴展，若干小組合，寖寖然有匯合的趨勢。如上官雲相、彭昭賢、宣鐵吾、李微塵，張六師、毛以亨、金典戎、徐慶譽等，漸漸都變成了座上客。老將興奮之餘，居然於《工商日報》上發表談話，表示挺身而出，即是將要領導第三勢力的意思；並說台灣某公，原其舊日部屬，如能改進，彼此立場相同，自可殊途同歸云云。

這談話所引起的影響不大，也不十分佳。有人甚至批評，說是：「老將立場不堅定，用意不明朗，此種談話，等於拋送秋波；然似非想敲開友邦之門，反而有些想敲開台灣之門，縱然有所作為，亦不能算是『第三』，最多只可算是『第二半』」。果然，除了台灣立即喊出「歸隊」的口號外，其他毫無反應。

若干人並非不重視許老將，然總覺老將只能作為象徵，難負實際責任，時代推進到當前階段，老將尤其不能作唯一首腦。例如有一次當許老將大談群倫之際，三杯落肚，忽然老興大發，高聲說道：「星命家早已算定我晚年還有一部大運，要統帥三軍，掌握全權，這局面果然快來了，我們大家乾一杯」。在座的人居然有鼓掌歡呼的，甚至有喊「老將萬歲」的。

但同時有許多人不免冷了半截，又麻了半截。而比較沉靜一點的人，則認為「第三大業」絕非軍人單獨可以領導，最好是文武合議的局面，所以根據傳統的習慣，一般的傾向，人家擬想中各自假定出幾個適合領導底人物。究竟是些什麼人呢？既然是大家都想「得而甘之」的，自非無名之輩，於是胡適、于斌、李宗仁、伍憲子等凡是未到台灣去歸隊的都有人想到；可是談得最多的還是以顧孟餘、張君勱、張大王及許老總等為著。嚮往張、許的自以軍人較多，而希望顧、張（君勱）與許、張（發奎）一起來搞，以便豎起一個大場面來的，實無分文武，為多數人之理想所在。

當國府南遷，立法院在廣州開會的時候，就有邱昌渭等，秉承李宗仁之命，出面聯絡，想另外形成一個新的組織。那時接觸的方面，自以立法院的份子為最多，形勢所趨，當時的院長童冠賢，自屬重心所在。然集議多次，童氏始終遜謝，說是「只顧追隨，不能領導」；眾復力加敦促，童乃表示，他認為：「當今之世，反共有理論而又有辦法的，只有兩人，武為閻百川，文為顧孟餘，若要有新組織，似非請顧先生出來領導不可」。

大家亦表示同意，適值何應欽內閣倦勤，於是有人想邀顧、張（君勱）一起參加新閣，一面固便於促顧為新組織的領導，另一面又可使顧、張合作，以壯新閣及新組織的聲勢；但結果居正老先生徒勞往返，兩俱不來，而老先生本身，亦因一票之差，新閣流產。可是童院長的「藎籌碩畫」卻同時實現了，那就是閻錫山出任大陸上最後撤退的閣揆，顧亦到穗接受為「新組織」的領導。

顧孟餘張君勱雖未在廣州合作，然當1950年春，張氏自澳門經香港出國的時候，預先在澳門函約顧氏，定期見面。（顧氏方面頗有破壞此事者，但雙方終於把晤）。張氏一見顧面，即滔滔不絕，發表反對共產黨與責備國民黨的許多意見，最後並表示願意參加新的聯合組織，如要發表主張或宣言，只要顧先生領銜，我簽第二名或第三、四名均無不可云云。但是顧卻始終默坐而聽，未發一言。張又請雙方指定人員，經常聯絡，顧亦含糊應之。

張行後，有人問顧：「何以如此冷淡？不與張氏傾談？」顧說：「蔣勻田在座，有什麼好談呢？張先生過於天真，竟認蔣勻田為信徒，不知其已為陳立夫供奔走，可惜！」原來顧、張晤面時，張氏方面是蔣勻田，王世憲陪伴，而顧的陪伴則是童冠賢。此一會談，不但毫無結果，而且雙方幹部咸表不滿，意思是說：領導及策劃的人，對於應該談些什麼，及如何談法，事前既毫不準備，亦不諮詢大眾意見，臨時又不多邀幾個幹部參加，只由少數人壟斷，似此草率，直如兒戲！

這一班人所弄的新組織，所說的聯合組織，界說雖不明，但其為「第三勢力」運動，則毫無疑義。為的顧，童均是國民黨，而張氏則係民社黨黨魁，既捨舊而迎新，其非「第三」而何？然張氏赴印度講學後，旋即聲明脫離民社黨，並表示「毀黨造黨」的決心。如此一來，張氏變成了自由之身，等於初離婚的富室美貌少婦，更變成了搞「第三勢力」的人們所亟欲追求的對象。可是天下事不是想像的那麼簡單容易呀，這一顆棋子，一直要等待一年有半以後，才再搬動，這裏暫且按下不提。

顧老夫子的新組織這時搞些什麼呢？萬事為先的「東風」是不愁的，聽說李宗仁臨走時，留下二十萬元作為活動之資，於是首先建立機構，福佬村道，堂皇樓面的中心確立了，繼即安頓幹部，於是駱克道、英皇道、青山道、花墟道、鑽石山等處的房子，紛紛頂下，規模儼然，人才濟濟。

第四回：「三長謀士」脫穎出囊　「四期大道」壽終內寢

但那些已做的都只是事務呀，還有業務呢？既然是一個新的組織，總要有章程，綱領，理論，行動。難道這些都要領導者親自動手不成？自然哪，還有秘書長代勞。然而童秘書長，官高望重，是一位純粹學者，平居手不釋卷，博覽羣籍，素來不喜執筆，亦不好應酬，當然不便做這類事；那末，還有副秘書長啊，但副座程思遠，乃「府方」紅人，生性風流，喜於活動，其屈就斯職，不過係「監察」的地位，聯繫的表示，不要說從來不肯伏案，縱願效力，又豈敢勞動？況且那二十萬元，就是由他經手交來的哩！因此種種，就只好另外物色適當人選，以負擔這些實際任務。

可是侍候學問淵博，性格高潔，城府深沉，而又不肯輕易與人見面，見面又不肯輕易與人談話的顧孟餘，是萬分不容易的一件事呀！因之物色甚久，歷試多人，均難中選。首先是有人推荐一位立法委員尹述賢，說是他「久經歷練，嫻熟典章，堪膺重寄」。領導者既囑其草一方案，大家討論討論，無形中自寓有試驗之意，但方案擬就後，起草人於討論前當眾聲明，他這方案如要採用，須全部接納，不能改動一字，否則即另請高明。領導者當場默然，事後認為極端狂妄，自然「應勿庸議」。

大家鑒於此次之失，乃又商酌一人，介紹與顧孟餘晤面，先來一番詳談，再由其斟酌決定。誰知斯人一經見面，既高喊：「顧先生，我們好久沒見呀！」隨即趨前熱烈握手，大聲談話，結果，領導者認為此君周身充滿政客氣味，並說：「我與彼素昧生平，而彼竟歡若故人，真令人詫異」結果，自然告吹！

隨後又經左右多方考慮，乃向台灣「搬兵」，找來一位與顧孟餘及秘書長均極熟識且有交誼，而又甚為幹練豪邁的朋友，大家認為此君總是最合適不過了。但由秘書長陪同前往那僻靜的山坳訪晤顧孟餘時，此君一走進門，寒暄未畢，即大聲說：「顧先生，你怎麼住這樣的房子？太逼窄了，又太偏僻了！這怎麼好幹政治活動呀？」結果，顧老夫子心中不懌久之，任此君冷住旅舍，一月有餘，川資將絕，廢然而返。

似此蹉跎延宕，人選不決，一切事都不能進行，究竟怎麼辦呢？但「十室之邑，必有忠信」，誠意求之，天下何患無賢？而且有時踏破鐵鞋無覓處，得來全不費功夫，最後畢竟還是在原有班底中挑到了如意的可人兒，此人為誰？即周天賢是也。周原是邱昌渭動手籌備，即竭力支持，堅要其主管組織，認為是最優秀的人才。有人亦贊美說周氏有三多，何謂三多？「情報多，主意多，方面多」是也。又有三長，何謂三長？「長於殷勤，長於奔走，長於縱橫」是也。周氏對任何領導及主管的人，恭順與揣摩，不遺餘力，故能深得信任，遂以組織部長的實職，兼管秘書處的事務，可是等待這一問題解決，時間已大半年過去了。

這組織規模是很大的，因之名稱也叫「自由民主大同盟」，初期參加人員逾百，十分之九都是立法委員，氣象頗為宏大。有許多人，甚至將原有職務辭掉，決心從新幹起，據說童冠賢竟因此犧牲了立法院長的寶座。及至幹部人選重新確定，總要做點事以求表現。於是採納屬下建議，先從宣傳著手，乃創辦刊物一種，取名《大道》，這也可見無處不顯其「大」。但領導人則躬親事務，鉅細不遺，竟自兼社長總編輯職務，重要的文章自行執筆，約寫的稿件，必親加審閱，選擇至精；故刊物頁數雖不多，而內容博雅深邃，水準極高。

但後台方面，頗深不滿，認為這種刊物，很少人看得懂，好像大學研究院的專論，有些文章提前三十年發表，固係佳作，留後三十年刊佈，亦無妨礙；此時此地，來辦這種不痛不癢學究式的東西，花錢未免太冤！但有人卻甚賞識，說是反共必須先從建立理論基礎著手，淺薄的東西，只能刺激一時，究無大用，故希望這《大道》索性「沉潛努力」，在學理上與共產黨作基本鬥爭，為「第三勢力」開闢一新的大道。但是刊物是不定期的，看看上期，往往一等數月，還不見下期，也不知什麼時候才可繼續出版，性急的人，大有讀胡適之《中國哲學史大綱》，永遠只見上冊不見下冊的心情。

好不容易自1950年4月起至1951年5月止，在一年零兩個月的悠長歲月中，前後一共只拜讀了四期，以後即不見再出版了；同時又聽說錢已花光，不但刊物不再續辦，即其他開支，亦將由緊縮而逐漸停止。又不久，復聽說盟員星散，「大同盟」即正式宣佈結束，停止活動。於是有人嘆息道：「從古以來，刊物代價之高，當莫過於《大道》了！」。

因為這個組織，自始至終，除創辦此種刊物外，其他即一事未做，故所有開銷，都應該寫在刊物賬上。每期平均須實攤港幣五萬元，而每期連送帶賣不過千本，故每本實值應為五十元。又有人說，後台老板，在刊物發行期間，以此間表示經費拮据，復曾匯寄五萬元，依照這數目攤算，每期實應照六萬餘元計算。這些數字閑賬，姑且不管，不過此種說法，也有人說實在是市儈的觀念，只知在錢眼裏翻跟斗，不曉得文章的真價值，殊不足與論天下大事！

當《大道》存亡絕續之交，同道中人，頗為氣悶，又鑒於整個作風如此，多感不耐，紛紛自尋出路，於是有人遐然具獨立之感，乃集合接近的友朋，另外創辦一個半月刊，取名為《獨立論壇》。以黃宇人、甘家馨、程思遠、何正卓、涂公遂、黃如今等為中心，一般認為此刊是《大道》的支脈，實質上經費完全是這班人自行籌募，參加及寫稿的人也不全限「大同盟」的同志。初期只印刷花錢，發行及寫稿全係義務，性質自然是有點獨立的；不過後來終於分撥到「大同盟」所頂的駱克道房子一層。《大道》停刊，《獨立》仍巍然獨存，等到港府決定增加登記費為一萬元時，以無力補足，才暫行停刊。這也可算是「大同盟」主幹雖枯，新枝猶榮的特殊現象了。

第五回：貪風流舞廳失文件　定基地洋人索名單

當 1950 年尾與 1951 年初，正值韓戰猛烈非常、難解難分之際，張大王忽然活動起來，時常約人談話，又時常駕車訪友，頻頻接觸的有許崇智、顧孟餘、童冠賢、李璜、黃旭初諸人；復有李微塵為之奔走於民社及青年兩黨各元老之間，程思遠為之聯絡顧、童及桂系各要員，大王舊日同袍馮次淇、鄧龍光等也時常與各方接談，表示大王是要幹定了。不久，忽然傳說：有一重要機密文件，被程思遠遺失於跳舞廳中，大王大發雷霆，說是：「若在昔日，定當軍法從事！」於是「第三勢力」運動的圈中人，大感興奮，認為大王不鳴則已，一鳴必定有些苗頭，大家極力想打通路線，又極力設法打聽內容，果然，原來是大王所期待的消息來了。

那時節來了兩個友邦人士，一個名叫哈德門，另一姓名不詳，大概係助手或秘書，行動至為秘密，到後即託人約張會晤於淺水灣的黃宅。但那主人黃 X 萱，與許老將亦係世交，暗中即將此事告知老將，老將遂要求大王偕同與哈氏晤面。張素尊重老將，初雖感覺為難，隨亦慨然允諾，惟表示須先得友邦人士同意，並託黃某轉洽。哈氏說：「我只奉命見張將軍，自不能與其他人士晤談，但若張將軍認為必要，邀同前來，我只當作是張將軍的同伴，自無不可」，此事乃圓滿解決。轉洽者在商談中間，曾婉詢哈氏係奉何人之命？哈說：「恕難奉告」。又婉探其係代表那一方面？哈答：「係代表本國公民」，這自然是一句官話，然亦可見其機密與慎重的程度了。

張、許與哈初次會晤，由黃氏主人翻譯。哈氏說明來意後，即詢問如何作法？基本領導者是些什麼人？是否馬上需要活動資金？張、許自然各有一套，宏論滔滔。最後張說：「目前不需活動資金，我們中國人的事，應該先求諸己，而後假諸人；將來有成，希望以貸款方式，大量支援，起碼數千萬到數萬萬元。零星細數，擬向華僑籌募。至於基本領導的人，俟我們商量並徵求其本人同意後，再行奉告」。哈氏甚為欣然，允留港靜候。最後並說：張將軍所希望的「基地」，不成問題，已向菲律賓洽租一島，預備立即建築房舍，三個月後，即可首先容納約三百人，到該地後儘可自由活動。

那時張、許認為第一步，就是基本領導人的問題了。張遂約許老將、顧孟餘、童冠賢、李璜等不斷籌商。此時李微塵業經陳伯莊介紹與顧，顧又轉介紹於張。李趨奉極勤，朝夕奔走於藍塘道，加以中英文尚好，大王正在需人之際，因此頗為眷顧，所以此類談話，亦偶爾約其參加，類似機要秘書。李初亦謹慎小心，不敢多說。張氏與哈德門頻頻晤面，需人翻譯，最初任翻譯的黃某，因張、許之間後來發生問題，張回想外國人來訪，亦係由彼暗中先行告知許老將，心甚恨之；而且黃亦太不大方，翻譯數次即開口向外國人借錢，張大王遂不再理他。嗣由李璜介紹童季齡擔任，某次翻譯時，童竟向哈自提意見，張自不懂，然此次有顧在座，顧聞之頗覺詫異。又以童於「解放」後留重慶任職半年始出，心尤惡之，談畢即與張言，把童摒絕不用。因此，李微塵的運氣就來了，李補上翻譯後，因利乘便，扼據要津，於是從此翻騰上下，大展身手。

張、許、顧等多次籌商，認為第一次名單不能多開，多開則濫；亦不可少開，少開則份量不夠。既須著名之士，為外國人所知；又須其本人願意，以避將來麻煩。幾經斟酌，乃決定了九人，即許崇智、張發奎、顧孟餘、張君勱、童冠賢、李璜、伍憲子、黃旭初、張國燾。決定後，名單即送與哈德門，等於備案；並互相約定，嚴守秘密。

第六回：酒酣耳熱天機盡洩　舌敝脣焦金釵初陳

可是，問題從此就來了。許老將處原有一羣人經常會談，有張大王未動手之前，早已很為熱鬧，儼然有點組織雛形，並經一個在九龍機場宣佈「起義」，到了大陸又逃出的陳卓林餽贈三萬元，作為活動經費。因之邀約十幾二十人，每週必聚，聚必備飯，飯必商談，豪飲，飲後更無所不談。當大王與眾所商名單決定後，老將酒後，不覺忘記約言，竟源源本本在豪飲高談中，當眾報告出來。眾人聽了，一面興奮，一面譁然，前者為的是果然有了指望，後者則認為太不公平！眾人一致要求老將嚴重交涉，必須增加名額，更不能忽視這一羣人物。老將自然同意，不在話下。

老將座上，三山五嶽的英雄很多，本身業有組織的小攤頭亦不少。其中有一組合，最初尤為蓬勃興旺，以丁文淵為首，宣鐵吾、彭昭賢、上官雲相等均其中堅的一羣。丁氏為我國有名學者，李代總統臨出國時，聞曾撥港幣四十萬元與之作辦理教育及宣揚文化之用，惜乎實領到手的僅有一小部份，餘者奉命撥付的劉航琛尚未照辦，即已免職，並喫官司；丁氏雖親往台灣交涉，亦無結果。款既不多，丁乃以之辦一刊物，取名《前途》，宣、彭、上官等即借重這刊物作中心，各方聯絡號召反共，然對台灣則採取保留態度，偶亦作善意的忠讜之言。

其參加人士，最盛時曾達六十人以上；民、青兩黨留港的重要人士，亦多曾出席座談。可是外面對此一組合，表示懷疑，認為並非「第三」，更有人認為或係台灣「策動」，藉此以「混淆第三勢力」的陣容云云。一般對宣、彭二人尤為不諒，認為一係官邸侍從之長，一係 CC 有名大將，那裏會脫離舊日關係，從事新的運動呢？因之當時一般搞「第三」的，對之都採取戒備態度。但是許老將則一概不管，來者不拒。有人說，這就是老將的偉大啊！

後來，《前途》雜誌，以經費不繼，即行停刊。而丁文淵氏，本係純正的讀書人，看見這個組合，人多嘴雜，意見紛歧，且人人喊民主，而又人人要獨裁，亦感覺厭倦，不再參與。於是宣、彭等又與張六師，李微塵、張國燾等聯合，經常會晤於金巴倫道華美的花園洋房之中。又經上官之介，多半都變成老將的座上佳賓，及至老將報告了那個新的名單消息，上官乃親訪大王，力請加入。並說名單所列人數過少，不能籠罩各方人物，難以號召。

上官原與南方某重要將領有戚屬之誼，故與老將及大王平昔均甚友善，大王對其意見，頗為接納，惟對老將之洩露機密，公開報告，至為不滿，乃再約顧孟餘，童冠賢，李璜，伍憲子，張國燾等籌商對策。大家決定兩點：一、以後重要談話，不再約老將參加，以免走露消息。二、再增加三人，通知《前途》。有人不免要問：為何不多不少，只增加三人？是根據什麼標準呢？或答曰：恐怕是根據中國的說法，為的要湊足十二金釵。根據外國的說法，為的是恰恰一打吧！

增加那三個人呢？一為上官雲相，一為左舜生，另一則為何義均。上官是大王提的，說是由他本人請求，自無問題。何義均則由童冠賢前往通知；惟左舜生為李璜提出。並說：「我與舜生同黨至交，一切可以代表，目前不必通知他，因他為人心直口快，素難保守秘密，一通知他，恐怕又蹈老將覆轍」。可是這談話消息，不幸不久又為外間所知，左舜生聽到後，大發脾氣，說：「如果事前取得本人同意，任何朋友可以代表；如果未得本人同意，誰可以代表誰呀？況且事關個人出處，尤不能不萬分慎重，難道我左某可由人拿去任意出賣不成？」

第七回：禁臠思染指大罵山門　集團見離心痛呼豬仔

問題還多哩！那時廣西方面的人，聽說黃旭初在十二之數，紛紛質問大王，說是：「黃某能代表廣西嗎？他身懷鉅款，避匿不見人面，雖夙共患難，久預機要的同事，亦不知其躲在何處，且親口答應，出有憑據的少量救濟調景嶺同鄉的款子，亦食言自肥，廣西人恨不得飽以老拳，與之拼命，這種人還配做基本領導人嗎？」大王乃解釋道：「現在名單所列，並不是基本領導，連發起人都不算，不過是先聯繫聯繫，將來大家都有機會參加的」。問的人道：「既然連發起人都不算，為什麼不多幾個人出面，只有這些人呢？」大王又道：「我是素來不搞政治，很少認識政治場中人；只有顧先生自弄改組派以來，就和我極熟識，童先生是立法院長，自然認識。李璜是在南京開國大時認識的，張國燾是在此地不久前才認識。要我約人，我自然只能約我認識的人呀！難道好到馬路上抓去？」

「而且」，他又說：「我是極講民主的，所提的人都要他們大家同意呀，或者完全是他們提出來的呀」，這顯然已經有點意氣。那質問的人中間，有位叫張任民的，也不肯讓，說是：「難道黃旭初也是他們提的不成？我們廣西人本來一致擁護向公，（張發奎別號向華），像向公這樣不公不明，有了黃某，我們大家一致不會來參加」。大王即大聲道：「任民兄，我本來想提你，但外國人不曉得你老兄大名，他們只曉得廣西有個黃旭初，黃主席，點辦？」

同時，許老將託馮次淇來向大王說：他這方面要提出幾個人，須一律參加進去，計有方覺慧、溫應星、張任民、關素人等。大王對馮道：「你去對老總說，原來名單，是五個人會同決定的，要加要減，也只有五個人有權變更，我一個人無權改動」。馮回報後，老將以為大王並不反對，只是要等五人會同決定罷了。馮次淇本為大王陸軍小學時的教官，後又在張屬下工作，與大王素極親近，大王仍以老師呼之而不名。老將的座談，屢次邀請大王，大王從未親自出席，惟請馮參加，表示雙方聯繫的意思。此次馮將大王說話轉達老將，自不免委婉其詞；老將厚實，並無所覺，便自專心等候佳音。

然而卻是久無動靜，又經左右催促，乃親撥電話，向大王詢問此事。大王答：「我已託馮老師說過了，只有五人才有權變動」。老將說：「你可召集五人再談，你何時召集呀？我必到」。大王答：「我不召集，你要加入，你召集呀」。老將一聽，不免大動肝火，當即在電話中罵道：「豬仔！我們是豬仔！」說罷，即將電話猛力擱斷，從此兩人就很久不再見面，而是是非非，也就糾纏不斷了。

那時上官雲相既已參加張、顧集團——彼時以張為首腦，以顧為靈魂的這一組合，始終無名稱，無宗旨，無章則，無綱領，故第三圈中人通以「張、顧集團」呼之——儼然係一小組織的領袖或代表人身份。加以腰包充實，房子漂亮，飲食考究，而又有其他種種娛樂工具，經常招待聯絡，賓至如歸，故其發言極有力量。彼於張、顧座談中，主張再度增加名額，極力提議邀約彭昭賢、宣鐵吾參加。並說：彭為反共最有辦法的人，宣為黃埔的優秀學生，均非爭取不可。

有人就說：「一般均傳他兩人靠不住，似乎負有台灣某種特別任務，故各方不敢與之接觸」。上官聞言，為之勃然，說道：「我敢以身家性命担保他們不是台灣的人！」又說：「若果不要彭昭賢參加，我上官雲相也就不參加」。大家見他如此激昂，都不再說話。此後幾經醞釀，又由於各方人士責難，說是包而不辦；而友邦人士亦一再催促，說是基本人員，何以許久還開不出？大王乃定期召集座談，準備擴大名額。

第八回：擴名額飯桌計人頭　攜寶眷軍師獻方策

此次名額的擴大，不但手續異常鄭重，而且數目亦再三考慮，絕非草率，確係有堂堂正正的標準。標準為何？就是根據大王客廳的容量。大王說：「我的客廳和餐廳，都只能容納兩桌人，原來有十二位，已佔一桌，再擴充也只能以一桌為度，再多則喫起飯來就坐不下了」。大家聽了，一致點頭稱是，根據這個原則，就此議決，增加十二人，湊足兩桌之數。

似這種理論與事實兼顧的明智之舉，還有什麼話好說呢？但偏偏有人要問：「哈德門不是說菲律賓已準備約可容三百人的基地嗎？為何搞去搞來只有這幾個人在那裡賣關子呢？友邦既已有初次即請客三百人的氣魄與雅量，難道我們自己反而代人把門關起，任意擋駕嗎？」又有人說：「若果大王本人遇有喜慶之事，在府上宴客，三百人誠然太多，難以容納，若果是搞第三勢力，三百萬人也不夠呀，為何還未開步走，先就劃小圈子呢？」話可不能這樣說。

據箇中人傳出，大王對這些事原無所謂成見，他豐衣足食，洋房花園，優遊自得，而香港對他亦異常優渥，假定他要乘風破浪，出國遠遊的話，護照現成，雙星共渡，絕無問題。他所以搞「第三」，完全是基於責任，出諸良知，幾乎是自盡義務，故對任何人，從無軒輊之分。況且他又極端謙虛，口口聲聲說：「我是軍人，不懂政治」。每一談到政治問題，必然要問顧先生，顧先生說一是一，說二是二，他從無歧議；縱有不滿，亦從未當面反對，最多背後說說，表示文人們的作風奇怪罷了。

至於其他一切計劃，則又完全採納「軍師」的條陳。軍師為誰呢？也並無一定，但凡能接近他的人，只要腳勤，手勤，口勤，常常去殷勤殷勤，誰都可變成他的軍師。所以到了後來，據說聰明過人的李微塵，就由於「三勤」，居然變成了唯一的軍師；而三百人之不能應邀，或云：亦係軍師的妙計。

先是，大王夾袋中，原已蒐集了一篇名單，把所有港、澳搞「第三」的人，以及海外知名之士，大致都網羅在內；可是開去開來，名額仍不到兩百，不過各個小攤頭的重要人物，多已包括在內。哈德門一來，大王就準備把這名單，再加補充，就可送出。可是軍師立即獻議，說是：「第一、名額太多，難以控制，基本領導，愈少愈好。第二、三百人應包括家眷在內，否則牽腸掛肚，不能安心。第三、初期參加的人應嚴格甄別，例如：貪官污吏，腐敗份子，靠攏份子，漢奸份子，以及與台灣有關的份子，尤其是大陸失陷，應負責任的份子，都不准其滲入」。

大王聽來，連稱有理，於是提出會議決定。對於家眷包括在內一點，大家自然同感興趣，遂假定平均每家以五人計，則總額三百，只能容納六十家。就是說，參加的只能以六十人為限。一經談過，遂成定案。而初步準備湊成的兩桌，自然在範圍之內，不成問題，大王於焉乃再定期提人。

第九回：高唱民主六人開大會　同登極樂兩傑掛金榜

這次提人，真是非同小可！不但絕對民主，而且用無記名投票辦法。據說，這辦法並非軍師獻計，乃係由張國燾提出。提出之後，大王大為贊賞，說是：「國燾先生，畢竟是長於組織，久經磨練的政治家，竟然想出這種妙法，既可免口頭提出贊成或反對的為難，又可各秉公道，選拔真才，真是再好也沒有了！」當時贊美很久，事後也逢人稱道。其間有人問道：「你們參加選舉的有多少人呀？」大王答：「六個人」，聞者不免為之啞然。這個消息一經傳開，圈中人也為之鬨然，說是：「他們憑什麼權力來選舉？憑什麼標準甄別人？明明是少數人包辦，還說是絕對民主；明明是依靠洋人勢力，卻說是創造第三勢力，真是胡說！」諸如此類，閒言閒語，不一而足。

為什麼既已添到十二之數，何以當選舉時，忽然又退回到「六個人」呢？原來李璜因為受了左舜生的責備，頓感消極；既逢其會，又有一部份青年黨人，在《中聲晚報》上登出啟事，略謂：「近有李某，自稱青年黨領袖，對外招搖，同人等誓不承認」云云。李更覺難堪，對張、顧集團之座談，常謝不出席，聽說要選舉，恐怕再碰釘子，更不敢出席，去了一個！黃旭初以受廣西同鄉之攻擊，幾乎體無完膚，真是不敢與人見面，索性找了一個僻靜的醫院，改名換姓躲了起來，自亦不能出席，去了兩個！何義均為人蘊藉穩重，而且在外國機關供職，處處須摸索清楚，審慎周詳，暫時尚不敢出席，再去了一個！這樣一來，剩下來的「甄審委員」就只有三個了，左舜生自然不會出席，張君勱根本不在香港。

那麼，不是已去了五個嗎？可是還有最初與大王同會哈德門，而原始名單，又高居首位的許老將呢？言之慘然！原來已被他們「革任留職」了。或曰：「我們只聽說中國官場中有『革職留任』的辦法，從未聞有『革任留職』之說，究竟怎解？」有人答道：「那很簡單，就是名字保留，事體不准過問的意思」。或又問：「然則何不逕予開除呢？」那人答道：「你真傻瓜！剛剛備案的名單，怎麼好改動呢？」於是十二去六，不是只剩半打還有幾多？

這六人選舉大會——實際上還有一個李微塵，不過係機要秘書性質，表面無選舉權罷了——隆重的採納了張國燾底高明提議，即以無記名投票法鄭重選舉。開票結果：何魯之、伍藻池、李微塵、王厚生、謝澄平、黃宇人、甘家馨、周天賢、黃如今、張純明、徐啟明十一人當選，還缺一個，可是有兩個人同票，就是彭昭賢、宣鐵吾各佔二票，例應決選或抽籤。

但這兩人都是上官雲相小組織裡面的人，而且係其力荐者，乃緊急活動，授意軍師李微塵臨時動議，說是：「這兩個人都應該參加，不好去掉那一個，原說增加十二人，係以兩桌人吃飯為標準，但實際君勱先生既不在港，老將現已不准出席；此外全到也只二十二人，不如多加一位，變成二十五位，對於兩桌位置，還很鬆動。如此，就不必抽籤，兩賢均可併容，豈不盡善盡美？」上官立即贊成，大王聞之，也似認為有理；其他顧、童、張、伍四位，無可無不可，一經紀錄，就此定案。雖然有人加以譏諷，說是這最後兩位，至少有一位係以「屈蛇」方法，走私進去的。從此，兩打之數，立即變為二十五人，此後一般遂稱為二十五人集團。

但何魯之一聞當選，即走訪張、顧，面懇婉辭，說是：「久已不問黨務，對政治目前亦覺厭倦」，故始終未曾參與。徐啟明知道他的當選，出於大王之意，原係想拿他來抵制廣西某些想參加的人，而又想借他來緩和許多反對黃旭初的人的情緒；他深知同鄉情緒激昂，當時不但無法緩和，恐怕連自己也將變成眾矢之的，因之亦不敢參加。李、左二人一直相左，均不出席。謝澄平看到黨的老輩咸不出席，也暫時觀望觀望。張君勱自然不能趕到，因之這二十五人的集團第一次大會，就只有十九人；以後每況愈下。一直還是以第一次為最高紀錄，從未打破過哩。

第一〇回：飛昇有日甜言慰眾生　攀龍無計酸風起四座

二十五集團既已組成，這「第三勢力」不就快成功了麼？慢來，慢來，問題正多著哩！十幾位英雄好漢，屢次集議，除頭兩次恭聽召集人的講話，老前輩的宏論外，漸漸就有人發表主張了。有的說：「應該先定名稱，起草章程，籌備組織，然後訂立政綱，發表宣言，公告天下，正式成立」。這顯然是正統派的書生之見，立即就有人反對，說是：「目前形勢，不但此地岌岌可危，而且環境諸多不便，動輒得咎，實應以迅赴基地為上策。此刻急務，就是我們帶同家眷，先到菲律賓，到了那裡，再談其他一切」。

這自然是萬全之計呵！到菲律賓某一島上去反共反蔣，搞成「第三勢力」，不但「第一」、「第二」，無奈我何，而且房子是友邦蓋的，島嶼是友邦租的，交通自然是包一隻船，或幾架飛機。到了那裡，非特政治有了出路，生活也有了保障，然後高瞻遠矚，從容計議，以待天下之變，豈不妙哉？像這種局面，人數自不宜過多，多則粥稀利薄。從來只有下地獄的時候，要多拉替死鬼，陪葬鬼，最好大家同歸於盡，方才稱心滿意；但如上天堂，豈可呼朋引類，吵得通國皆知？自應悄悄的帶同全家雞犬，一舉飛昇，等到登天之後，假定有人燒香，再保佑他們還不遲呀。似這樣少數人先置身於桃花源中，然後再與極權政治奮鬥的辦法，如果尚有人不贊成，那就除非他是傻子。

誰知真的就有傻子，集團中居然有人主張「擴大名額，邀集一切第三方面的人士參加，並且以聯合組織的方式，容納各種已有組織的政治團體」。又說：「大陸工作，不應忽略，我們也不能全離開香港」。抱此種主張的仁兄，自然不知道原有五人會議時，已經軍師的妙計，先入為主。果然，巨頭發言了，認為「擴大須特別慎重，大陸工作，俟到了基地，再做不遲；香港自然要設聯絡站。我們這幾位離港的手續可以先辦，不久就有表格送到，請準備相片，填好表格後，一有通知，即可動身」。

顧孟餘則力闢「聯合組織」之說，主張「單一組織」，就是容納的份子，必須以個人身份加入，不能代表任何團體或組織。並說：「昔日民主同盟的分裂與失敗，就是教訓。我們千萬不可再蹈覆轍，張君勱先生毀黨造黨的意見，也與我們的主張相同」。「並且」，顧氏又強調說：「新的組織，只能容許一個，人才集中，力量才能集中；小的組織，都應該自動取消，我們在國內鬧小組織，已經把大陸鬧掉了，以後絕不能再鬧」。這儼然是「真命天子只有一個」的口吻，至少也還是「黨外無黨，黨內無派」的派頭，似此目無餘子，氣吞斗牛的氣概，怎能不叫人驚服呢？

可是，花啦啦！這話一經傳開，真不得了呵！第一圈中的豪傑們，一致鼓譟，說是：「你們少數人堵塞門戶，霸佔山頭，既不讓人入夥，又不准人另外嘯聚，這作法比王倫更要兇呀！難道這梁山泊就是你們的？所有山頭都是你們的？」有人又說：「台灣包辦反共，你們反對，說是不民主，難道你們包辦第三，就是上帝賜給的特權麼？」復有人說：「顧孟餘也是曾經要向毛朝靠攏的呀，不過靠而不攏，乃搞第三，是什麼好的角色！」

更有人說：「顧某周身道學，滿口仁義，罵這個跳舞，罵那個打牌，尤其反對抽大煙與討姨太太，但二十五人中，就有人是著名的鴉片大癮，妾侍數個，每天至少八圈的。說到麻將朋友，更歷歷可數，其中某也，某也，我們天天在一起玩的，某某等前幾天還在某處打通宵的呀！」這些自然都係帶點意氣的說話。另外也有比較幽默而又將就一點的說道：「顧某向來都是扭扭捏捏的像妙玉（紅樓夢中自稱「檻外人」的尼姑）一樣，這次居然肯作如此明朗主張，委實難得。你們不要瞎吵，吵得他們不幹了，豈不連希望都沒有了嗎？因為後台老闆是要的國際知名之士，我們人微言輕，總是非依靠他們難得搞出名堂來的呀！」

第一一回：妾身未明捧茶欲有問　郎情何薄棄我竟如遺

究竟是最後一類識相朋友感動了巨頭們呢？還是後台老板有了閒話？雖不得而知，但是不久居然門戶開放了一線，慢慢有人分別代為邀約友好，前往大王府上吃茶了。一個，兩個，或三個四個，吃茶時，大王異常客氣，只是殷勤招待，並不多說什麼。有人請教，完全恭讓顧先生發言。顧先生有時宏論滔滔，發揮的仍多屬「單一組織」與「聯合組織」之分析和利弊，有時如遇來客善於詞令，不願靜聆訓誨，也要搶著說話，那顧先生就故態復萌，默坐不語，或起立負手散步，賞鑑那華麗客廳中的名畫古玩，以資消遣。

每遇這種尷尬場面，除了大王係屋主，不能不陪坐外，只有伍憲子來勉力應付。原來集團中人，因無正式組織，頗感不便，既不能天天會議處理一切，又無法分工執行事務，究竟與誰接頭呢？於是經眾推舉張大王，顧孟餘、伍憲子三巨頭為負責人，彷彿常務委員，對二十五人負責執行事務，並召集會議。故約客吃茶時，伍亦在座。

如是陸陸續續邀人吃茶，前後約二三個月，被邀的有夏煦蒼、翁照垣、鄧龍光、徐景唐、李毓田、程思遠、李新俊、王孟鄰、任國榮、彭襄、李璜、韓漢藩、羅夢冊、徐亮之、陳濯生、許冠三、廖屏藩、杜從戎、冷靜齋、王天碩、涂公遂、何正卓、宋宜山、李荐廷、歐陽欽、谷錫五、趙滋蕃、劉子鵬、史澤之、張葆恩、宋漣波、左幹忱、張六師等等。被邀的人，談話並無一定形式，事前事後及當時，亦無人說明吃茶宗旨，更絕不提到第三勢力及新的組織，或赴某地等事。

來客自亦不便冒昧相問；有幾個人隨便談過一陣，看見無話可說，只好興辭而出。走到路上，一人問道：「今天吃茶，到底是什麼意思？」另一人答道：「我也正想問你哩！」再一人說道：「我想，或許是先見見面，隨後再定期邀集大家聚會，一起宣佈宗旨。他們既可有考核時間，又可避免重複述說，而我們也有考慮餘地，你們看對不對？」但是這位神經過敏的先生卻猜錯了！紅樓夢中王鳳姐對林黛玉說道：「怎麼吃了我們家裏的茶，還不做我們家裏的人呀？」那種中古世紀的舊式觀念已經落伍，現在不分青紅皂白，只要是吃了我們家裏的茶，就算是變成了我們家裏的人，這才是最進步的辦法。因此凡是吃過茶的，暗中都已榜上有名，也就算是已經參加了「組織」；——不，就算是已經參加了「集團」，因為他們根本沒有組織。

不久就秘密傳出消息，說是名額已滿。實數究有多少呢？有說五十七個，亦有說五十八個的；然而不是說以六十家為度嗎？為何數目未足，名額已滿呢？但是你們那裏懂得，大人物做事，總要留點空隙，以備萬一呀！那些名落孫山的人，不免悲憤形於顏色，悻悻然說道：「這樣搞法，是根據的什麼標準？是採取的什麼方式？既不是招軍買馬，又不是比武衡文，完全偷偷摸摸，鬼鬼祟祟，這豈不較之王三姐彩樓擇配，拋擲繡球，還要來得滑稽嗎？」誰知被繡球打中了的人，有許多更懵懵懂懂，莫名其妙，有苦竟說不出哩；因為一茶之後，即永無下文，而且從此也就永遠洗不清了！

第一二回：畏蚊蚋志士惜羽毛　懼是非總統擋軒駕

張、顧集團，從 1951 年春起，鬧到 1952 年夏初，除了創辦一個刊物——《中國之聲》外，其他始終看不出一點名堂。集團中人，進口、出口的申請登記表，卻填了兩次，相片也費了十幾張，有的整裝待發，把房子也出頂了，傢俱也拍賣了；或臨時租屋，或寄寓旅館，亦有暫居友人家的。大家以為不久就可動身，靜候乘風破浪，雄飛基地。可是呆等許久，始終未曾榮行，不但菲島去不成，日本也無法去，甚至弄到後來，說是一切計劃作罷，此集團宣佈解散。這真好似長期密雲不雨，忽然又來一個悶雷，究竟是怎麼一回事呢？若要分析內容，主要原因，約有四點，而四點之中，又包括若干因素，不妨分段簡要一述。

（一）、這個集團的重要目的，既然是要迅赴「基地」，則一切準備，自亦以此為中心。首先就由巨頭們派兩個人到菲律賓去察看一番，可是派這兩人，就很費了一點周折。有幾位「志士」很想捷足先登，就竭力活動這個差事。顧巨頭打算派陳克文前往，童巨頭打算派劉漢文前往。而陳氏辭謝，顧亦認為劉難勝任，乃由周天賢推荐王天碩，偕同另外一人成行。進出口的手續，有友邦人士幫忙，當然不成問題。察看結果，說是所租小島，在呂宋之南，甚為荒涼，交通不便，毫無近代設備，房子正在興工，是一種戰後流行的活動房子，惟氣候炎熱，蚊蟲甚多而又甚大。大家聽到，心裡就頗為躊躇，對於氣候炎熱，蚊蟲多而且大幾點，巨頭們尤其感覺不大舒服；然也不便有什麼表示，為的這原是當初指定的地點之一呀。

不久報上就登載駐菲大使陳質平奉召回國，抵台後，陸陸續續即傳來若干消息，說是陳大使大受責備，彷彿是說：「中菲既有友好關係，為何容許什麼第三方面，明目張膽的在那裏建築基地？身為使節，為什麼不能預為防制，或據理交涉？」又不久，說是派了黎鐵漢為駐菲大使館武官，幫助陳質平對付一切。這一來，有許多人可嚇慌了，說是：「黎鐵漢！那久任侍從警衛組長，後於南京撤退時調任廣州市警察局長，類似許褚之流的虎癡，怎麼吃得消？」隨後不久，菲總統季里諾的消息又來了，乾脆說，即是不表歡迎，閉門擋架的意思。不過表面上的外交詞令，還是很婉轉的，說是：「本國大選在即，政局很為動搖，萬不能再在這個時候，增加國際問題，致予反對黨以口實。諸位光臨，原甚榮幸，況屬反共，彼此宗旨相同，更當竭力協助，以盡地主之誼；惟目前時機不宜，敢請從緩」云云。

如此一來，許多人大為失望，有若干人尤其糟糕，因為房子傢俱的代價也吃光了，再行覓居，既不容易，臨時寓所，又十分不便，真是進退維谷，狼狽不堪！巨頭們表面上自然也不無牢騷，可是「其詞若有憾焉，其實乃深喜之」。你想，誰願意捨棄近代化的洋房汽車不享受，跑到那荒島中去充軍不成？況且還有種種危險哩！好在去不成就去不成，並沒有賠什麼本，寃錢是外國人花的，對嘍囉們亦無絲毫責任，連「騷來」（Sorry）也不必說一句，因為「你們既然仰仗咱們，咱們已經盡了大力，事既不成，有什麼好說的？」

第一砲放不響，自然變成了當頭一棒，大家的情緒遂異常慘淡。隨即又聽說哈德門等因見這些人意見紛歧，一切不得要領，弄了很久，竟弄不出一個所以然來，很不耐煩，復遭到台灣的阻力，菲府的變卦，心中愈覺焦躁。然外國人總還算有責任心的，也許是非完成任務不能交代罷？遂悄悄的走了，據說是另想辦法去。此即是張、顧集團形成後半年內首次的遭遇，也就是後來解散的原因之一。

第一三回：柳暗花明東京傳喜訊　風橫雨驟香島罷行旌

（二）、哈德門走了一兩個月，許多人無精打采中，忽然又有好消息來了，說是可以到東京去，在盟總範圍內，設法撥現成的房子居住。惟有兩點：第一、去的人只能在那範圍之內活動，出了範圍，即不負保護之責。第二、範圍有限，不能容納多人，最多以四十個小家庭為度。於是箇中人大為慶幸，特別是曾與日本有淵源的人們，如日本留學生之類，興奮莫名，真有塞翁失馬安知非福的感覺。你想想看，東京是什麼地方呀？較之那叢莽荒島，無論近代設備，文化水準，都不啻天壤之別；況且在盟總範圍以內，那享受更標準化了。

最妙的是只准在範圍以內活動，雖然有人以為太不自由，然另有人正以得到金絲籠的保障為喜，那比坐在象牙之塔內幻想現實多了，較之第七艦隊掩護下的台灣，更為穩妥安全。「同志們！咱們到那種地方去搞第三勢力如果還不成功，則豈不是玻璃花房裏連花兒草兒也培養不出來了嗎？焉有此理！」這彷彿是箇中人內心深處發出來的一種微妙之音，真正是國亡家破後的意外收穫，於是也就一心一意，準備填表，不在話下。

但是原來六十家，現在只有四十，少掉三分之一，又要剔除二十家，許多人不免惶惶不寧，惟恐落選。果然，不久就聽說某巨頭的兄弟子侄，男男女女們都把表填好了，大家不免紛紛然，鬨鬨然。又不久，說是表已收齊，那些無表可填的英雄們，真有「望」表涕泣，不知所云之慨。此次新填的與舊填的有許多人不同，大概是又經過了一番甄別與選擇。究竟是誰在做主，可以如此取捨隨意呢？恐怕除了一二巨頭及軍師外，也只有天曉得。

天下事，真是變化莫測，難以逆料！過了兩個多月，噩耗傳來，說是東京又去不成了。一般人垂頭喪氣，心灰意冷，誰也說不出所以然來，誰也不好意思再說。因為有人已經接受了朋友的請託，代到東京辦什麼事；有人已經借錢做好了服裝，藉壯行色，欠了一身債；復有人已經預先吃了友好餞行酒，只弄得無顏相見，見亦相對無言。有彭姓夫婦，都是法國留學的高材生，原有台灣某校請他們教書，行李業已上了盛京輪，但是大王雅意殷切，堅決挽留，並託童冠賢前往致意，說是：「何必到台灣，東京不更好？房子現成，生活無憂，大家一起幹，前途無限，希望無窮」。彭氏夫婦，情不可卻，只得退票，填表如儀，借住友家，靜候佳音，如此一來，更加啼笑皆非。於是有人逕向巨頭們打聽，究竟是怎麼一回事？並且假意先說：「恐怕又是台灣的花樣出了毛病罷？」巨頭們答道：「絕對不是」。再問，則巨頭們一口咬定，說是：「被黃旭初破壞了」。追問下去，自然不便；一經多方摸索，才曉得是這麼一回事。

黃旭初本來是最初「備案」名單中的重要角色之一，雖然他不為同鄉所齒，然他卻是桂系的大將，李宗仁的心腹，手中握有鉅額存款，經常與紐約密切聯繫。他之參加張、顧集團，不僅因為他係外國人所知的關係，實際上尚寓有象徵作用，外國人自然也了解這中間的玄妙。這集團既到菲律賓不成，改赴日本，但黃旭初卻在集團中人未動身之前，單獨用其他的方式，先行赴日去了。黃氏一到東京，事體就起了變化，外國人說：「你們行動紛歧，步驟凌亂，東京之行，發生障礙，暫時作罷」。

第一四回：縱橫捭闔「代統」逞雄　沆瀣聲應「前漢」帶銜

難道區區一個黃旭初？就關係如此重大，他先走一步，竟致破壞了全體的行動麼？原來中間還牽扯到李宗仁、吉田和鳩山。據說，當哈德門秉承某方意旨，放棄赴菲計劃，與盟總洽商，把這批人弄到日本去的時候，李宗仁在紐約，因為與國務院人有所往還，事先就知道了，立即準備把握這個機會，打算自己出面，頂起第三勢力運動的大纛，正式領導起來，大幹一番。他一向是把張、顧認為乃他的主要幹部的，不但對一般人是這樣說，對美國國務院更是如此強調。他現既了解此一運動的中心，將移日本，他本人就準備親自出馬，專赴東京，以免「大權」旁落。

李宗仁的身份，究竟與眾不同呀，豈有「龍套」不先站班左右不先侍候，主將就獨個跑出台的道理？於是飛函囑黃，速往佈置一切，並向有關各方先容，務須造成一個形勢，弄成一股高潮，以便門帘一掀，腳燈一亮，就是轟的一聲一個滿堂彩；不管亮相如何，唱工怎樣，這點噱頭總是非要不可的。而且李宗仁畢竟是踞過高位，擔過大任的，氣度亦與眾不同，他曉得有四十家好去，他就開具了二十個名字寄到香港來，說是這二十家是他所想到的，還有二十個名額，請港方的朋友斟酌商量後加進去，名單齊後，旅費由他籌撥，等他行期一定，大家同時動身，一起到東京會齊。這與張、顧集團的婆婆媽媽，兩兩相較，該是何等的明白爽朗哩！而且他所開的二十個名字，並非全是他夾袋中人物，如張、顧、許等通通開列在內，可見得他是對張、顧集團一視同仁的。但是張、顧對他，卻是另一個看法。

張、顧對李的這張名單問題，怎樣應付呢？事實上張、顧並不知道有這張名單，故根本沒有考慮應付。原來李的函電，多係發交程思遠轉達或辦理，但這個時候，程與張、顧已經鬧得不能見面，兩方聯絡等於中斷(此中曲折，另詳後節)。而程自不便將此種消息，報告李知，李一直蒙在鼓裡。可是張、顧卻風聞李將有所動作，乃向黃旭初詢問詳情，黃只得略告實情，說明即將赴日之事。張、顧乃力勸其不可單獨行動，須顧到團體利益。黃處夾縫之中，躊躇不決，可是經不起李的責備，程的催促，遂不辭張、顧，匆匆就走了。

黃氏一到東京，即與陳中孚、韓雲階（按：陳中孚曾任汪偽政權的航業要職，韓雲階曾任偽滿工商大臣，均屬「前漢」人物。）

等人，經常接觸，又與在野的鳩山及其黨徒，頗有周旋。而彼既天然係李宗仁的代表，又儼然係張、顧集團的前站，有此雙重資格，份量甚重，於是日本的在朝黨極為注視其活動，一經探悉其內容後，立向盟總交涉。大意不外是說：「日本處境艱難，情形特殊，對台灣尚未簽定和約，如再牽涉政治問題，更將處於不利地位，恐非貴國扶植提攜之本意；況日本創鉅痛深之餘，即負擔韓戰後方重任，國內人民，生活困窘已極，致共黨滋蔓甚速，騷擾不堪，若再容納許多國際政客，在此興風作浪，誠恐現內閣無法應付，致誤大事」。

第一五回：吹洋鬍哈德門拂袖　翻虎眼張大王絕裾

話語雖是外交詞令，說來卻是娓娓動聽！盟總一聞吉田內閣的交涉，立刻推得一乾二淨，說是：「絕無此事，在我們範圍以內，可以保證不致有此類情事出現。至於範圍以外，那就是你們的事了，不必來問盟總」。盟總既然表明此種態度，對另外一面，是怎樣回絕呢？大家當可想像得知。於是哈德門大發牢騷，說是：「你們這些人，真是始終扶不上台盤的腐力士（Foolish），原是約定了悄悄前往後，只准在盟總範圍以內活動，為什麼未得本人同意，即先派人前往亂搞一通？又居然與日本政府的反對派聯絡，牽扯到人家的內政呢？罷！罷！我不管了」。哈氏就此一氣而走。張、顧集團諸人固然一場沒趣，李宗仁也只好望洋興嗟，黃旭初則一去不能復返。不久，索性將香港的房子出售，全家遷居橫濱去了。這也就是張、顧集團不久垮台的原因之二。

（三）、黃旭初如此毀敗大局，破壞好事，豈能張、顧所諒？不但對黃不能相諒，即對李宗仁乃至整個桂系，均發生無數芥蒂。而且不提此事則已，一提此事，這一筆帳，必須從頭至尾，從大到小，細加清算一番：遠的不說，當 1950 年 3 月 1 日蔣總統復職以後，李在美國發表談話，說是他在華南有游擊隊數十萬，交與張發奎統率，隨時可以反攻，奪回政權，希望美國支持。張聞之，大為不滿，對人說道：「幸虧香港對我素來了解，否則必立刻被驅逐出境。似這種損人而不利己的空炮，放它做罷？」

「雖然我對德公素來服從敬重」，張又續說：「但這樣大事，事前一點也不商量，未免太欠考慮」。結果，終於在報上發表談話，予以否認了事。但李對此等事，與張之看法不同，認為極端平常，毫不在乎。故仍與張經常通訊，密切聯繫，對張仍具無窮希望，而且時常勸張、顧合作，並促他們即加入「自由民主大同盟」，一起來幹。但張則認為大同盟的份子多係立法委員，又多屬文人，他說：「我既非立委，又是軍人，如何能合在一起？」

隨後李又勸張與顧會同另搞一個新的東西，並說：「大同盟原係在廣州那一時期的產物，目前形勢已變，舊的組織業已不能適應需要，當前美國希望中國產生第三勢力，實宜邀集所有脫離大陸、不到台灣的民主人士，造成一個新的運動，以迎潮流。此事實非我兄與顧先生合作不可」。李宗仁自己一向以為手中有兩張王牌，武的就是張大王，文的就是顧先生，文武合力，他的勢力可就大了。迨後大王出來幹的時候，首先就找顧商量，固緣於「改組派」舊日的淵源，但受李督促與拉攏的影響顯然甚鉅。

但骨子裡張氏對顧一直並無多大信心，而且時常拿陳公博與顧作比較，因之對陳公博之死，深表惋惜。說是：「改組派之成功，固繫於汪先生的領導，然實公博之魄力與勇敢有以致之。當日要辦刊物，陳主張用真名寫文章，發表主張，大聲疾呼，以喚起青年；顧則反對，說是文章可寫，真名不能用。當時陳就駁顧，說是文章再好，讀者不知是誰寫的，怎能發生領導作用呢？」「我是贊成公博的主張的」。張氏續說：「所以我當時每月撥兩萬大洋出來給他們辦『革命評論』。你們看，現在顧先生辦的『大道』，仍就用化名寫文章，文章都不敢出面寫，還能擔當更重大的事嗎？真不行！」「如果公博猶在，或有類似公博一樣的人才」，大王又慨然的說：「我們的第三勢力，老早就搞起來了！」

然而大王的觀念儘管如此，其對顧仍是禮敬有加，始終如一，究係效法晏平仲善與人交的作風呢，抑係服從李宗仁文武合作的指導？那就不得而知了。張、顧合作的局面既已形成，集團已擴大為二十五，在李宗仁說來，真是兩張王牌都已打出來了，等於「沙蟹」（Show Hand）他不免想道：「這該是我的新局面來了罷！」誰知道瓜並不得瓜，而「種豆南山下」，也是「草盛豆苗稀」，竟致連豆箕也拔掉了！原來張、顧根本不認這筆帳，而且對外避諱，唯恐人說他們集團與李有關。李氏一看苗頭不對，不但他的名字沒有放在集團之首，連桂系大將夏威，心腹幹部程思遠兩人也不與二十五人之列。「這叫我怎樣做人呀？我一向對國務院說的話，豈不全是車大砲？」李氏不免氣得以吹鬍子的姿態，詈聲不絕。又說：「向華太不夠朋友！向華太不夠朋友！」自然少不了函電紛馳，大起交涉。

第一六回：長門嘆冷落仰天泣地　圓場顯友義就地刮龍

但張、顧答覆得卻異常冠冕，說：「德公身為現任副座，怎好參加第三？若我們冒昧將大名列入，德公本身將如何自解？」一面又委婉表示，其意若曰：「我們擁護也只能放在心裡，時機成熟，自然請你領導，目前急些什麼？」同時更間接表示：「假定德公要出面幹，也行，那他就乾脆把副座丟掉，腳踏兩頭船是不行的」。然而李對這些都避開不談，只是要把名字列入，以便恢復他在美國的榮光。接二連三的函促程思遠交涉，程無奈，只好挖空心思，想盡方法完成任務。

可是自從遺失機密文件之後，一直到李宗仁要他出而交涉的時候，程對張、顧已很難見面。雖然二十五集團組成以後，隔了許久，也曾經把程夾在眾人之中，邀約吃過一次茶；然而程自覺身份特殊，對張、顧均有莫大功勞，顧的二十萬元是他親手所交，固不待論。當 1950 年張準備要幹之前，程又自告奮勇，偷渡日本，代張大事活動一番，與陳中孚等「漢」字號朋友多方聯絡，又對日本舊時軍閥，替張疏通誤會，使張將來便於到東京活動。

那時節於張、顧兩面，都能參與機要，共謀大計，並時作雙方橋樑，奔走活躍，門庭若市，沾沾自喜，一如當年。但二十五人組成之時，居然沒有他的大名，自然異常忿懣，聽說還是由於顧氏念舊，復礙於李宗仁情面，才力主邀他飲茶一次，他才僥倖取得被邀資格。以這種從「長門」「冷宮」裏面找出來的人，與許多普通人士一起飲茶，那裡會有什麼要緊的話好談呢？雞毛蒜皮的扯了幾句，走出門之後，撫今追昔，更覺泣血椎心，天地變色，唏噓不已。

然而德公的命令又不能不奉行呀！於是因飲茶而觸動靈機，心生一計，有一天，程也邀請了黃宇人，甘家馨等幾個朋友飲茶，同時又去請陳維周，說是有幾位好朋友想同他見面談談。陳維周為舊日南天王陳濟棠的胞兄，既長於風水，又精於星相、扶乩、打卦，無所不能，為人足智多謀，喜決大計，多財善賈，雄心勃勃。由於大陸淪陷，損失不貲，非常煩惱，無聊之時，苦研呂不韋列傳，正想再投一筆巨資，以圖翻本。適值程氏來邀，欣然命駕。飲茶中間，談起張、顧與李宗仁間種種情形，陳氏有知道也有不知道的，當然極口對李表示同情，不值張、顧所為。最後問程：「而今打算點辦？」程答：「德公總要參加才行」。陪客們既然飲了茶，自然也主張公道，大打邊鼓，陳遂一力承擔說：「我去與大王講，一定請德公參加」。

話雖如此，陳維周是何等樣人！豈能輕易為人奔走？又豈肯貿然從事？老謀深算的計劃了一通，認為這是一筆好生意，如果成功，三面討好，前途有無窮妙用；但不成功，則可能兩面得罪，大不合算。而且張氏很熟，顧氏不曾見過，究竟值不值得投入此漩渦中，實有事先審度一番的必要。於是再訪程思遠，要他先介紹與顧見面，並聲明與顧初見，只是「識荊」之意，絕不談其他；你之所託，容與大王一講，即可解決。可憐！程此時那有資格介紹？遂轉求黃宇人、甘家馨設法。陳維周見顧後，出對人言：「顧氏五官甚好，尚有後福，雖非富貴極品，但極是清奇格局，此人可交！」

第一七回：遺衣搜秘忽現「性史」　掩面失色高呼「折墮」

隨後陳維周即往訪繆培南請教，問起李宗仁加入張、顧集團的話，到底好不好向大王講？繆為鐵軍宿將，鑒於大王大張旗鼓的招兵買馬，並不向舊日袍澤打一句招呼，甘心受人包圍，供人利用，至為不滿；且如鄧龍光、馮次淇等為其奔走聯絡，不遺餘力，臨到正式請客，不但叨陪末座的資格沒有，連殘肴剩酒也嚐不到，竟摒諸大門之外，鐵軍將領每一談及，無不憤懣。朱暉日因此就不再與張見面，申請入台去了。

迄後，軍師李微塵究係受了同鄉的責備？抑或激發了天良？不得而知，忽然大發慈悲，自動介紹鄧龍光與徐景唐二人飲茶。飲茶時，大王當眾聲明說：「你們二位是李微塵提出，我是一個人都不介紹的呀」。事後鄧等對人說：「我們墮落到了地獄的邊上了！事到如今，竟要仰仗李微塵的提拔，才能承蒙大王邀請飲茶，真是太不長進，未免愧對故人！」當陳氏向繆培南請教的時候，繆氏正在氣悶之中，一聞陳氏所述，即道：「你去講呀！做也不講？他（指張）可以對我們不夠朋友，對德公總不能不講交情呀！」

誰知壞了！陳維周一講，大王竟暴跳如雷，將程思遠罵得狗血淋頭，簡直不成東西。大略說來，罪狀共有三點：第一、遺失機密，不負責任。那機要文件，原是交黃旭初去看的，黃看畢，耑誠託程送還。程置在身邊袋中，遲遲不送，忽然不知是在舞廳裏還是在酒館中丟掉了，丟了又不去尋找，過了兩天，到大王處講了一句話就完了。大王說：「這種人一點責任心也沒有，還能辦大事？若果在部隊中，不槍斃也要判無期徒刑」。

第二、穿錯大衣，荒唐懵懂。當程趨奉大王之門，尚蒙青睞的時候。有一天，天氣很涼，程談完後，忽忽穿上大衣而去。但同時座中有一胖子客人也是穿著大衣而來，進門脫在衣架上的，及至臨走，穿取大衣，可是左也穿不進，右也穿不進，仔細一看，大衣顏色雖同，但非己物。主人立等送客，見此情形，乃連呼佣人找大衣，那裏找得著？亂了一陣，大王一想，莫非程思遠錯穿去了？果爾，則此件當是他的，遂吩咐佣人摸摸口袋，或許有名片，日記簿等可以證明。不料一摸就摸出笑話來了，原來袋中有「性史」一本，類似妖精打架的裸體照片幾張，大王夫人，時亦在旁，一見之下，大呼「抵死！」「抵死！」（按：該死之謂也）。

大王仰道：「這大衣一定是程思遠的，只有他才會這般荒唐」。大王夫人道：「程思遠的女兒有咁大啦，重咁荒唐，真係下流夾折墮！」（又按：夫人口中之「折墮」者，上海語「缺德」之意，其意比「缺德」也許還要嚴重。）大王遂說明程的住址，囑胖子客人逕去找他交換了事。大王對陳維周說：「豈有一個瘦人穿上胖子大衣，沒有感覺的道理？從我處下山尚有大段路，中途若有感覺，尚可回來掉換哪；似此麻木懵懂，豈非失魂落魄？這種人還能辦甚事呀？」

第三、假造情報，挑撥離間。大王說：「我與德公的交情，德公自然了解我，也自然相信我。乃程思遠亂造許多假情報，挑撥離間我們的感情，因之弄得德公竟不能體諒我們暫時不請他加入的苦衷」。隨即說明許多理由，並說：「德公原甚長厚，但他偏相信這個程思遠，叫他做聯絡，致弄得我們中間距離愈來愈遠」。陳維周聽到後頻頻點頭，深以為然；一再聲明說，他本不知道這些內容，只是經不起程思遠一再懇求，只好來講，「對唔住！對唔住！請不要見怪」。

第一八回：三堂會審攘臂喝滾蛋　一怒拆檔瞇眼看翻船

陳走後，這事似乎很就此了結，但大王性格是爽辣而又徹底的，隨即叫人把程思遠找來，嚴厲責問。並說：「你是我們團體中人，為什麼找陳維周來疏通團體中事？陳是外人呀，未曾加入我們團體，你怎可將這些消息洩露與他？」程初猶強硬，乃答道：「我也未加入你們團體呀，似難受這種約束」。大王大聲道：「怎麼！你未加入團體？你不是上次也來吃過茶的嗎？吃了茶就是入了團體。像你這樣破壞紀律，真是應該制裁，我必寫信告訴德公」。

程思遠一聽最後一句話，方才有點慌了，趕緊說：「請向公諒解，我絕對未託陳維周來疏通此事，是陳自己義形於色的要出來調停，陳說：他雙方都是老友記（按：廣東江湖朋友彼此的稱呼），而今除了他沒有別人能做這個魯仲連云。我們那天飲茶，座中還有黃宇人，甘家馨，陳碰著了大家就在一起談的，向公不信，可以找他們來問」。大王道：「我自然是要查清楚的」。

程氏走出大王府，如釋重負，心想：「你去查你的罷！難道你好找陳維周同我當堂打官司不成？」不料過了幾天，大王又找程思遠去，程一走進客廳，見陳維周赫然在座，心中猛喫一驚，回頭又見顧孟餘端然坐在沙發之上，始知今天「張飛請客，大事不好！」暗中叫苦不迭。果然，程甫坐下，大王即開言道：「思遠兄！你前天說維周先生義形於色的要調停我們與德公的事，但維周先生說是你邀他飲茶，請他向我疏通；今天我又約顧先生在此，你和維周先生兩人當面對質明白，由顧先生作證，將來好向德公有個交代」。

那時陳維周一言不發，顧孟餘照例默坐。客廳之中，靜寂如死，只見程思遠滿頭大汗，那黑裏夾青，青外帶灰的臉上，立刻紅得發紫，半天半天，囁囁嚅嚅，震震顫顫的說道：「總算我對不起維周先生，也對不起向公與顧先生」。蚊子哼哼似的擠出了這兩句話後，客廳中仍舊冷寂得可怕。一下子，只見大王霍的站起來說：「思遠兄，像你這樣作法，你好請哪！」那時程也站起來了，大王一面連說：「你好請哪！」一面即用兩手從背後推著程的肩膀：「你好請哪！你以後不用上我的門啦！」

這精彩的一幕，在程思遠說來，自認為奇恥大辱，永矢難忘。及至二十五集團解散以後，程對人說道：「此仇不報非丈夫，我總算把他們搗垮了完蛋」。人問：「你是怎樣一個搗法？願聞其詳」。程得意洋洋的說道：「我第一步煽動夏煦蒼不與張、顧合作，而與許合作，許的聲勢就壯大了。第二步我極力拉攏許與德公合作，使香港紐約配合影響美國國務院，張、顧就不能單獨出頭，說是他們是唯一的王麻子剪刀店啦。第三步最要緊……。」

程氏更緊張的說：「我多方慫恿黃九叔（旭初）搶先往日本去，若果成功，是我們的局面，張、顧只夠跟著我們走；若不成功，大家拉倒」。「還有第四步哩，我又約了許多人，籌了一筆款，辦一張《人言報》，和他們（張、顧）唱對台。同時，我又經常與許汝為、謝澄平、黃宇人、羅夢冊、張國燾等聯絡，利用機會，散佈流言，只搗得他們疑神疑鬼，唏哩花啦！」

那聽完逞快之談的人，後來向朋友嘆息道：「不管程思遠所說真假如何，功效怎樣？但他初曾盡力奔走，想搞成第三勢力，後又盡力拆台，想破壞第三勢力，總是可信的事實。這就叫做翻手為雲，覆手為雨，豈不可怕？然而程實在並非不想效忠於人，只要看他連救濟知識份子登記表都利用了，要叫那填表的人必須宣誓擁護李宗仁，才肯轉發，就可見他如何會取巧以代李拉群眾的了。

而且照他繪聲繪影的所說聽來，其聰明才智，較之李彥青強多了！可惜張、顧未曾學會吳子玉的一套，善加驅策運用，以致將助力變為阻力，親信變為仇敵，對一程思遠如此，對其他也可想而知，於是積小為大，積少成多，竟弄得在陽溝裏翻船，還禍延許多無辜。一個學者，一個將軍，另外又還有聰明絕頂的軍師，合起來竟抵不過一個秀才，誰說秀才不能造反呀？」這也可說是張、顧集團後來解散的原因之三。

第一九回：攻錯有方肉彈銷豔影　報稱無路虎吻慶餘生

（四）、以上三點，是張、顧集團瓦解的主要因素。但另外也還有若干重要緣由，足以影響到領導者的情緒，或牽涉到團體內部的糾紛；在事體順利的時候，自然無關宏旨，一旦環境拂逆，舉步荊棘，就都會變成致命之傷，催命之符。例如：一、大王與老將的誤會，一直糾纏了很久，當初是彼此責難，互相辯護；到了後來，變成了是是非非，循環不絕，馴至無從解釋。

大王一口咬定，說是老將洩露秘密，又要擅自增加六人，跡近獨裁；而且花天酒地，在那種石塘咀的俱樂部中談政治，太不成話。但老將立即反駁，說是：「我縱然曾經偶爾對知己朋友們談過一次內幕中話，但馬上就被你們把我排擠出來了，那末，以後你們的事，就應該外人絕對不知才是呀！為什麼一舉一動，一言一語，大家通通曉得呢？難道全是我洩露的不成？」

「提到我要增加名額，你們就說跡近獨裁」，老將又說：「但後來謝澄平也提出六人名單，你們又何以完全接受，一起增加進去呢？那就算是民主嗎？」「而且」，老將更憤憤然的說：「凡是與我接近的朋友，你們一個都不邀約，顯然樹立壁壘，嚴分門戶，這樣搞法，就算是第三勢力麼？如果這種勢力可以成功，那將來第四、第五儘可發展以至無窮，通通可以成功，誰也用不著攻擊誰，各幹各的好啦」。

唯有大王所指摘的「花天酒地」，老將不辯，但是隨後也就很少在俱樂部中宴客了；加以三萬元早已花光，也不能不力加緊縮，於是每週之會，改為半月或一月，酒饌之設，改為飲茶或清談；如遇十分必要，縱仍置酒高會於俱樂部中，但左擁右抱的流風遺韻，亦已檢點收斂，不復公開。於此可見大王「攻錯有方」，而老將亦能「從善如流」呢。

又其次就是老將提到過的謝澄平增加六人名單的故事了，謝所提六人，雖曾被邀吃茶，但經過很不愉快。謝既列名於二十五集團，但很少出席會議，因係緣於何魯之、李璜、左舜生等黨前輩均不出席，他亦不便獨往之故。然骨子裡實因謝的後台，路線不同，做法未盡一致。初時大王聲勢浩大，謝不能不傾誠相結，以求攀附。但在大王未露面以前，謝固已獨張一幟，高喊「第三」達一年以上，自問資格當不後人，聲望亦已鵲起，滿擬大王必然另眼相看，倚重有加。

誰知大王不管這一套，非特以「眾人」視之，且首先打算接收這一個現成地盤，以作憑藉。而對謝怎麼安排呢？照謝觀察出來的趨勢，看樣子「部隊」改編後，最多只會給他一個空洞的小單位，敷衍敷衍，如宣傳處長之類。謝氏本人，乃至他的圈子中人，都不免因此發生恐慌。

如果後台老板政策已定，大勢所趨，自亦無法挽回；然而照謝探聽其後台的口氣，似並不以哈德門的搞法為絕對正確，更無囑其接受彼方的領導，準備移交的指示，謝的膽子就慢慢壯起來了。隨又看到張、顧集團，板眼不對，既無劇本，又無台詞，只是瞎敲鑼鼓，引人圍觀，弄得前台後台，亂作一團，謝亦非等閒之輩，況他自己原有一台戲，正在那裡演唱，無論好壞，總是一個名堂。相形之下，不但大王後來不能居上，且為謝反不知不覺的產生出羞與為伍的念頭來。

最刺激的還有兩點：一是謝的誠悃落空——原來謝自經吉賽普介紹與蘇傑士後，一面大幹特幹，準備撐起一個局面，然總覺本身資歷不夠，難以擔當大軸，遂想捧幾個老前輩出來以資號召，而骨子裡則以中年人為主體，操縱一切。故那時有所謂「中年人運動」，也曾熱鬧過一陣。而眾望所歸的老輩，張君勱遠在印度，張大王素不相識，許老將淵源甚淺，其中唯有顧孟餘，乃北大教授，與謝夙具師生之誼。謝乃耑誠佈悃，力請出山領導，同時對於任何人士談話，包括國際友人在內，均極稱道老師不絕。進一步，更徵得後台老板的同意，提出一筆經費，專租一棟房子，先行組織一五人小組，以主持籌劃第三勢力的大計，無形中就等於一具發動機。

而這發動機，就是以顧為首，餘四人為何魯之、童冠賢、張國燾及謝自己。可是如此隆重的推崇，顧竟不來，亦不明拒，後來謝輾轉拜託何魯之，三番五次的敦促，又懇請童冠賢千方百計的疏通，顧始無精打采，勉強談談，彷彿不感興趣。及至哈德門來，張、顧集團大吹大擂的時候，顧即絕對不再參加那什麼五人小組，亦不對謝有所交代，謝氏不免大失所望。就人情而言，豈能不生怨懟？何況隨後還要接收謝的「山寨？」難怪謝氏對人說道：「我竟擁護出吞併我們的領袖來了！」

其次是謝的夙仇當道——李微塵在謝看來，原是不見經傳的人物。謝初亦邀其參加自由人小組織，並請其編輯《自由陣線》英文版，可謂倚重之至。李遂出版一本小冊子，名叫《未來之展望》，心中頗覺得意。果然，不久那所謂 CC 大將彭昭賢，因為讀了這本小冊子頗為欣賞，即登門拜訪，自我介紹，請其一同出來參加第三勢力運動。因那時彭與丁文淵、宣鐵吾等業已另有一個組合，甚為熱鬧。李自經如此一拉，身價陡增，對謝方面，不免忘形。

隨後又有與羅夢冊衝突，以及捧某夫人之文章等接二連三之事發生，謝遂將其辭退。從此以後，李方豈能沒有反應？於是首先與馬義聯合，在自聯通訊上，對謝不時抨擊，隨與張六師、張國燾等多方聯絡，對謝取包圍戰略。及至接近大王，參與張、顧集團機要，對謝還會有利嗎？遂使謝感覺芒刺在背，坐臥不安，迎既不能，拒又不可，遂想出一計，提出心腹六人意欲參加進去，以壯聲勢。

六人雖然被請吃茶，可是聽說大王初時仍表反對，極為鄙薄謝的為人。並說：「老將六人名單既經拒絕，若接受謝的，何以服老將之心呢？」顧乃道：「唯其因為拒絕了老將名單，弄得大家不快，這次不可再拒絕謝的了，否則豈不是四面樹敵？」「況且他是有背景的人」，顧又很現實的說道：「現在又有許多事業在手，不敷衍他，他不會就範，或許他會跟我們搗蛋的」。

這態度是勉強極了，加上張、顧對他印象惡劣，時常對人罵他，謝不覺疑心均係李某搗鬼所致。適逢大王與蔡文治又鬧翻了，謝遂認為「張、顧集團有李某在內，是永難容我的了！」而且這樣搞法也很少作為，乃悉力與許老將合作，一面又在後台老板處竭力供給許多對張、顧不利的情報，這對大王自然也是傷腦筋的事。

第二〇回：爭兵符張蔡分家　斷財路英武解體

再其次，張大王與蔡文治鬧翻又是怎麼一回事呢？蔡也是另有背景的一代驕子，他住過中央軍校，又畢業於陸軍大學，後復到美國西點軍校參謀班深造，曾在中國國防部任作戰處長，是力爭上游而又野心無窮的一個人。他因為與馬歇爾有師生關係，在國、共和談時，馬歇爾到中國來力任調人，蔡遂因緣時會，得任軍調三人小組國軍方面參謀長，其名始為國人所知。大陸淪陷，他反共而又不滿台灣，乃向美國活動，在日本的長崎及沖繩島等處，辦了幾個學校，說是訓練幹部，準備到大陸上作游擊之用，一面仿照第二次大戰時法國戴高樂的「自由法國運動」，發起一個「自由中國運動」。

但他最初也與謝澄平有同樣感覺，認為本身資歷尚淺，人望不足，恐怕難以單獨領導，況且日本等處，距離大陸過遠，呼應不靈，必須以香港為活動中心，方能蒐羅人才，吸引群眾。他將各方行市一摸，立即看中了張大王的潛力與地位，一心一意，想與大王合作。大王亦看中了蔡的靠山與毅力，頗願與之相交，一拍即合。兩人接觸之後，蔡即敦請大王為「自由中國運動」的領導人。但大王認為那運動是已成之局，且性質偏於軍事，覺得自己不便參加，乃反勸蔡加入他的二十五集團，蔡亦認為二十五集團是已成之局，性質又太偏於政治，本身也不便加入。幾經協調，商得一個折衷辦法，乃另外組織一個團體，作為張、蔡合作的基礎，取名為「英武學會」。據說「英」是代表大王，因大王曩日坐擁虎符的時候，是以這「英」字為臂章的；而蔡則大號「定武」，故單取一個「武」字，以與「英」匹。這個團體顧名思義，自然是再漂亮英武不過的了。

這「英武學會」網羅的人才不少，尤以黃埔出身的為最多。蔡方由黃秉衡、涂思宗參加，張方則由鄧龍光、廖屏藩等主持，即以廖負組織工作的重任。成立以後，蔡按月撥補經費，而有一個在大陸囊括軍費數千萬潛逃海外，至今尚為政府通緝有案的前華南區補給司令的周游子，也自動有所貢獻。既有錢，又有人，更有三重背景，因之這學會轟轟烈烈，氣象極為兇猛。

張、蔡既密切合作，進一步就商量如何組織軍司令部，以便具體進行游擊。蔡提出名稱，即叫「自由中國運動海陸空軍總司令部」，並說：這名稱是友邦早已同意的，不必另改，以免麻煩。同時提議請張任總司令，自己則屈居副座，願受驅策。張氏大喜，慨然承諾。但蔡的第二個意見跟著就來了，說是他不怕艱鉅，願竭股肱，因之那參謀長一職，也由他兼任。大王一聽，頗表躊躇：「班底都是你的，你既做了副總司令，負實際指揮之責，這參謀長當然應該由我用人，否則總司令有何事可幹呢？豈不明作傀儡？」於是逕予拒絕。

這一拒絕，蔡氏豈能滿意？首先是將撥補「英武學會」的經費停了，大王自然也不是好惹的，未免有所責備。可是蔡氏更為牢騷，其次寫信與香港友人，說：「張某某那裡配領導第三勢力？照他的作風，簡直是軍閥，而且是舊式的軍閥」。此信經過易君左的手，不知怎麼一來，竟輾轉密遞到大王府上。大王一見，只氣得虎鬚倒豎，大發雷霆！以後當然無法繼續合作，蔡文治就「當仁不讓」，乾脆自稱真齊王，高踞老總寶座，自然痛快淋漓啦。不過算盤打得太精，對「英武學會」竟棄置不顧，更不再拔一毛，弄得許多負責人如廖屏藩等，既受會員責難，生活又發生恐慌。

大王不得已，乃託人找周游子幫忙，誰知周氏名如其人，是有名的老油子，算盤打得更精，一向只會錦上添花，從來不知雪裏送炭。在蔡有補助的時候，張要他拿多少，他就拿多少；及至張、蔡鬧翻，周乃大門緊閉，分文俱無。那既「英」又「武」的學會，遂無疾而終。大王原想以這學會，作二十五集團軍事資本，同時又想以之作總司令指揮下，海陸空三軍將校後備的，如此一來，就不免大感懊喪了。

第二一回：聚義廳寶鼎折足　架勢堂茶會報喪

除此以外，內部更有許多問題，最要緊的是三巨頭有兩巨頭都發生了問題，事實上等於張大王唱獨腳戲；大王在種種拂逆之餘，心中別有算計，便將集團宣佈解散。那兩巨頭發生了什麼事呢？首先是伍憲子問題；伍是民社黨的前副主席，也是民憲黨的現任主席。他與張君勱的公誼私交，均極篤厚，他之參加二十五集團，不但無形中是代表民社黨，而且精神上是張君勱的替身；其榮膺三巨頭之一，厥因亦在此，身份之崇高，關係之重要，可想而知。在1951年8、9月間，伍氏忽然秘密離開香港，行前對任何友好均未辭別，即對「集團」的其他兩巨頭，亦未提起一句。走後大家紛紛揣測，多方打聽，有人說是到呂宋去了，又有人說是到南洋去了，亦有人說是往日本去的。但過了幾天，從台灣傳來消息，說是在台酬酢極為忙碌云云。

這才把謎底揭開了，原來伍氏業已入台。而香港則謠言滿天飛，有說伍氏入台做官，將一去不返的；亦有說伍是去辦出國手續，領取赴美護照的；也有說伍氏業已領到旅費兩萬元的——對於這旅費一項，在實質上傳說尤為紛歧，有說係兩萬美金的，有說是兩萬港幣的，也有說，台灣財政不裕，何來如許外匯？當然係支付台幣；更有以玩笑態度，硬說是台灣的條件，必須伍氏離港先到日本，然後在日支付，實際僅日幣兩萬元。

這些閑帳，實不值一說；惟那個時候，「二十五集團」中人，處境頗為尷尬，卻係事實。有人見到他們，故意問道：「你們的巨頭之一，已到台灣去了，你們幾時動身呀？」又有人假癡假呆的說：「你們以前說是菲律賓不願意去，不久又說日本之行，也要從長考慮；現在伍憲老到台灣去了，聽說是領護照及旅費去的，大概你們是要一起到美國去了吧？」更有人拉著團員——二十五集團團員——附耳低聲道：「伍憲老到台，一定是代表你們去講條件的，究竟是些什麼內容？怎樣斟盤？前途應允了幾何？我們是老朋友，讓我知道一點，將來也好追隨呀」。

團員的遭際，自然會反映到巨頭們面前，大王不勝憤懣，認為伍氏「太不夠朋友」，以後誓不與之再見。果然，伍氏從台返港後，不但張、顧不再約其會談，就是後來張君勱到港，據說也未與伍氏見面，政治上的成見，竟致影響到數十年的友誼，真是可怕！顧巨頭又有什麼問題呢？原來顧是我國有名學者，復曾做過大官，且又是李代總統支持下新組織的領袖，真是譽滿中外，一代人望！可是樹大招風，自南下後，即為當地政府注意，屢次請到某機關「飲咖啡」，兼帶談話，初猶十分客氣，後來顧的地位愈趨愈重要，而某機關的態度也愈來愈嚴肅。據傳某次請其前去，當面予以警告，說是：「顧孟餘，我警告你，如再作政治活動，定當立即驅逐出境」。顧氏站在那裏，聽畢訓斥，歸後彌覺傷感，聞者亦莫不代為感慨萬端。

顧於消極之餘，屢欲設法離去，並屢向大王表示不再參與「集團」之意。大王自然竭力慰藉，亦以共同進退為緩和情緒之辭；及至接二連三遇著了許多挫折，大王亦漸感覺事難有為，且復覺團體內份子複雜而又散漫，一年多的遭遇，竟是他生平所未經歷過的，遠不像帶兵時的那麼痛快；且哈德門一去再無消息。遂認為時機不利，只好再等，暫時停止活動，因之很久很久都沒有召集會議。

但有幾位團員，心頗不甘，提出意見，說是：「要幹就要積極活動，不幹就應該正式宣佈解散，似此不死不活的現象，太不負責！」大王聞之，乃與顧商，邀請二十五之內的一部份人吃茶一次。於是這一由「眾望所歸」的人領導，自命為「正統第三」的集團，在鬨鬨鬧了一年有餘以後，遂正式「瓜得」（「翹辮子」之謂也）；雖非無疾而終，可是那飾終典禮，也夠蕭條與悽涼的了！然而《中國之聲》還依然存在，繼續不輟；其主脈的暗中活動，亦未真個停止，不過暫時表面上沉寂了一下。一到張君勱氏回港後，又復奇峰突出，別開一個局面，居然掛起招牌，正式登台。欲知其詳，且閱下章。

第二二回：闌珊燈火眾望歸勱老　繚繞魂夢群情屬張公

「第三勢力」運動，在「二十五集團」解散以後的數個月內，可算是最低潮了。那時候圈中的一般人於頹喪之餘，祇希望海外有新的發展，以打破這種沉悶的低氣壓；或者另外出現奇蹟，以挽救那危殆的局面。但無論是發展也好，奇蹟也好，指望總之都在華盛頓。華盛頓的金元堆積如山，援外的款項龐大驚人，可就是要有本事去取；而先決條件，尤其是要找一個有本事的人，先去敲開那援助之門。

這敲門的任務，在香港是很難再找出人來的，因為在此地的人，凡有可能的，大多已試驗過了；而且抱笏登場，或沐猴而冠，若干知名之士，更多已表演過了，眾望所歸的理想領導人物如張(發奎)、顧（孟餘)、許（崇智)、張（君勱)，業經領教過四分之三，其「勳功懋績」，亦已昭昭在人耳目，可謂「有口皆悲」。唯一未承教過的，只有一位張君勱——此處所說唯一未承教過的，自然只指香港第三圈子中人——張是國際知名學者，反共的老戰士，前國社黨，後民社黨的領袖，曩者國府當局，屢請入閣，或擔任除行政院外的五院之長，均辭謝不就，清風亮節，舉世欽仰，為人好學不倦，博覽群籍，長於文章，真是下筆千言，倚馬可待。

可是在那個時候，這些條件，一般都認為不相干；最要緊的，只是看重他與司徒雷登的交情，和馬歇爾的友誼，尤其是杜魯門對他頗為青眼。據說：當杜魯門尚在做副總統兼參議院議長的時候，就與他很熟。當時張氏在美講學，杜氏即曾經特許他利用參議院的圖書館，以蒐集參考資料，其被器重可知。及至杜氏連任總統，每次張氏到美，杜氏無不對他敬禮有加。像這樣的人事關係，照中國人的眼光看來，那張氏真可叫做「通美國」——溝通美國路線。於是第三圈中的人們，日夕盼望張氏赴美，製造奇蹟；更有人盼望他在赴美之前，先到香港來一趟；但同時也有人主張，他先到美國，一俟有了苗頭，然後再回香港。

何以有此相反的意見呢？原來作前一主張的人，認為如要爭取外援，必先團結內部；當時各個小組合，歧見林立，彼此衝突，甚至原係熟識的人，都變成了路人；原係朋友的人，多變成了冤家。但凡居在香港的圈中人，幾乎無分高低，不拘派別，無人不受非難，無人不受攻擊。究竟誰是誰非？不要說圈外人無從得知，圈內人也各執一詞。總之，是誰也不佩服誰，誰也不相信誰，誰也覺得除自己以外，誰也不成東西！但唯有一個張君勱，既然第三圈中榜上有名，而又沒有是非沾到他的頭上，因為他遠處印度，專門講學，除了偶與友朋或舊屬通通信外，很少與此間圈中人實際接觸。

所以大家一提到他，莫不心嚮往之，興趣盎然！因之有些人認為張若到香港，將各方面重要人士邀請一談，當可發生團結作用，所有成見，將一掃而空，所有組織，亦將一統而合，於是以完整的陣營，新興的氣象，共同議定政綱政策，以及各項必備的內容，如組織、章則、人事等，然後發表宣言，公告天下；然後一致推請張氏，儼然以特使身份，正式赴美，辦理外交，豈不順理成章，名正言順？其功用當可如黃楚九的『百靈機』——有意想不到之效力。

但另一部份人的見解，恰恰與此相反。說是：「張君勱先生，是我們第三勢力最後的一張王牌了，千萬不可在未打出之前，就先在內部毀掉，亟應該直接逕赴美國」。又說：「君勱先生之所以為此間全體人士所重視，唯一是因為不在香港的緣故，一到香港，即不免於是非長短；一有是非長短，偶像即被破壞，那時再到美國，價值就會低落；甚至失意之徒，或忌妒之輩，難免不又告洋狀，那時豈不前功盡棄，或至少事倍功半？」更有人說：「張君勱向來不善於交際周旋，尤其是人事處理，這只要看他底國社黨，及民社黨內部的分崩離析，就可以知道了。

當前第三勢力內部的複雜分歧，較之他一手所培養經營出來的黨派，不知要嚴重若干倍，他這兩年既逃過此一劫數，何苦一定要拖他下水呢？」況且，那說話的人又壓低聲音悄悄的道：「中國人的事，只有靠外國人的壓力才會弄得好，若張先生得了外援，有了靠背，他那樣說，就那樣好；到了那辰光不要求團結，自然會團結，不要求合一，自然會合一，何必費冤枉氣力呢？」

不錯，這些先生們，各有其真知灼見，尤其是最後引述的那一類「高明之士」，他們始終是抱定了「靠外國人的牌頭，造中國人的勢力」之宗旨。可是他們只知其一，不知其二，對張君勱這一次行動，卻打算錯了。為的到美國是要具備若干條件的，譬如：他的飛機票誰替他買呀？到了那裡，旅舍、伙食誰替他預備呀？這顯然是需要一大筆錢的。而且他與自命正統第三的領導者們，如張大王之流，雖然向來彼此久仰，可是從未晤談，豈有未謀面的人，可以共同與謀如此大事的？因之無論何種理由，他是非先到香港來一趟不可。

第二三回：藏頭露尾神龍降海島　覆雨翻雲知客塞廟門

1952 年新春，香港友人即接到張氏業已於上年尾離開印度往東南亞一帶遊覽的消息，後又知道他到過曼谷、新加坡、印度等處，其目的係要到澳洲與張公權（張君勱令弟）相晤，一敘手足之情。3 月下旬，香港即紛傳張氏已經抵步。於是第三圈中的朋友，有若干欣喜欲狂，大有久旱逢甘霖之勢；又有若干將張氏此行的重要性，描繪得幾乎與第二次大戰時期羅斯福到開羅開會的意義有過之而無不及。聽到的人為禮貌起見，自然不便嗤之以鼻，只是很認真的問那說話的人道：「君勱先生到香港的時候，足下去歡迎過他麼？」「不，我因為不知道準確時間，所以未去」，那人答。

聽者又問：「張氏到後，足下已經同他暢談過麼？」「不，我還未打聽出他的住址，所以未去訪晤」，那人又答。可是慘白的臉上，已經飛紅了。那時旁邊自由式的談話，同時並起，有人問：「勱老此次不知是坐船還是坐飛機來的？」亦有人似乎在自言自語：「恐怕還未到罷！」另一人又說：「我昨天問過民社黨的重要角色，都說不知」。又一人說：「我也問過童先生及李微塵，他們都推說不知，同時又含含糊糊的說，『大概快到了吧』，究竟真象如何？似乎是一個謎」。「李微塵近來忙的很，又神秘的很，一定是張君勱到了」。更有人不耐煩的大聲說：「管他到不到，到與不到有什麼相干？」

實際上張氏是 3 月尾就坐船到香港，到時很少人知，只有他的兩個妹妹及幾個戚屬到碼頭歡迎。黨徒只有李微塵，王厚生，金侯城等三數人，到後即住於跑馬地他的妹妹張幼儀家中。才與大王及顧見面，大家便一致警告他，說是千萬不要多露面，多會客，恐怕蹈顧的覆轍。他本來是最怕會客的一個人，經此一說，自然格外小心。但既然來此，又不能不與人見面；況他所搞的是政治，孫中山先生說得好：「政治者，眾人之事也」。

既然是眾人之事，怎好三五個人關在房子裏學小孩子捉迷藏式的遊戲呢？而且他又是一黨之魁，雖然他業已聲明脫離民社黨，但他脫離的原因，是要「毀黨造黨」，並非不群不黨。所以他舊日信徒，以及新的群眾，都要找他領教，望他提攜。他未到之時，既已紛紛打聽，已到之後，自更到處訪尋，怎好始終全部拒而不見呢？儘管有人是寄望於他，甚至包圍他，如此徹底做法，以便少數人之私，然而他究竟是做過一黨領袖的，了解這種幹法的後果，於是要求大王替他向當局先打招呼，以免發生麻煩。大王遂轉託周竣年，周即照辦。上頭的交代是：祇能短時期作客，而且不可過於張揚。

這消息，經周竣年在許老將的酒席筵前，當眾說出後，一般人始知張君勱確已到了。真是好不容易才證實的消息啊！但是自動往訪的一概擋駕，他也從不作興行客拜望坐客。於是「如要會面，乃可先走門路」，他會客必先經人介紹或授意邀約，大概舊日黨徒的邀約，多由金侯城經辦；新的群眾或一般友朋的邀約，則多由李微塵經手。那時李的權力可就大了！有人比之為港九交通擁擠時候的巴士司閘，他准你上，你就可挨進，他閉閘不納，你就只好白睜著眼，望望然而去，無奈他何。

這會客的方式，一經使用，圈中的朋友，以及舊日的黨徒，即大起反感，詬啐叢生，責詈交至，一下子就把數年來所憧憬的偶像打碎了！一般老朋友們弄得莫名其妙，都說：「君勱向來做人不是這樣的，怎麼老來倒變了？」又有人說：「他此次來港，既是沿步路過，但也用不著效法孔子微服過宋的姿態呀！」更有人開玩笑似的說：「張勱老此次好像是來選妃的，恐怕時間不及，祇可請毛延壽幫忙了」。此類閑話，述不勝述。唯所會之人不多，則係事實；而若干老朋友如伍憲子、盧毅安等均未蒙被邀，實令人詫異。若干希望他來發生團結作用的人，對於他連許老將也未拜訪，亦未邀約一層，尤深覺奇怪。不久，就傳出了以下幾節插曲。

第二四回：抗玉旨宣言留正氣　候寶劍立誓斬佞臣

一是張想同桂系的人見見面，就叫人通知程思遠，要他轉為通知夏威，說是：「如果夏願意見張談談，張可定期相邀，夏可先將他的意思向李微塵說明」。誰知程一聽到這種口氣，大為不滿，又因只約夏威，並未約他，更不舒服。於是逢人就罵，說是：「張君勱是什麼東西！要回香港，事先不通知我們；到了香港，又不先來拜客，居然官派十足，要人去向李微塵登記聽候定期召見，我偏不通知夏煦蒼，讓他去呆等」。

後來不知是誰把這情形委婉告張，張乃定期約了夏威，程思遠，徐亮之三人見面，隨便談了幾句後，即問起李德鄰近況，以及毛邦初、向維萱一案，李宗仁捲入漩渦的真象。夏等吞吞吐吐，語焉不詳。張即大事批評，並深為李氏惋惜。三人相對無言，一直等張批評完畢，始怏怏告辭而出。事後程思遠對人說道：「張君勱也配批評李德公，德公是救過他的恩人，德公出國時，民社、青年兩黨各送二萬大洋，青年黨拿來辦個《自由陣線》，現在愈辦愈好，民社黨拿來辦個《再生》，老早錢就花光，又函美國向德公要求接濟，德公未理，張君勱居然因所求不遂，就批評起人來了，有什麼價值？真是好笑！」

二是約《獨立論壇》社的人談話，但是李微塵只邀了甘家馨、黃如今二人。甘、黃二人見過張後，很不過意，覺得並未邀約「獨立」的督印人黃宇人，而且黃與張又係素識，尤其覺得「知客先生」李微塵太不應該。但他事權在手，自然不敢露出形跡，只好委婉請他再邀，幸蒙核准，乃約黃宇人與李荐廷同日晉見。可是到期黃並未作去的準備。李荐廷為表示要好起見，先赴黃寓相邀同行，然黃謝絕不去。李說：「我與張先生素不相識，若黃先生不去，我也只好不去」。

隨即辭去，將此情形告與甘家馨知。甘氏一聽，認為問題嚴重，立即偕李再赴黃寓，力勸應召。黃則堅持不動，甘百般勸導，甚至說是：「此行與我們事業有密切的影響，如果得罪張氏，及他們這般人，誠恐前途不利」。黃氏一聽此種言詞，牛勁大發，即道：「照你這樣說，我更加不去，為天壤間留一點正氣罷！」甘不得已，乃向黃長跪，說是：「你若不去，我即跪在你面前，永久不起來」。但黃氏側目安坐，無動於衷，如此僵持了數分鐘之久，卒由李將甘拉起，離開黃寓，結果李還是一人單獨去謁見張氏。這故事不久傳開，聞者莫不詫異，認為何致如此呢？而張君勱在香港唯一不能召見的黃宇人，其強項之名，乃益昭著。然而後來的演變，果如甘所云：《獨立論壇》竟至停止津貼，關門大吉。

三是民社黨老黨員，毛以亨要見張，竟不得其門而入。毛是張的學生，又是虔誠的信徒（素極親近），平時在任何場所，無不極口指稱老師之盛德，每與友朋談話，三句中必夾句「君勱先生」，大有「言必稱堯舜」之風。張在印度講學，亦時與毛氏通信。但隨後不知怎麼一來，張竟叫毛不要再寫信與他，寫亦不復。毛苦悶之餘，但望張氏到港當面解釋。可是摸了好久，竟無法見到，某次在邀集民社黨員一公共聚會中，始克晤張。毛遂要求單獨談話，張乃指定在王世圻家中見面。至期，毛往王寓，一見就說：「謝澄平老弟有意籌一筆款，辦一個研究所，只要老師指定研究範圍，指定負責人員，向謝當面交代一聲，他即可遵辦……。」

張不等毛說完，就攔住道：「你不要說了。你也不要亂動，你這幾年在此地所說，所作，又亂罵人，還成話嗎！有人告訴我說：你竟然時常對鏡子嘆氣，說是你的輪廓與毛澤東相同，五官與毛澤東相似，毛澤東姓毛，你也姓毛，為何毛澤東可做主席，你不能做主席？你又經常做許汝為的上賓，在那裏大言不慚，肆無忌憚，說是與金典戎是許的文臣武將，更竟至當著許多人在酒席筵前，高呼許老帥萬歲，這成何體統？」毛聽至此，氣得渾身打顫，口中囁嚅要加辯訴，並要追問誰造他的謠言？

但張氏又加緊攔著，不准他開口，緊接著說：「我老實告訴你，你以後不要亂說，更不要亂動。老師將來成功了，自然有你的份，你也用不著著急」。一面說著，一面又用手拍拍毛的肩膀：「你放心好了，專心讀書，專心寫文章好了，在學問中還怕沒有你的前途？好了，好了，你好去了，今天是王世圻請我吃飯，我就要吃飯，吃了飯還有事哩」。究竟是張的權威鎮懾了毛呢？還是他最後的幾句話感動了毛？外人雖不得而知，但毛氏卻恭恭敬敬的告辭而出，雖然此後也偶爾發發牢騷，對人說：「將來張勱老做了主席，我必定請求賜我上方寶劍一把，先斬佞臣李微塵之頭，然後奏聞……。」不過畢竟是改變了作風不少。

第二五回：捲土重來揮帚清異己　還魂更生閉目塗舊帳

難道張君勱遠涉重洋，回到香港，就是專門來演這些小插曲的麼？是又不然！大人物自然是來籌劃大計，決定大事的。究竟籌決了些甚麼大計與大事呢？首先自然是談「第三勢力」的組織問題。可是一提到「第三勢力」，大家即紛紛指責，說是：「這名稱絕對要不得，到了目前已經成了濫調」。有人又說：「這名稱根本不通，我們為什麼要做第三？」有人更說：「這名稱簡直不祥，自從有了這個什麼第三運動以來，不知鬧了多少笑話，出了多少醜，露了多少乖！如要正正當當的幹，必須一切從頭幹起，首先就要掃除這個名詞，重新釐定一個好的名稱」。大家既然都是如此說，張君勱自然沒有成見。但究竟用個什麼名稱呢？一時也想不好，擬不定，說是：「先弄好別的，名稱最後再填上罷」。於是朝夕會談，積極進行，只等各項就緒，張氏即起程飛美。所有決定事項，約可分為六點。約如下述：

（一）「過去不算，重新再來」。醞釀，乃至吵鬧了一兩年的經過，張氏因遠處印度，自不完全清晰，先由顧（孟餘）、童（冠賢）、李（微塵）等分別說明。張氏亦認為份子複雜，難成大事，主張重新來過，嚴格甄別人選。並說：「必須服從領導的人，才可准其加入」。又說：「民社黨的許多搗蛋份子，所謂革新派也者，真把我弄苦啦！前事不忘，後事之師，我們弄新的，必須要挑選純良的份子」。大家都吃過類似的苦頭，自然具有同感；不過大王頗以前次名單，業已「備案」一節為慮。張氏說：「無妨，新的名單，由我帶去，親自送交美國國務院，同時說明前次名單作廢就行了」。

那麼新的名單怎樣產生呢？有人主張先徵求本人同意，然後再提名加入，以免蹈上次提名後不來的覆轍。然而根據什麼標準徵求呢？張氏主張先開一大批名單，然後再由他們共同在名單中挑選。大王則主張先擬定一個綱領，隨時找人來談，談後就取出綱領與他看，同意即簽名於上，隨後再提名加入。這兩種辦法，有人內心都不同意，因為如此一來，殊不足以發揮權威，取捨任意。結果，決定還是先由最高負責人核定後，再通知那本人簽名於宣言之上，以昭鄭重。

這最高負責人又如何產生呢？一經提到，五六個人都不好意思說話了。還是張氏非常老練，一笑說道：「我們來個先極權而後民主罷，我們先行彼此互推，決定了最高負責人，建立了中心，然後再開展其他一切工作，對不對？」誰說不對呢？於是就這樣對了。

（二）「最高決策，七星高照」。名義決定的是最高決策委員，彷彿共產黨的政治局政治委員一樣。人數幾個呢？顧的意思，主張五個，天然就是三張一顧一童。即：張君勱、張大王、張國燾、顧孟餘、童冠賢五位。但張君勱極力推重宣鐵吾，說：「宣氏的作風，很可敬重！他在上海警備司令時期，不屈不撓，能夠硬幹，不為惡勢力所染化，思想又很開明，還很掩護了若干反蔣的民主人士哩」。「聽說在香港生活甚窘」，張氏又繼續說：「原有的幾萬美金被朋友拖去做生意全蝕光了，可見他做官的時候也很廉潔。又聽說他不久以前寫了一封信與台灣當局，指摘出若干錯誤，要當局改正，當局大發脾氣……」。

張氏還未說完，有人攔著道：「是這樣的，有位他的同鄉來勸宣到台灣去，並勸他先寫一封信與當局，以免見面時挨罵。宣就照辦了，及至他的同鄉把信帶到台灣，先送與有關方面，有關方面先行抽出一看，臉上不覺變了色，問宣的同鄉道：『這信你看過沒有』？答：『私信我不便看』。有關方面說道：『你現在不妨看看，看這種信你應不應該帶來？我可不可以轉呈』？那同鄉一看，嚇得連忙告罪，原來那信中所說，並非他要到台灣，而全係責難與警告的意思……」。張氏一聽，趕緊說道：「原來如此，那宣鐵吾我們更要借重他了。他又是黃埔第一期學生，還有許多潛勢力哩」。

張氏主張堅決如此，自然無人反對。接著張氏又說：「我以為我本人橫直是要出國去的，空背決策名義，難負實際責任，不如讓我以閑散之身，專門對外。我的名額，就讓與宣，讓他在此地多負點責任罷」。顧孟餘與大王同聲說道：「那怎麼行，不如把名額增加罷！」那時在座的人，自然有人心中暗喜，不過是日談話就此為止。

過了一天，又復討論此事，終於決定最高決策委員，定為七名，除三張、一顧、一童外，另外增加宣鐵吾、李微塵二人。原本只要增加宣鐵吾一人的，但五加一為六，乃偶數，不合會議慣例，李微塵即據此以為活動之理由，而取得近水樓台之便利，於是遂一躍而登最高之寶座了。事後李很得意的對人說：「此是七星高照之局」。圈中人又稱之為「七總裁」，儼然是要和岑春煊等開府廣州的故事媲美了。

第二六回：立公約戒烟戒舞戒麻將　定新猷辦學辦報辦條陳

（三）「宣言、公約，『一定成功』」。領導中心既已確定，就要起草宣言和政治綱領，以便找人簽名啦。張首先推顧執筆，顧及大王等一致推張，說：「這篇東西是要對內號召民眾，對外爭取援助的，意義重大，關係緊要，非勱老起草不可」。勱老乃道：「還是大家先發表內容的要點，然後綜合歸納起來，就是一篇好的宣言，兼帶政綱政策都包括在內，我先說說我的意見……」。於是張氏就滔滔不絕的發表了很長的理論，夾著抨擊了共產黨與國民黨的若干措施。最後又說：我們應該如何，如何……。大家靜聽之後，一面因為大體同意，自不必多說；一面也因為聽得疲倦，不願多說。

其間唯有張國燾，覺得勱老所說，前面大致屬於理論，雖然陳舊，不妨寫入宣言；後面一段，完全屬於個人行為生活方式，若一併列入宣言，頗嫌瑣碎。靈機一動，乃發表意見，實是將張勱老的宏論大為贊揚一番，然後提出主張，說是：「關於理論與政策部份，即以勱老的高見為基礎，草成宣言，再由大家斟酌補充後，徵求簽名，其關係我們個人，以及將來的重要幹部與群眾，應該如何奉行政策與嚴肅生活的地方，照個人的愚見，最好是另外起草一份公約，公約內列舉大家應該遵守的許多條件。

例如像勱老所說的：『必須服從領導，不得靠團體來維持生活』等；又如『個人既獻身革命，私生活必須嚴肅，不能打牌，跳舞，抽烟，不能貪污，腐化』等等，都應該一條一條的列舉出來。如果贊成宣言的人，再請他看這份公約，兩者都贊成的話，就請他兩種上面都簽字，那以後公的方面，私的方面，全都受了約束，等於全都宣誓一樣；在法律上說，即是已經正式承認，無法反悔……」。張勱老一聽，大為贊佩，一面鼓掌，一面即連連說道：「我們一定要成功了！我們一定要成功了！」

大家一見勱老如此興奮，精神都不覺鼓舞起來，注意聽他一定要成功的道理：「從來搞組織的，都只注意政治綱領，人事分配，絕沒有涉及私人生活的，因之許多腐化份子，乘機滲入團體，把團體都弄壞了。現在照國燾先生的辦法，就是有了公的信仰還不算，另外還要受私的約束。畢竟國燾先生受過嚴格的政治薰陶，久經磨練，見解過人，真是值得佩服！真是值得佩服！」於是即推舉張國燾起草公約。

誰說不值得佩服呢？張國燾在這「第三勢力」運動中，先後有兩大天才發明，第一次是無記名投票法，曾經得到張大王的竭力稱揚；這一次又發明「生活公約」，再次得到張勱老的當眾誇獎，「團體」有如此人才，而三張又如此沆瀣，還能說是不「一定成功」嗎？

（四）「蒐羅資料，張門奇才。」豈但三張？另外又發現了一位人才，也是姓張，名叫張六師。張門何其盛耶！我們相信，勱老是學界泰斗，修養深湛，胸襟曠達，絕不會因為「你姓張，咱老子也姓張」，而有所偏私；純粹是基於「人才主義」，方纔特加賞識，那是毫無疑義的了！原來「團體」既然有了頭腦，必須要有身體手腳呀。照說，次一步就應該決定內部組織，和幹部的人事。可是決定人事，必須要先有幹部才行；然而宣言與公約尚未正式通過，更未徵求簽名，知道誰是幹部呢？故此層不妨稍緩，等簽名有相當人數之後，再由決策委員決定。

這當然是等勱老走了以後，才能從容辦理的事；不過勱老來香港不易，有若干在「最高」人物心目中早已認為是可做中級幹部的人，都應該趁此機會陸續邀約與勱老見見面，談談話，無論原來識與不識，讓其重新有個印象。誰知在若干談話人中，竟發現了有一位「士官」出身，曾任劉湘參謀長的政論家，雄辯滔滔，頭頭是道。勱老與之談話從下午三時開始，一直談到晚間十時方止，長談達七小時之久，真可謂異數了！此人為誰？就是上面說的那位張六師是也。

張六師說：與共產黨鬥爭，不純粹是軍事問題，必須以政治作後盾，也不純粹是政治問題，必須以行動作後盾，而行動必須針對共產黨的許多弱點與矛盾來下手，才可收劍及履及的功效……。因之他主張「設立一個資料室，專門負責蒐羅大陸上各種情報，並分別加以分析研究，進一步，更作成方案，建立對策……」，勱老一聽，認為高明異常，大加激賞，覺得彼張有此見解，真是一個奇才，立即與大王相商，主張在其他幹部組織及人事未確定以前，就先成立這一個資料室，即以張六師為負責主持人，每月經費至少撥五千到一萬元，方才可以有所作為，方才可以發揮他的抱負。大王自然尊重勱老的意見，唯以單獨設立，總覺不便，遂決定暫時先附設於張國燾所主持的《中國之聲》部份內，果然，勱老走後不久，這機構就成立了，不過經費每月只有五千元。

（五）「主要計劃，大學、報紙」。張勱老在香港不能耽擱過久，要決定的大計，除了宣言與公約外，主要的就是要帶往美國的計劃書——也可說是萬言書了，那萬言書的內容，與宣言所說，大部份是相同的，不過後面是具體的提出了計劃與希望。計劃些什麼呢？

第一、是要辦一個大學，藉以收容青年，培養下一代的新幹部，同時也可維持一部份自鐵幕逃出的知識份子，名稱就是「華僑大學」或「南洋大學」之類，地點也就是設立在南洋一帶，或者就在印尼，為的比較僻遠一點，更為要安定一些，而且這大學，將來多半為張勱老主持，勱老曾於返港前在印尼盤桓一月，與當局很談得來，印尼當局亦極表敬重，因有這點人事關係，故大學設在印尼，尤有許多便利。

第二、是要出一張報紙，報紙是宣傳的武器，乃盡人皆知的事，目前「團體」在香港雖然有一份刊物，在曼谷雖然也有一張報紙，但範圍過狹，影響不大，欲要與共黨鬥爭，建立「新勢力」——因第三勢力這一個名詞，業被取消，惟新名詞尚未確定，故暫時稱「新勢力」——必須擴大宣傳。是以首先宜辦一大報，其規模至少須與此間第一流大報相似，俾能普銷港澳，並推廣至南洋一帶，俾可喚醒華僑，發生領導作用；附帶並辦理出版社，資料室，以及廣播等等。

第三、軍事援助，內分陸上與海上兩種——事關軍事秘密，外人難以盡知，知亦不便詳述。雖然也有人主張將救濟知識份子一類事務，一併要求美方劃歸他們辦理的，但勱老認為我們只應從大處落墨，不應辦理這些小事；同時也有人除附和勱老的意見外，復補充意見，說是：「革命是積極的事業，救濟是消極的事務，不可讓消極的事務，沖淡了積極的情緒，使人以為我們是專門解決吃飯問題的團體，致違背了我們公約的精神」云云。

第二七回：迂論連篇書生發夢囈　陳腔累牘學究講心經

（六）「馬後文章，透露內容」。萬言書既已完成，張勱老在香港的主要任務，大致就緒，看樣子是要啟程了，4 月尾就傳說開來了。在 1952 年 5 月 1 日出版的《中國之聲》上，勱老發表了一篇文章，題目是：〈東南亞、澳洲與馬來亞及中國政局感想答客問〉。雖然文章一開頭也說了一說他對遊覽東南亞及澳洲的感想與觀察，可是主要的還是發揮他對「新勢力」——就是「第三勢力」的代名詞——的見解。首先，就表示「當仁不讓」的氣概，用問答的方式說：

『問：據聞今日在海外發展中的新勢力，正在希望張先生挺身出來領導奮鬥，不識張先生願不願意挑起這個擔子？答：所謂今日新勢力希望我挺身出來領導奮鬥云云，實在慚愧得很。我自身興趣，徘徊於學問與政治之間，政治上不需要我，學問興趣足夠消磨歲月；政治上需要我，我以愛國家文化之故，不能不應當兵義務之徵召。此為盡人應有之義務，非挺身領導，然後出來。』

這說明他要幹定了，而且堅決的要幹。接著說：『至於今後領導人物由誰來擔任，這是事實問題。但所謂領導責任之重要，不可不特別加以解釋。『盲人騎瞎馬，夜半臨深池』式的領導，在二十餘年經過中，吾人已夠受痛苦，此種領導，我向來看不慣，今後更無法承教……乃二十餘年來忽而與共產黨合作，忽而模仿法西斯，忽而利用『憲政』，領導人物內心上首尾一貫之方針，吾們實在看不出。以往失敗既鑄成大錯不必說了，吾人應如何懲前毖後，選擇領導之人，如甘地之領導印度獨立，確有其一貫之方針與理論，乃至列寧與斯大林之領導，亦見不出其忽東忽西之處。因為領導之藍圖，須出於內發，不由他人獻議或從屬簽呈。必如此，乃為真正領導。』

任何人讀了勱老的這幾句文章，都有同一反應，就是無論如何，他總不會「忽東忽西」的了。但是這一點是要時間來考驗的，不要忙！只要六個月以後，就可以得到證明。現在我們還是繼續看他的答問文章。『問：可否請張先生略述中華民國今後立國之要點？答：……吾的見解，今日反共，為民主建國準備之日，應注意二事：第一，生活風氣之改造。第二，共同思想方向之提示。近年政治受國民黨與共產黨之支配，所以影響人心普具觀感者，則有下列各種：一、奪取政權；二、為達目的不擇手段；三、分化他人；四、造成小組；五、造成偶像；六、欺瞞百姓。此種技術作用，為造成一黨專政，為推翻脆弱政權，固已顯著成效，若求中國將來真有實現民主政治，可以安定國家之一日，殆猶南轅而北其轍焉。』

接著又說：『健全個人之必要條件：一、各人自立，自謀生計；二、各人相見以誠；三、各人奉公守法。各個人民，具此準的，斯有良好公民健全政黨。』又說：『大家應以改造生活風氣為己任。第一、省吃儉用，與其豪侈而貪污，不如淡約而清靜。第二、各人須有自尊心，不求人，不靠人。第三、各人須言忠信，行篤敬，千萬不要浮誇，不要言過其實。第四、做事須要負責。第五、不可發脾氣，應以禮貌謙虛待人。第六、每日工作時間之外，應讀書，應廣求智識之增進；就是要消遣，與其打牌，耗時過久，敝精勞神，不如以參預提倡體育遊戲為娛樂。以上為個人生活。』

『至於參加政治活動應遵守之標準：第一、真信主義，再加入政團活動；自己生活有餘力，再本其志願以加入政治團體，不可以加入團體為謀生之計。第二、團體中之自由民主，離不了紀律；無紀律的自由，是替共產黨造機會。應熟習議事規則，各人爭取地位應守禮讓的規則。第三、先盡義務，後說權利。第四、領導人本自己所信，以政見以成績指導黨員，不可以利祿為引誘之餌。第五、領導人既有權力來決定政策與進退人才，不可不自知責任之重大，抱一懍懍然以朽索馭馬之危懼。第六、政團中取得政權之日，應聽領導的指揮，不可因不得地位而以脫離相要挾……』。

為什麼不憚煩的要節錄這幾段文字呢？實際上這篇〈答客問〉，就是張君勱到香港活動的一個總結，也就是他代表他們所從頭籌組的「新勢力」的一篇非正式宣言。不過這「宣言」的作用，比較偏於對內，和以後正式發表的宣言偏於對外的性質，略為不同罷了。而且，如果有人還不知道他們的所謂「生活公約」是些什麼的話，所節錄的後面一大段，差不多全列在公約以內，讀後即恍如睹其內容。因此，你就可以明白他們的團體——後來正式定名為「自由民主戰鬥同盟」的不准人「以脫離相要挾」，而自己卻再三一批一批的開除盟員的根據所在了；所微微不符的，就是「政團中」，還未「取得政權」而已。

第二八回：萬金壯行色華府敲門　一言銷豪興客地卜居

大家一看到張勱老的文章發表，就知道他離香港在即了。不，實際上有人已經知道他在 4 月 25 號即已飛往東京轉美國；雖然箇中人一直瞞著——張來了好幾天，彼等瞞著猶有可說，去後很久，一直也瞞著，人多不懂其故——而且又有人知道他原要還多住幾天的，誰知後來周竣年通知，說是「上頭有話」，再這樣弄下去，要「請吃咖啡」了，他只好忽忽而去。話說回來，前面不是提到：「誰替他買飛機票呢？」這還用問？自然是「新勢力」新團體了。據說：所籌撥藉壯行色的旅費，共是一萬美金，其中「團體」只拿出了半數；還有五千，則是周游子所貢獻，這當然是老游子看準了張勱老的價值，此去必然是馬到成功，一本萬利的啊！

張君勱的香港之行，雖然毀多於譽，連他的老部屬孫寶毅、孫寶剛兄弟，也在報上發表了一封公開信，勸他以後專心從事學術，不要再搞政治；並對他此次受人愚弄，聽人擺佈，深表惋惜，說這是他終身難以彌補的損失！又有人說他所發表的〈答客問〉文章，一半是濫調，一半是高調：例如所謂「各人自立，自謀生計」，等於是在諷刺整個逃離鐵幕的難民。又如「各人須有自尊心，不求人，不靠人」，不啻是在挖苦他自己，因為他忘記了他此次到美國去做什麼的！復有人說：他所標榜的「生活有餘力，再加入政治團體」一節，乃 18 世紀資產階級的原始民主政治理論，虧他現在還好意思搬出來搞「新勢力！」諸如此類閑話，難以備舉。

可是一般的第三圈中人，無論有無直接關係，此次有否見面，仍然衷心的希望他到美國有所收穫，並熱烈的盼望迅速傳來佳音。但一直到月餘以後，張始有一信致李微塵，只是說明平安到達，及在紐約小住幾天的情形；惟其中有一件事，他卻頗為得意，那就是李宗仁想同他見面談談，他竟設詞拒絕了。說是：「此次初到，路過紐約，行色匆匆，無暇晤教，等到過華盛頓後，下次再來當誠拜訪」。然而李宗仁正是要趁他未到華府之前，共商大計，以便協同進行的，碰了這個大釘子，自是出於意外，不久竟病入醫院。事後有人傳說，李是氣病了的。不管真象如何，張君勱到美後的第一行動，總是符合了此間「新勢力」的決策，那是毫無疑義的了。（按：「七人最高決策委員會」曾商討過對李宗仁的態度與對策，經一致決定，採取分道揚鑣，涇渭各別辦法，以避免『嫌疑』。）所以他首先就叫李微塵將這個消息轉知其他各位，各位自屬「頗為欣慰」。

但是兩個月後，竟傳說張氏到西雅圖講學去了；又說政治活動，目前很少可能，故將長期卜居於西雅圖，講學之外，還要在那裏立說著書。箇中人不免開始有點惶惑，一經向新大陸打聽，才知道是這們一回事：原來張氏一到紐約，就感覺美國政治氣氛異常緊張，與他在南洋及香港一帶所想像的大不相同，內心就有點躊躇，認為機會不巧，恐怕要「撞板」（碰釘之謂也）。為加強活動力量與便於摸索門徑計，乃於由紐約赴華府時，特請溫應星為嚮導。

溫為美國西點軍校出身的軍人，與馬歇爾、布萊德雷等均有舊，以往曾代表李宗仁赴美活動；後於 1951 年春初，由許老將等設法向雲南幫富商籌了四千美金旅費，再度赴美，也是為「第三勢力」去摸行市的，雖與張君勱來路不同，然目的卻一樣，故勱老找他幫忙做嚮導，協力進行，用意自是很深刻老到的。兩人抵華盛頓，擇定寓所後，即先往西城二十七路訪駐華大使司徒雷登，並由司徒代向馬歇爾先容，約期訪晤。司徒時在休養中，醫囑每日延接訪客，不能超過三人，談話每客以不逾三十分鐘為限。張、溫過訪，已在限制之外，除寒暄外，只好匆匆約於馬歇爾將軍晤面之後，再作長談。

馬歇爾接見張君勱，溫亦同往，賓主之情，極為誠摯；但馬歇爾對中國政治，始終避而不談。張、溫情不自禁，提出請教；馬歇爾則謂此事在美國大選揭曉之前，無可奉談。並囑張氏與司徒博士詳商，且願張「多多珍重」。張君勱最後又訪司徒雷登長談，僅傅涇波氏在座。司徒雷登對張氏有一番極簡潔明瞭之談話，大要如下：（一）美國對中國以往主張聯合政府，係應當時需要，是非功罪且不計，但美國固無任何私意。（二）現在局勢，反共力量需要團結，中國除以台灣為中心，聯合一切反共力量，別無辦法。美國對華政策，亦不外此。（三）中國人士現在談某勢力，其辦法已非其時。（四）希望張君勱多多闡揚反共理論，在團結反共原則下多多努力。（五）希望張氏勿走錯路。司徒所談，亦即馬帥之意，張氏當然知道。

張君勱氏赴美所恃為奧援的，即馬歇爾將軍與司徒大使兩人；在訪馬、司之後，所得結果如此，張氏亦明瞭美國目前情勢，不許可他有所活動；勉強去做，反而可能招致意外的打擊，乃整裝行李，逕往西雅圖作久居之計了。

第二九回：戲假情真班蛇出洞　鑼緊鼓密群妖登場

如此一來，張氏不但未將所攜來七位「最高決策委員」鄭重簽名的「萬言書」遞送美國國務院，甚至杜魯門總統也未請謁。那時杜魯門已決定不再繼續競選，民主黨的競選陣容很為脆弱，是否能繼續掌握政權，已經大有問題。而兩黨競選的主要爭點之一，就是外交政策，尤其是對華政策。共和黨一口咬定，說是中國大陸的淪陷，是民主黨放棄國民政府的結果，而《白皮書》的發表，更是落井下石的催命符；當前挽救之策，唯有充分援助台灣，助其反攻收復大陸。在這種形勢之下，民主黨那裡還有興致來培養所謂中國的「第三勢力？」杜魯門那裡還有閒情來接見所謂到美講學的張君勱？

然而香港的第三勢力巨頭們，卻是「痴漢等婆娘」似的，幾乎要望穿秋水，一面也在熱烈的籌備開鑼。自張君勱走後，顧孟餘不久也秘密到東京去了，行前行後，兩地均很少人知。同時間內只有一個象徵，就是張大王的夫人夾在 群人中，也到日本旅行去了。那時微微有人傳說，是大王親自護送顧氏到日，恐怕就是因此而起的訛傳。張夫人在東京也有熟識的友人，向她打聽過顧的消息，她說不知其詳，只是「似乎聽說顧先生到了東京」云云。如此神秘，顧氏究竟到東京來做什麼的呢？據說是來籌備佈置，甚而與盟總接洽，仍想將新組織的重心，擺在日本；可是一看局面不對，只好寫信與大王等說：「還是以香港為大本營較為方便」。事實上他個人總算在東京安居下去，較之昔時減少了許多麻煩。但另外還有點妙處，就是香港方面，倒可含含糊糊的說是一切由東京發動，藉以作對外掩飾的煙幕。

於是慢慢有人拿著宣言及公約找人簽名了，最先自然是「最高」的人親自出馬，隨後，業經簽名的中級幹部既已有人，就由幹部秉承「決策會」已決定的人選，分別徵求。簽名的人逐漸加多，內中消息亦漸洩露，第三圈子中人，互相傳言，說是：某也，某也，業已加盟；某也，某也，竟被排斥；某也，某也，正在活動，營求參加；某也，某也，雖被徵求，亦經拒絕。那一陣正是暑意漸濃，西瓜上市的季節，政治行市，忽然比西瓜攤檔還要熱鬧。有許多人看到如此熱鬧，總以為張君勱到美後必然有了苗頭，多數躍躍欲試，要迎頭趕上這種新的場面，因之鑽營、奔走、請託、疏通之事，層出不窮。那時大埔道、花墟道、鑽石山有幾處地方，真是門庭若市，應接不暇。而箇中人自然軒昂其態，神秘其詞，像煞有介事的，儼然又已有了把握。

又不久，就傳出中級幹部，業已分別委派確定，共分七組，恰與「最高決策委員」之數目相等。有人說：「七總裁」既是「七星高照之局」，則七組負責人，當然上應星數，非同小可，絕不是沒有來歷的人所能擔任的。因之箇中人就說：「七總裁」，至少等於院長階級，組長至少等於部長階級，副組長則等於次長階級。如此一說，更使人欽羨不已！現在且將新貴名單列出，計：秘書組組長為甘家馨，第一副組長為宋宜山，第二副組長何正卓。組織組組長為任國榮，副組長為李茂。政治組組長為周天賢，副組長為李宗理。軍事組組長為徐景唐，副組長為鄧龍光。僑務組組長為韓漢藩，副組長為王天碩。宣傳組組長為黃如今，副組長為李人祝。財務組組長為鄒安眾，副組長為谷錫五。

此外各組之下，又各設總幹事若干人，如歐陽欽、劉漢文等一般「大同盟」的老班底，都分任總幹事等職。而「七總裁」則主持決策會議，各有所司，以專責成。計童冠賢負責指導組織，張國燾負責指導政治，宣鐵吾負責指導軍事，張發奎負責指導僑務，李微塵負責指導宣傳，顧孟餘負責指導財務，秘書組則直接隸屬於決策委員會，無專人指導。表面上人人均可指導，實際則儼然與「七總裁」分庭抗禮。

因決策委員會們開會的時候，秘書組長自然列席，列席就有發言權，及參與機要的機會，自然與其他各組，不能相提併論。例如其他各組的副組長祇有一個，但秘書組的副組長則有第一、第二兩個，體制即與眾有別。而其人選均係由組長提出，不但秘書組的副組長由甘家馨提出，即其他各組的副組長，亦有由甘推荐的，如宣傳組的李人裞即是。而甘亦奮邁鼓舞，大有專心誠意，這番非做出一番事業不可的氣概。

第三〇回：大秤分金巨頭革窮命　老鴉爭食同盟起戰火

好耶！這一次可比以前大不相同，正是真刀真槍，一板一眼，像樣的唱起來啦！要是誰再不相信他們一定成功，那誰就太不禮貌，不友誼、存心搗蛋，將來必定會「把點顏色儂看看！」可也真正難說！天下事難道真是不如意者常居八九嗎？外面的人，還來不及對他們意存輕視，或稍加批評，那裡知道，毛病卻早已由內部發生出來。而且首先不過彼此摩擦，後來竟至互相「戰鬥」，最初不過小小摩擦，後來竟至大大「戰鬥！」其發展也是極為曲折而複雜的。

有人歸咎於這個組織的名稱，說是：當他簽名時，他就很懷疑，覺得決策委員們怎麼會定出這個名稱的？句子既長得囉囉唆唆，意思又攪得夾夾纏纏，這麼多學者專家，弄了幾年，竟弄出一個什麼「中國自由民主戰鬥同盟」，來使人一眼看到，很容易誤會是聯絡一般人，「同盟」起來，與「自由民主」「戰鬥」。若果「戰鬥」兩字，照動詞使用，則變成了一般人聯合起來，「自由民主」地與「同盟」戰鬥，或者同盟間「自由民主」地互相戰鬥。

總之，說來說去，「戰鬥同盟」，「同盟戰鬥」是一而二，二而一的事。所以自從這「同盟」成立以來，就充滿了「戰鬥」氣味，可並不是同敵人戰鬥，也不是和「第一」「第二」戰鬥，而祇是與第三圈子中人戰鬥，同時也就是「同盟」中自己熱烈「戰鬥」。因之，有人就送了它們一副對聯，聯語是：「既然『戰鬥同盟』，『同盟』豈可不『戰鬥』？」「但得『自由民主』，『民主』何必要『自由』！」上聯的意義，前面已經敘述明白，惟下聯的意義，尚待解釋。

原來製聯者指的是那些「最高的委員」們，平時少則三個五個，多則六個七個，極端的「自由」決策，而又口口聲聲的說是非常「民主」，則他們的所謂「民主」之無限「自由」，可想而知。「最高」的人們既然得了這樣自由的民主，則在他們下面的盟員們，就只好不要自由了。但民主的美名還是存在的，所以說是「民主何必要自由」，這些都是閑話，按不下表，現在且說他們如何互相戰鬥。

問題，首先還是從「最高」的中間發生出來。「天下老鴉一般黑」，「戰鬥」的爆發，還不是權力和利益導引而來？原來自「二十五集團」成立以後，雖然一事未成，可是曾經在香港辦一週刊，取名《中國之聲》，發行之初，曾經轟動一時。主持人為張國燾氏，內部組織龐大，人員之多，經費每月開支達兩萬五千元。此款從何處來呢？自然是張、顧所籌，據說「水頭」極足，此種四五千元美金一月的開支，還不到全部收入總額的十分之一，因此多用幾個錢，殊無所謂。除《中國之聲》外，還派人到曼谷去辦了一份刊物，因遭取締，索性改辦一張報紙，其氣魄可想而知。

因之也很花了一筆開辦費，及經常維持費。至於那時在港方面的巨頭們，如顧、童等人，每月都有足夠的生活費用以及活動費用，因之顧也再不住那所謂「太偏僻了，太逼窄了」的山坳房子了；而童也另闢公館，將其原來住處，空置不用。除每天定時到那裏會會客外，經常也是住在與顧相近的九龍塘花園洋房中，以渡其悠閒歲月，然對外則一律秘不告人。餘如李微塵、周天賢等，亦均活躍異常，喬遷的喬遷，拉客的拉客，經常都在各大茶室酒店，招賢納士，吸引群眾，顯然已有固定收入，活動資金。至於另一巨頭伍憲子，是否亦得到同等待遇呢？那就不得而知了。

經費來源如此充沛，究竟如何籌措的呢？是否果如張大王最初對洋人所說：「中國人的事，應該中國人自己出錢先幹，等有了成就，然後再向友邦借款？」因之有人猜想，一定是張大王激於義憤，首先以身作則，慷慨解囊，自己將積蓄捐獻團體應用。但又有人說：「雖然數十百萬，大王滿不在乎，然大王府高踞半山；洋房花園，開支可觀；況且出國護照早已備好，隨時要準備遠渡重洋，周遊列國，需費更鉅，如何能將必不可少的生活費用冒然先投於未可知的政治事業呢？

想來一定是向華僑勸募的。他不是有一個親家，隨便一下子就在廣州長堤蓋了一座愛群大酒店嗎？這種擁資數千萬美金的豪富，捐獻三二百萬元與張大王攪『第三勢力』算什麼一回事呢？」然另外復有人說：「你們都弄錯了啊！你們知不知道哈德門是在上海主持美國某著名公司的大老闆麼？經費來源，自然是由他供給，聽說數字不小，每月七萬元美金，從一九五一年三月起，到九月止，前後共領過七個月」。這些數字閑帳，姑且不談，談亦沒有真憑實據，不過《中國之聲》每月是花過許多錢，養過許多人，總是事實。

第三一回：肥缺當前軍師動食指　爛賬清後社座剝臉皮

毛病就出在錢上，而好處也就在錢上。因為有錢，所以「二十五集團」儘管解散，但《中國之聲》，依然繼續辦理，業務還是繼續擴充。例如張勱老來後，特准先行設立資料室，就是附屬於《中國之聲》社內的；但這資料室，究竟蒐集了些什麼資料，訂立了什麼對策？那恐怕只有「三張」知道。可是此「三張」，實非彼「三張」，並不包括大王在內，而係張六師、張國燾、張勱老是也。

張六師係主持的人，所辦何事？當然成竹在胸，不容細說，張國燾係社長，張六師遇事不免秉承，況且又是小組織的老同志，一向崇敬的人，自然不會甩掉他。而所有蒐集起來有價值的資料與寶貴的意見和對策，因為勱老臨行時再三囑咐，要寄一份與他，供他參考，以便向彼邦人士宣傳；加以他乃原始主張設立資料室的人，於公於私，咸有知遇之雅，自然誠惶誠恐遵辦。

可是張大王處並未接到甚麼「資料」呀！而自認為勞苦功高，舉足輕重的李微塵，竟也不大清楚此兩張在社內攪的是些什麼把戲。「同盟」組織雖大，然而有出息的地盤，不過一「社」一「室！」而今居然被二張各霸一席，「咱家李某」竟然無份，早已吞聲飲泣，耿耿在念。忽然勱老來函，頗有贊美資料室工作成績的話語，「這還得了？」於是李微塵再也按捺不住，拿出殺手鐧來，向大王進言道：「資料室徒糜經費，毫無作用，每月開支五千元，並未見用有職員，所有資料，原係週刊社早已訂購的，更未見有何新的方案，似乎應該整頓一下」。

大王一聽，頗覺有理，就再問起《中國之聲》社內的情形到底怎樣？答道：「那更一塌糊塗，我早已報告過……」。於是一五一十，又分門別類，不知列舉了若干條款，無一條不是可以構成彌天大罪的。大王聆悉之後，就要發作。還是李微塵畢竟滿腹經綸，甚有修養，力勸從長計議。結果總算先「解決」一半，就是自即日起，將資料室的經費停止了事，資料室只好關門大吉。——不，根本無門可關，因為該資料室自始至終即無固定處所，就只好算停止領取經費罷了。計自成立至停止，先後不過兩個月，張六師文武兼資的宏大抱負，發揮未盡其九牛之一毛。「奇才」難展，可惜！可惜！

張國燾正在對張六師抱不平之際，《中國之聲》緊縮的命令跟著下來了。說是：「現在職工二十八人，好辦一個大報了啦！既然拿了薪水，為何寫文章又要稿費？既然要算最高的稿費，為何又按月開支固定薪金？」又說：「當日陳公博辦《革命評論》的時候，連社長到校對，全部職員，不過四人，而且文章多是拉人義務寫的，現在如此作法，那裏是革命呢？」

張國燾一看症候不對，乃表示倦勤，以期緩和。然而也正有人在希望張氏倦勤，非特毫無慰留的反應，反而來勢洶洶，愈逼愈急。張氏始知大勢已去，無可挽回，只好別籌善後之計，遂提出條件，說是：「我可交卸，但繼任之人，必須由我提出」。問道：「尊意以何人為相宜呢？」張答：「涂公遂為當今第一流人才，又是服務刊社，勤勞素者，極有成績的一個同志，實堪繼此大任」。有人在背後哈哈大笑道：「要整肅的首先就是此人啊，張老先生好不糊塗也！」於是，李微塵走馬上任。

李一上任，一下子飯碗便敲掉一二十隻，員工裁掉幾乎四分之三；不過總算厚道的，除發一個月遣散費外，真正無辦法的人，還另外替他們想辦法找工作。可是因這好意，又生出了枝節：就是發遣散費與另找工作時，點去點來，還差兩個人，始終覓不到。此際就發生許多閑話，說是：「這顯然係平素吃的空額啦」。「最高」的人，趕快禁止不許亂說，說是：「這又不是軍隊！那裏會有吃空額的事」；不偏不巧，就在同時，1952 年 8 月 26 日的某報上，卻登出了一段消息，那更說得離奇了：

「本報特訊：以『第三勢力』為號召之某週刊最近改組，內部發生糾紛，迄今仍未解決。據悉其舊社長張國燾已在該週刊之幕後主持人某將軍之經濟壓力下宣告屈服，但離職以後，心有不甘，認為此次改組，既未經董事會通過，復未經督印人向當局辦理手續，自屬『非法』，於是聯絡一般社內同仁以『全體辭職』作為要脅，向新社長展開攻勢，而新社長李微塵則以經濟大權在握，採取各個擊破方式，沉著應付，聞已有若干張系人物，為遷就現實，在秘密分頭與李拉攏中。這一場幕後鬥爭，李勝張敗，似已成為定局。

另悉該週刊改組之始，某將軍實施查賬，發現流弊頗多，其中因而引起糾紛者計有：一、副總編輯涂公遂一家大小，老婆孩子均在社內支薪，他的小姐還偶而到社玩玩，但太太則從未到過辦公。二、「編委」陳濯生在尖沙咀區頂下洋房一層，作為其小組織『中國民主青年同盟』開會之用，而竟以該社發行部名義在該社支出頂費四千四百元。三、該社一女職員邱然因與社長公子鬧戀愛，其私人在社支付之交際費，先後竟達一千七百元。四、該社全部稿費賬均以每千字二十五元計算，而實際上發給作者之稿費，自第五期起即為每千字十五元。五、該社業務收入，過去從未有人注意，一查之下，竟發現部份收入賬目，在尾部少劃一個圈圈，打了一個倒九折。」

凡是看到這消息的人，大抵將信將疑。說是：既命名為「新勢力」，自然有新精神，凡是過去的毛病，必定一掃而空，那裏會有這種等而下之，不堪聞問的現象呢？有人說：事體的真真假假，虛虛實實，也不必去詳細研究。不過這是它們內部對張國燾的首先一次清算，也是同盟中最高人員首先的一次戰鬥，聊借週刊社的許多事體作引子罷了。

第三二回：樹大招風一老入雪櫃　才高見妒群小下石頭

提起張國燾，自是大名鼎鼎，中外皆知的人物，自從「第三勢力」運動發生以來，香港澳門有兩位紅人，都是各個小圈子急欲爭取的對象，一位是何義均，因為他是美國留學生，大學教授，學有專長，為人蘊藉儒雅，和藹可親，與美方夙有淵源，當前又供職於外國某機關，如要爭取外援，他是最簡捷，最便利的一道橋樑，所以各方面莫不競與訂交，竭力拉攏，要他參加其小組合。可是何氏生性謹慎，愛惜羽毛，又處處顧忌妨礙其職務，故對於爭取的友好，多謝而避之，或者淺嘗輒止，不肯深入。

例如「二十五集團」組成時，他也是其中之一，然一看形勢不妙，即止步不前；又如「戰鬥同盟」組成時，最初即擬以政治組組長一席相借重，但何氏以無暇兼顧，堅辭不就，盟方乃以周天賢承之。因之此公自始至終，行雲流水，成則天然有份，敗則無所沾染，可謂深得「第三」的「三昧」了？

其次一位紅人，就是張國燾先生了。張氏乃中共原始運動人之一，曾留學莫斯科，當中共在「李立三路線」時代，張的地位僅亞於李，朱德等均在他指揮之下。毛澤東以「土包子」出身，那時尚不過是井崗山一路的小頭目而已。後來張氏任紅軍西北邊區主席，統率大軍，實力勁強，當毛澤東流竄至陝北時，僅剩殘兵敗將數千人，雖係中共中樞地位，然因實力懸殊，頗受張氏威脅，時常狂抽香菸，繞室徬徨，內心慄慄危懼，不可名狀。

後得「地頭蛇」高崗的協助，又因利乘便，得了「西安事變」的機會，逐漸獲得喘息。抗戰軍興，共黨宣言効忠國府，一致對外，毛澤東遂以坐大。張氏的大將徐向前因欲攻擊寧夏、甘肅，遭遇了馬家軍的痛擊，實力大損，兩年之間，形勢一變，張氏反而受到毛的威脅，時時有遭受清算的可能。張氏見機，遂於 27 年春，乘恭祭黃陵的機會，隨中央代表蔣鼎文出走西安，轉漢口，到重慶，受到國民黨的優禮收容。38 年，大陸淪陷，張氏即避居於香港。

以這樣的一個風雲人物，又是國際知名，前紅軍的一個重要領袖，當前絕不能返大陸，又不願赴台灣，如搞「第三勢力」，豈不是最理想、最標準的角色了！因之「圈子」中人，無論是那一個小組合，都想輾轉設法爭取他。更有許多深謀遠慮，高瞻遠矚的策略家們，則認為目前反共，必須要發生號召作用，將來反攻，必須要發生「策反」作用，若果得到張氏登高一呼，那朱德、徐向前輩豈不一下子就可倒戈相投，我們不是即能收到摧枯拉朽，勢如破竹的功效嗎？如此，張氏的份量，也就更重了！因之在那段時期內，張府賓客盈門，身價百倍。

而張氏的態度與所抱的宗旨，也與何義均迥然不同，雖非來者不拒，有求必應，但只要他覺得還可以談談，或只要夠得上交情底朋友，一定要拉他的話，他無不盡量接納，躬親參加其座談會。有人替他估計，說是在那時雨後春筍般的小組織中，他老先生發生過關係或參加過座談的，幾乎佔了總數的三分之一。有人問他道：「你同這麼多人發生了關係，將來到底幫忙那一方面呢？」張氏答道：「現在運動之初，群雄並起，不妨各幹各的，將來大勢所趨，自然歸在一處，定當大家來幹，無所謂幫誰不幫誰呀」。「而且」，張氏緊接著反問道：「你以為這反共……第三的大業，是少數人可以幹得好的嗎？」

這氣概畢竟不凡，見解也確實高人一籌！因之凡是有人警告他說：「某某等同台灣有關係啊，你如何要同他們接近？」張氏即答道：「台灣也有很多革命的人，只要他反共，就可合作」。又有人忠告他說：「某某等是曾經靠攏過的，你最好不要同他們來往」。張氏答：「靠攏後再出來，才是真正覺悟，才會拼命反共；連共產黨員我們也要爭取，為什麼拒絕靠攏份子？我就是老共產黨員啊！」另外也有人說：「某也，某也，在敵偽時代，做過什麼，漢字號的朋友，不可讓他們滲入我們第三勢力」。

張氏則道：「漢奸中的巨奸大惡，勝利後多已槍斃或監禁，餘者蝦兵蟹將，當時或迫於生活，或限於環境，政府既已寬容，只要現在他們肯革命，大家一齊來幹，豈不最好？」更有人說是：「青年們太幼稚，你現在何必多費氣力同他們去攪，將來我們勢力成功後，領導他們便得啦」。張氏笑道：「老兄，你不要瞧不起幼稚，我們都是從幼稚中滾出來的。共產黨雖然屢次整肅左傾幼稚病，但那是得到成功後的一種檢討，也就是次步行動的一種準備。老實說，所有的成就，大半是由青年們幼稚式的蠻幹中所得來的啊！」

誰說不是呢？況且張氏現身說法，更不能說沒有道理。但是如此一來，卻犯了小組織的大忌，張氏初不自知。有人說：小組織有兩大特性，第一是排他性；第二是獨佔性，何謂排他性，就是只要自己得勢，不管別人失敗。因之爭寵鬥妍，喫醋打架的事，時有所聞。何謂獨佔性，就是人們一經參加，就要矢忠效力，不能再同其他方面發生關係。

凡是小組織的領袖們對待組員，就彷彿舊式大家庭老爺對待許多妾侍一樣，如果有人多望她們一眼，老爺就要懷疑，如果妾侍們擅與外面的男人說話，那老爺就要光火，同行就要攻訐。越是重要的人，就越發彼此防範，互相監視得嚴緊；及至一旦認為不忠不貞，那就恨入骨髓，隨時隨地欲得之而甘心，所謂「愛之愈切，恨之愈深」是也。小組織與小組織之間是如此，小組織內的人與人之間，也是如此；對外有虎狼之威，對內則是妾婦之道，這因為他們只是利害的結合，毫無共同信念的緣故。

張國燾氏不懂這個門檻，他既參加過若干小組織，那些人們又未為他的宏偉議論與崇高理想所感化，結果弄到後來，人人都對他討厭，個個都說他是老官僚、老滑頭，甚至說他面面圓到，不著邊際。而且說這種話的人，多半是原來同他最親密的人，甚至多半是原來爭取他或擁護他的人。

張氏最吃虧的，還是他的天才害了他。前面不是說過，他在「第三勢力」運動中，先後有兩大發明嗎？誰知這兩大發明，後來卻變成了他的兩大包袱，真是出人意表！先說他第一發明的後果：當他在初期的張、顧集團中，發明無記名投票法，隱持六人選舉大會的選政時，他同時還是多方面的要角。最重要的有三方面：第一是許老將所主持的石塘咀俱樂部方面，第二是上官雲相所主持的金巴倫道小組織方面，第三是謝澄平所主持的五人小組方面。選舉結果，只有上官方面，因彭昭賢、宣鐵吾二人同時以「屈蛇」方法當選，對張倒無所謂。其餘兩方面，許老將的人，一個也沒有選中，其反感可想而知。謝的五人小組，竟有兩名大將落選，乃對張大生惡感。

「第三勢力」的蛻變，萬千讀者，至此當已獲得一個概念。相信把卷之頃，縱目「圈」中百態，得意處不免會心微笑，滑稽處難免掩口葫蘆；自然，也不免有人奔走駭汗，髮衝於冠的。可是，既然妙聞理合天下賞，也就只有任他們「怨煞法聰老和尚，不與我做些周方」了。

好在天下無不散之筵席，「第三勢力」固然如此，記述「第三勢力」的內幕報導，也總有一個收場時候。從本期起，便是「第三勢力」歸於「氣化」的一番經過了。一曲廣陵，欲絕未絕之間，還有說不盡的「賞心樂事」，幾令焦大耶欲罷不能，只好再操觚墨，讓讀者多樂幾場也罷。

第三三回：結同心老大耍花槍　斷津貼義弟施毒手

上文所謂謝澄平的五人小組，乃係改組後的局面，並非原來的顧孟餘、何魯之、童冠賢、張國燾及謝澄平五人。原來的五人小組，顧氏只勉強來了兩次；後來哈德門來後，張、顧集團始籌組，顧即絕跡不到。謝氏於沒趣之餘，乃請張國燾氏個人遷寓於替顧氏預備會客的華貴洋房中，另外又請了謝的三位好友參加，就是黃宇人、羅夢冊、程思遠，造成新的五人小組。

這新的「五人」，情投意合，如膠似漆，歲末正式殺雄雞，宰白馬，誓言有福同享，有禍同當，但「大家精誠合作，共同進退，互相標榜，彼此扶持，形成一個堅強的核心，以影響任何未來的大組織，甚至在未來的大運動中發生操縱作用……」等等的話，不免時常有的。而五人中無論是依年齡，資格，或聲望，乃至於時代的需要，形勢的歸趨來說，均應以張國燾氏為先；所以各人頭上雖都插有一對雉雞毛，但對張氏不能不特予尊敬一些。及至張氏一躍而成了張、顧集團中的要角，其餘四位，更對其「有厚望焉」。

可是初次「民主選舉」結果，黃、謝二人雖幸入二十五名之列，但他們自以為乃基於各自的其他因素，並非張氏之力，當然沒有感激的意思。而羅、程二人，竟至落選，不能參加「二十五集團」，遂同聲抱怨。羅係有名的「教主」，發表過自以為劃了時代的「第四宣言」。在他領導下，早又有一個組織，多係門牆桃李，為其群眾，以未來潮流中的主流自命，並且說是他的群眾，在大陸有犧牲的，在台灣也有坐牢的，論起「第三」，不但不敢後人，而且應該是先進；但張、顧集團膽敢加以抹煞，不予重視，是可忍，孰不可忍？

而主持選政發明選法的，「又是我們五人小組中的張老大哥，這還夠朋友嗎？」可是張氏也表示萬分難過，說是，他曾經與顧、童等事先有約，顧、童所交與他的名單，他都照選了；而他所交與童、顧的名單，他們竟失約。又說：「像羅先生這樣研究學問的人，顧先生，童先生平時均以學者自命，都不肯延攬，真令人不勝遺憾！」

但是這話不加解釋，也還罷了，一經解釋，程思遠不禁大肆咆哮，說：「你原來事先只交了羅夢冊的名單，並未交我的名單呀，好！好！你等著罷！我們以後再說」。而其他聽到的人——就是那沒有喫到葡萄的人們，人數可就數不清啦——復一致譁然，說是：「你們口口聲聲照民主辦法，用無記名選舉，以防弊端，藉杜包辦，原來事前是交換過名單的呀！」又說：「你們的選舉大會，一塌括子不過六個大人，事前既經過協商，又交換名單，還有臉說是無記名投票法係創造的傑作嗎？」這是張國燾先生第一個大包袱的後果，還有第二個包袱的影響，留待後面再述。

從此這「五人小組」就散了夥，而謝澄平氏，不知是基於對羅、程二位的義憤呢？抑或是限於預算的來源？竟立即將那華貴的洋房退了租，於是張國燾只好蕭然搬回老家去住。誰知同時謝乂將對張每月津貼的車馬費一千元也停止了。可憐張氏一向做無產階級做了很久，雖也主持過救濟分署，一直還是兩袖清風。初到香港，勉強猶有一點生活結餘；然而為實驗經濟學說與資本論起見，親自跑到炒金市場，聚精會神的，長期研究了一陣，結果，將所有的一點「剩餘價值」大部充作了研究經費。如此一來，雖在學識上頗有收益，然在生活上，不無影響。後來遇著謝老同學——二人均北京大學學生——在外援項下列出一筆，按月送與張老大哥，賴以維持許久，遽遭停止，在開支上自不免是很大的一個打擊！

第三四回：肥水外流山君瞪虎目　尅星高照寃桶吃排頭

幸虧不久「張、顧集團」成立，要創辦言論機關，照例自然是顧先生親自主持啦。可是顧氏辦理《大道》時，已經感覺到有點厭倦，又因為《大道》僅出了四期，二十萬元業已花光，閑話頗多，亦很喫不消；加之香港當局常常「請吃咖啡」，兼帶反覆談話，他老人家為怕麻煩，乃甘願讓出這把交椅，請諸位另推賢能。那時李微塵未嘗不想一試，可是因為關係尚淺，信用未孚，不敢冒昧從事；一聽顧不願幹，內心頗為暗喜，（因為顧老先生一經坐上了這把椅子，是輕易無法撼動的呀！）。

當即耍出縱橫捭闔手段，以謝澄平對張國燾的這一段似乎為德不卒的故事做中心，表示不平，對謝大事抨擊，說是：「這錢又不是他姓謝的從老家帶來的，直恁的如此刻薄」；又說：「謝澄平每月送港幣一千元與張國燾先生，但他向外國人報賬，究竟報了多少美金，有誰知道呀？外面人言嘖嘖，都說他已經中飽了至少二三十萬元美金，護照早已辦好，隨時就要飛到美國去，竟然吝此戔戔，太不成話！」又因為謝澄平表面上總係代羅夢冊抱不平，而羅夢冊也一直對張國燾氏不諒解，對張、顧集團更憤慨異常。

故李微塵為維護這集團，以示反擊起見，復激昂的說道：「羅夢冊是什麼學者專家？他那種神態，他那種宣言，再加上他那種莫名其妙的談話，簡直是神經病式的狂妄之徒，我就看不上眼，所以當日我就老實不客氣的當面罵他放屁……。」於是大捧張國燾，說是如何如何，而極力支持他主持這新創辦的言論機構。既然顧先生自願不幹，張大王又無別的意見，童在顧的面前，照例不會表示意見；伍憲子有如作客，當然也沒有意見；其他的人雖有意見，更難得有表示的機會，那時祇要有一個人堅決主張就行啦，於是張國燾即榮膺《中國之聲》的社長。

張氏是堅決反對「一面倒」的人，可是自從參加了張、顧集團做了社長以後，其他方面的關係，竟致不期然而然的絕了緣。當初所表現的理論與抱負，亦從此不聞其聲。《中國之聲》出版後，不久《獨立論壇》也復了刊，同時又有《人言報》出現，隨後復有《華僑通訊》出版，連同原有的《自由陣線》、《中聲日報》、《中聲晚報》、《新生晚報》、《再生》等，風雲際會，盛極一時！「第三勢力」的陣容，在言論方面，可就聲勢浩大了！

《中國之聲》第六期上面，發表了一篇文章，題名〈我們對台灣的態度〉，首先對台灣正式開砲，這一砲，恰恰與「聾子放砲仗」相反，自己覺得放的很響，雖然對方毫無反應，有若不覺，然砲手李微塵，卻甚為得意，覺得「你們全都畏首畏尾，不敢出面，單憑咱家兩把板斧，殺出一條血路，諸公碌碌，不過因人成事耳！」那時《中國之聲》的總編輯伍藻池是一個不願多事的人，於是李微塵除了隱持《中國之聲》的筆政以外，寖寖然還想過問社政。可是關係社政的，張社長雖然只是持其大端，經常會會賓客，偶爾寫寫文章，儼若垂拱而治，不願察察為明，但副總編輯涂公遂卻精敏過人，勤勞備至，把社內之事大半代為處理了，那裏能讓李微塵問津呢？

李處此情形，不覺由鬱鬱而悵悵，由悵悵而恨恨。光寫幾篇文章，那裏能過癮呢？畢竟他聰明天賦，眉頭一皺，計上心來，乃見大王進言道：「而今與我們有關的言論機構已經不少啦，各別印刷，甚不合算，又不精美，不如我們自己花錢辦一個印刷廠，所有刊物，統交本廠去印，這叫作『肥水不落別人田』，而且要怎樣精美就可以怎樣精美；將來一有機會，辦理大型日報，及大規模出版社時，這印刷廠即是報社與出版社的重要基礎。

您看！那一家像樣的報館和出版社，不自己辦印刷呢？商務印書館及中華書局那還用說！就連謝澄平那小子再不成材，他也要忍痛撥出一筆款子出來盤了人家一個田風印刷廠，目前很能賺錢，竟變成了他們自由出版社的一塊肥缺，你爭我奪的常常換人，可見其重要了！我們若辦，在您的指導之下，一定更能賺錢⋯⋯」。大王一聽，確屬有理，尤其聽到引證謝澄平作比襯，更加激動了他的感情，乃連說：「得！得！得！⋯⋯」。

李氏不等大王說下去，緊接著說道：「對於這種出版事業，印刷經營，我卻甚有興趣，也並不十分外行⋯⋯。」大王道：「那最好！那最好！讓我想想看！有了！我們原來有一個印刷廠，規模雖不大，可是負責人尚能經營，而今祇要增加股本下去，加以擴充，並要他們改良，再請你去指導，那就行啦！」

不久，三社——就是「中國之聲」社、「獨立論壇」社、「再生」社——的負責人，均得到通知，囑將刊物送到嘉樂印刷公司去印。「獨立」，「再生」兩社立即遵辦，奉命唯謹。可是「中國之聲」，則照舊在原來的地方印刷，偏不賣帳。於是大王面前，就有了閒話啦，說是：「這顯然無私必有弊，為什麼咱們自己的刊物，反要到別人的印刷廠去印呢？」大王是亢爽的性格，自不免要對人說將起來，這風聲輾轉傳到了張社長耳中，社長就問涂副總編輯，涂答道：「李微塵是來關照過，但是我們在僑光印務公司印刷，是訂有合同的，李先生不是不知道，目前合同尚未滿期，如何能掉換呢？

況且在那兒弄熟了，舉凡排版、校對諸事都方便得多，一經調動，好久還摸不清，豈不誤事？」社長一聽，也覺甚為有理，就擱下不提。誰知慢慢下去，閒話越來越多，社長又彷彿聽到一點風聲，說是那嘉樂印刷公司，就是張、顧集團所辦，為什麼《中國之聲》竟敢違背集團利益？張社長聽到這點，方開始充分注意，然還在疑疑惑惑之中。那時節，二十五集團在屢經挫折以後，業已離散，大家意興闌珊，團體既不成其為團體，私人之間，亦少往還，加以張社長與張大王原不相識，素無私交，只是張、顧集團籌組之初，由友人介紹才見面的，所以平常更少來往。

某日，張國燾為此事，乃專程前往半山，訪謁大王談了幾句別的話之後，委委婉婉，就說到《中國之聲》印刷事，先是說了原有印刷廠訂有合同尚未滿期，並且已經弄熟的種種理由，一如涂氏所說各點，隨後又婉婉轉轉的問道：「聽說嘉樂印刷公司與顧先生有點關係」——社長老成持重，覺得不便當面張、顧並稱，乃只提出顧來——「不知是否真的？如果……」。張大王不等他說完，就大聲說道：「我不知道嘉樂印刷公司是不是與顧先生有關係，我只知道《中國之聲》是顧先生拿錢出來辦的！」說罷，虎虎然怒目而視。

張社長總算機警到了極點，聽了這話，不再多說，搭訕著辭出後，回到社裏，就立刻下令自即期起，改到嘉樂去印。他既不說明理由，別人也不敢再問是什麼緣故，因為俗話說得好：「進門不必問喜怒，但看顏色便可知」。那時只聽見社長一個人氣喘如牛的說了幾句話，滿社鴉雀無聲，肅靜已極。據社中人傳出說：社長回到公館後，還嫌有幾隻玻璃茶杯太不順眼，乃順手唏哩花啦的摔了一陣，大概是要藉此一面練習手腕力量，一面試驗鋼骨水泥的反應罷！

第三五回：門前索舊債節裏生枝　山頭告御狀火上加油

誰知一波未平，一波又起。有一天，張大王在家閒坐，忽然來了一個老朋友，見面之後，互相寒喧，寒喧既畢，大王問道：「近來有沒有做點生意？總還好罷！」那老友道：「不提還罷，提起我正要向你講講，我是做了一筆大賠老本的生意」。大王笑道：「吾兄老於商場，長袖善舞，素來精明幹練，那裏會做賠本生意呢？」老友正色道：「真是賠本生意，而且賠得很慘」。大王開始有點相信，再問道：「究竟賠了幾多銀紙呢？」老友道：「數目倒不大，不過照原值，收回還不到四分之一，你看慘不慘？」

大王也不勝同情的說道：「真夠慘了！」又問：「這筆生意，是你自己看走了眼呢？抑或是朋友叫你上了當？」那老友輕鬆地微笑答道：「這完全是我公照應的呀！」大王聽到，不覺一怔，趕緊說道：「不要亂開玩笑，我幾時叫你做上當生意？」那老友冷冷的道：「半年以前，你不是叫我替中國之聲社裝一具電話嗎？……」大王搶著說道：「是的，你很快就設法裝好了，而且因為吾兄在此人頭熟，吃得開，又熱心服務，政府各機關，社會各法團，全有很多好朋友，隨時隨地都可代為照應，我想，辦報刊是亟需要像你這樣底朋友幫忙的，我乃破例請中國之聲社聘你做顧問，每月送車馬費少少——不過三百元，以表示聯繫的意思，但是你並不在乎此。

同時你要知道，該社自成立以來，我只負責籌款，從來未介紹一個人，雖說委屈吾兄，然而也顯得我的一番誠意呀……」那老友見大王一口氣說了許多，還要說下去，乃攔住道：「無所謂！無所謂！不過我那一具電話，照市價，至少要值……可是慚愧得很！先後我一共乾領了九百元的車馬費就什麼都完了」。大王忙說到：「他們也沒有向我提起過一句呀，想來自然會繼續送到府上的，有事的時候，還要來麻煩你哩！也許是辦事手續緩慢，不過稍稍遲幾天罷了。唔該！唔該！請不要見怪！」老友問道：「你們貴社的經費，幾個月發放一次？」「瞎說！」

大王大聲說：「我們的經費是每月撥一次，從來未曾脫期，那裏會有幾個月發放一次呢？」那老友嘻嘻哈哈的道：「得了！得了！我已經三個月沒有看見過什麼車馬費，而且也沒有什麼人來打過一句招呼，說是顧問到底還存在不存在？車馬費到底還繼續不繼續？橫豎給我一個不理。兄弟再無出息，也誠如我公所謬獎，這幾文錢而今還不在乎，不過禮貌上到底說不過去呀！吾不是看我公的面子……」。

這尷尬的對話將畢，大王當著這位老友的面前，不覺顯得有點狼狽，登時愈想愈氣，乃大聲將他所聽到關於該社的各種情形，一一傾訴出來。前面所述，關係印刷的一段，自然也包括在內。等到這位朋友走後，大王乃決心要向「中國之聲」社查帳。事體還多著呢？又有一件妙事，也反映到了大王耳中。有一位曾任大學教授又做過廣州《中山日報》社長的林伯雅，從大陸逃到港九，住在鑽石山下，自與一般文人大致相同，開門七件，不免件件為難，乃執筆為文，投於《中國之聲》。

開頭甚好，每期文章一經發表，二三天內稿費即由該社派人送到家中來了，雖然報酬照規定只算中下等——每千字十五元，該社社內人則每千字二十五元或二十元——然而不賒不欠，賣文的人，大有如鄭板橋畫竹潤格中所說：「立付現金，則中心喜歡，神韻俱佳」之概，因之寫作愈勤，文章愈暢。可是到了後來，漸漸變了樣兒，稿費不送來了，也難以按時領到。有一個時期，林氏一連有三篇文章發表，均未領到稿費，俯仰無著，為難之至，乃迭往探詢在社內做事的友人。友人道：據聞社中經費緊縮，不能按期清付，恐須等候。林不得已，只好多方借貸，勉渡艱危。

誰知事實上林先生的稿費，早已被不知那位熱心的朋友代領了，而且更已很開心的替他代花了。林氏坐在鼓中，老是書生本色，顧全體面，不好意思向社裏去討取，唯一的方法只是向社中友人偶爾詢問。某次，《中國之聲》開編輯會議的時候，有人提出說道：「林某某係本刊長期投稿人，生活艱窘已極，聽說明天即有斷炊之虞，實在值得同情！」

張社長一聽，惻然不忍，乃道：「大家都係逃難朋友，理應同舟共濟，林先生既如此為難，可由本社撥出二百元作為救濟金，送去救救急，這筆錢將來在林先生稿費項下扣還也好，不扣還也好，橫豎本社經費還有點多餘，不會礙事」，於是派人送了二百元到林公館。林先生自以為是送來的稿費，真有如涸轍之鮒，忽逢西江之水，中心慰快，不可名狀。

然而林先生被救濟的事，不知怎麼過了幾天，竟傳遍了鑽石山頭。另有幾位同樣逃難出來的太太，半羨半妒似的向林太太說道：「我們的先生真沒用，還是你的林先生好，平時可以賣文章，到了緊急為難時，刊物社的『事頭』（粵語：「老闆」之意）還會幫忙送救濟費。我們是八面沒有依靠，將來除了跳海，是無路可走的呀！」林太太聽到，詫異之餘，不免要問林先生一聲，林先生一聽，不免要把真象弄個明白。而林先生與張大王有戚屬之誼，這消息遂又不免很快的傳到了大王耳中。大王聽了直氣得眼睛亂翻，於是硬要查帳。最妙的是這位林先生就係後來《中國之聲》接李微塵手的第三屆負責主持人，以當時被救濟的事來說，或不免回首前塵，感慨系之了！

另外又有一個投稿者，寫信向大王處告了一狀。原來那投稿者的文章登出來後，他要領取稿費時，很費了一些工夫，結果，又只照每千字八元計算。那投稿者不肯接受，說：「你們徵稿啟事上明明規定從每千字十元至二十五元。我的文章不好，你若不登，我毫無辦法。既承登載，我頗能自量，萬不敢希望最高的稿費，但起碼每千字十元，是無法再少的了，再少就是不應該登的稿子。你們而今照八元計算，究竟是什麼道理？」爭得吵了起來。發稿費的人說：「數目是編輯處算好了的，我們只曉得照數清發，不知其他，你要領不領隨便」。那人恐怕是窮極無賴了罷！弄到後來，稿費雖然還是領了，而狀也還是告了。

諸如此類，不一而足。大王早已塞滿了一肚皮，加上一回憶起《革命評論》的辦理精神，查賬之念更切！但因為他敬重社長張國燾先生，故隱忍不發很久。及至張君勱來港之後，「最高決策委員會」組織成立，李微塵地位提到了「最高」之列，氣燄張甚，雄心亦難以再遏，不免從旁多方激動，遂至爆發。適值張六師所主持的資料室停止經营事件發生，大王乘勢　併要緊縮《中國之聲》社的開支，俾趨於合理；但張社長卻是菩薩心腸，只願繫鈴，不肯解鈴，堅決不幹。於是勇敢的李微塵，就毅然決然，一鼓登台，充任了改組的劊子手，大刀闊斧，先後幹了兩個月。這就是「戰鬥同盟」剛剛成立，還未對外公開，宣言也未曾公佈以前的「同盟」「戰鬥」第一回合。

第三六回：淨身入侍綸巾藏虺毒　掩袖工讒羽扇撥是非

張國燾主持《中國之聲》，自籌辦出版，至被逼下台，不多不少，先後剛剛一年，即為李微塵取而代之。李氏求仁得仁，躊躇滿志，於盡量開除職工，竭力整刷內部之後，正擬一新陣容，大展宏圖，乃突又奉命交卸，為時不過兩月，竟與張六師主持資料室的時間，前後不期而合，抑何其巧！這大概因為兩人均係才氣縱橫之士，以致同樣為造物所忌罷！

提起李微塵，雖然前面所述已多，恐怕過去在大陸上政治圈中混過的人，是很少有人知道這一位「傑出之士」的；政治圈子以外的人，自然更欽仰無從。據說，他曾經在美國留過學，但究竟進的什麼學校？研究的那一門學問？甚少有人悉其底蘊。大家只曉得他是康有為的入室弟子，雖然是否得其薪傳？不得而知。但一般卻佩服他不趨時尚，專心嚮學的精神。

原來當康有為聯絡張勳，復辟失敗後，全國正在流行：「國家將亡必有妖孽，老而不死是為賊」一副對聯的時候；加以『康老聖人』愛好敦煌版本，於遊歷咸陽古道的旅途之上，哄傳在某寺內發生了盜竊藏經的案件聲中，而李微塵竟不顧一切，甘願投拜在這過氣的遺老名下，依居在上海愚園路康公館中達三四年之久。那時「聖人」日暮途窮，政治上絕難死灰復燃，已成定論，可是對於『天王聖明』的忠君之學，業已達到爐火純青的最高階段，當屬毫無疑義。李氏正值青年，居然走此冷門，其為別具隻眼，取捨於牝牡驪黃之外，而非有意預燒冷灶，可想而知。

李氏的學歷如此，而其經歷，據說亦異常清高。他在大陸上先後只做過兩任顧問，一任是抗戰期間，陳地球主持西南運輸局的時候，他做了陳局長的顧問；其次就是勝利以後，陳伯莊主持京滬杭兩路局的時候，他又做了陳局長的顧問。這前後兩陳，雖說只有「兩顧」，與古人相較，尚差「一顧」，但到後來卻抬高他的身份，增加他的自負不少。因之，他常常自誇，說是他從來沒有做過官，從禾頭、草頭，以至竹頭，牛身的主管官他都沒有沾染過；就是「見官大一級」的「民選老爺」，他也沒有擔任過。

為此，他覺得他的身子始終是乾淨的，其乾淨的程度，與大觀園中晴雯相較，不分上下。甚至比晴雯還要乾淨。因為晴雯這個俏丫嬛，最後在病勢沉重中被攆出大觀園，寶玉私自去探訪她的時候，晴雯嗚咽道：「……我今日既擔了虛名，況且沒了遠限，不是我說一句後悔的話，早知如此，我當日……」，隨即狠命的咬下她平時珍惜備至的蔥管一般的長指甲兩根，擱在寶玉的手中，又掙扎著「在被窩內將貼身穿著的一件紅綾小襖兒脫下遞給寶玉……」更拼命的將寶玉脫給她的小襖兒交換穿上，然後哭道：「你去罷……今日這一來，我就死了，也不枉擔了虛名……」。

李先生是連這點痕跡都沒有的，唯其有了比晴雯還乾淨的乾淨，不知不覺間，遂也有了比晴雯更高傲的高傲。就是看見什麼人，都是醃髒惡濁的，尤其在「第三勢力」圈子中，他把那些左右前後的人們，一律都視為多大姐，和林二家之流的，覺得全是腥臭不堪！為的那些人無一不是幹過從禾頭到牛身，或者從「民選」到「五毒」的角色。「難道他們不應該負過去的責任嗎？」「大陸搞去了，逃到海隅，還能同我們爭長短，論高下嗎？」

「哼！攪第三勢力！他們配？」「除非你跟著咱們走，乖乖的做嘍囉，還可稍假辭色，否則……」。不道晴雯雖然性高氣傲，尖酸刻薄，一張利嘴，絲毫不肯讓人，然而卻有一件賢德，就是她心中，眼中，始終有個寶玉；而李氏的賢德，也是一樣。可是寶玉只有一個，要爭取寶玉的人，乃不知若干？這中間自然會生出無數是非，萬千酸史來了。

第三七回：猶太英雄一笑賞知音　紹興師爺數語戲寒儒

李氏自經彭昭賢賞識（彭因見李所著的小冊子，乃登門拜訪，自我介紹，故事見 295 期），謝澄平擢拔，一直到參與張、顧集團機要，以迄爬到「最高決策委員」地位，縱橫捭闔，三數年間，在那所謂「第三勢力」圈中，始終是個「惑星」，無人能與較量。不要說乃師「康聖人」與之相比，要望「塵」莫及，就是師兄梁啟超，今日猶在，也「微」其雄風；凡是知道「第三運動」內幕的人，任舉一件重要事故，或多或少，直接間接，大半都是李氏的因素在內發生作用。

不要說像《中國之聲》改組這種大事，就是細微到一個人的進退與浮沈，除非不涉及李氏，一經涉及，莫不成敗繫於李氏一顰一笑之間。例如296期述過的，有曾經留學法國的彭姓夫婦，原已購票登輪，預備赴台任教，因大王與之有舊，頗為賞識其人，乃特派童冠賢到船上勸駕，挽留稍候，一同遄赴東京。彭氏夫婦，情不可卻，只得退票，留居暫候。

雖然後來東京沒有去成，但像大王與童如此隆重直接選拔的人才，任何人不會相信，說是他們所領導的「第三勢力」，此後姓彭的竟不能參加，而大王及童亦竟置之不理罷！誰知天下就有這種怪事！張、顧、童等儘管禮賢下士，卑躬折節，然而那些被「禮」被「下」的人們，多偏生會無緣無故，遇著這等小人，遭受了許多意外，以致領導者的一番德意，難以領受。

據說彭君的故事是這樣的：自從在輪船上搬下行李後，兩口子便暫時寄居友人家中，靜候東行。孰知一候數月，毫無消息，不但僅有的一點旅費，業已吃光，而且借住友家，兩感不便。東京之行，既已無望，台灣之行，自然再無可能。那時非但急欲租一容膝之所，即日中三餐，亦已發生問題。不得已，乃恭函大王呼籲，除說明困窘情形外，並委婉商借二千元港幣，以資維持：更再三聲明，這款將來一有收入，立即歸還。

怎麼！竟向大王借錢？這真是老虎頭上拔毛：凡是大王熟識的人，無不知道大王的脾氣，就是認識大王不久的李微塵，他也早就摸清楚了這些門檻。相傳有一天「團體」中的幾位英雄好漢，在大王府商談機要之後，大王特留吃飯，並且餉以美酒。在酒酣耳熱之際，大家話題，自然是以歌頌大王的功德為多，賓主之間，融洽異常。李微塵於各人歌頌的時候，只頻頻點頭，不發一言。

及至大家歌頌完畢，他忽然含笑道：「向公什麼都好，就是不能開口向他借錢，如果借錢，好朋友都要發生問題；如不借錢，什麼人都可做他的好朋友」，同席者一聽，不禁為之捏一把冷汗。但忽見大王哈哈大笑，連說「得！得！得！」言下頗有許為知音之概。於是同席者，一律哈哈大笑，彼此互相交換眼光，有如瞎子吃餛飩，心中有數。滿室氣氛，更如水乳之交融。

這位彭先生大概過於天真，不懂這些關節，竟然向張借錢，已犯大忌。可是大王這次卻寬宏大量，非但不怪，且異常同情，乃將信交與《中國之聲》社，囑先借支一千元，叫人送去。彭氏收到，雖說對折還價，究屬如魚得水，自然感激。然而大王的意思，是叫《中國之聲》借支一千元，要彭君寫文章逐步扣還。但彭氏一直不知，始終以為款係大王所借，朋友有通財之義，況且因他特別挽留，才致陷此窘境，這區區數額，估量將來也並非永久還不起，故也沒有十分在意，更絕未想到有需寫文章抵債之事。如此，過了許久，由於大王記憶力甚強，一直在《中國之聲》上沒有看見彭氏的文章，乃怪而問李微塵。李答：「讓我再去催催他，他自然會寫的」。

過了幾天，在一個巴士站上，彭、李二人，邂逅道左，彼此親熱握手。李說：「我正要找你談談」。彭說：「好！好！我來看你」。李說：「不必，我經常不在家，還是我來看你」。「我那蝸居，不成樣子，你想鑽石山這種地方，怎好勞動大駕？」彭仍力辭。「不，我最喜歡爬山，在山間林下與朋友暢談，是最有趣的事」。李堅持要去拜訪，接著道：「你每天起來得早嗎？」彭答：「並不很遲」。「那就好了！」李說：「這樣罷！我這幾天內就來看你，我來得一定早，到你家中也不必坐，我們一起出去吃些早點，飽了，就去爬山，一面走，一面談，至少痛痛快快的作半日之遊，談它個半天，豈不比坐在家中常常有人打岔，來得有趣？」「好極！好極！」彭氏只得竭力贊成，於是詳細說明地址及如何走法而別。

從翌晨開始，「黎明即起，洒掃庭除」，彭先生就實行朱子家訓，另外還加上「衣冠整肅，以俟佳賓」。第一天，不見來。人家原是說過「在這幾天之內」的話，故絲毫不以為忤。第二天，不見來。也還無所謂。第三天、第四天、第五天……乖乖！一直恭候十幾天，午刻以前，彭先生既不敢出門，清晨以後彭先生亦不敢食飯，為的是人家說過：「一起出去吃些早點」，自己忝為主人，如果擅自先飽，豈不有欠誠意？還是彭太太體恤老爺，到了十天以後，就力勸彭先生不可如此呆板，隨隨便便，聽其自然。

但彭先生說：「我為人同曹孟德的哲學，恰恰相反，寧可人負我，我絕不負人」。但彭太太說：「雖然如此，你卻有欠閱歷，忽略了『貴人多忘事』這一句格言」。然而彭先生到底不錯，有一天下午出門，在某處馬路上，忽又遇著了李微塵，見面之後，李先生仍舊熱烈握手，連說：「真對不起！我這幾天，太忙了一點，又要趕兩篇文章，因此沒有時間前來奉看，過兩天，過兩天……」。彭氏淒然微笑，點首而別。這樣他老先生多少總算得了一點安慰，因為至少可以證明太太們的判斷——貴人多忘事——的一句話是不確的。

從此彭氏也死了心，而李氏到底也沒有來。但不知是誰，卻在大王面前說道：「彭某真是文人無行，預先支了稿費，始終不肯寫一篇文章」。於是在大王的心目中，自此以後，這彭某是半文不值的了！而彭先生則蒙在鼓裡。及至「戰鬥同盟」成立，並無人前來相邀，大王亦長期不理，乃微有所覺，旋且摸清底細，雖然有人勸他挺身而出，解釋清楚，但彭先生說：「我們年逾半百，從來沒有如此做過，「難道而今還學『妾婦之道』嗎？」就摒擋一切，浩然下鄉去了。

第三八回：樹叛幟側目笑舊主　拒鹹龍戟指罵臭錢

類似這樣的小故事，不必多說。只是要問：像李先生如此雄才大略，肆應有方的人，何以主持《中國之聲》，僅幹兩個月，就會下台的呢？據說：這又有多方面的因素。首先，自然是正面的回擊，那就是張國燾以及被遣散的一般人的反應，這反應並非槍來劍去的明爭，而係消極兼積極的暗爭。許多人立即形成了一個反《中國之聲》陣線，並紛紛各尋門路，另圖發展。發展的有效無效呢？不但有效，而且效果很大。不久之後，《學生週報》出版了，隨之，《祖國》週刊出版了；又不久，《兒童樂園》出版了。

此外的什麼叢書，不知出版若干種，且銷路甚廣，不但《中國之聲》不能望其項背，就是開天闢地的「第三」老店，「自由」出版社，相形之下，也黯然失色。可知宇宙之人，不能隨便小覷人啊！古人說得好：「後生可畏，焉知來者之不如今也？」不過在營業上，《中國之聲》是不受影響的，不管銷數跌到多少，為的它並非以營利為目的，只要能夠報銷就行；換言之，只要老闆滿意就行。但長期比較之下，老闆豈能沒有閑話？又豈能不影響到政治作用？最低限度，便要打破了他們「獨家經營」的理想；許多「大人物」辦起事來，反而不如幾個後生小子，在外國人心目中，那原有的「偶像主義」，也就不免要大打折扣了！

此是後話，暫且不談。現在祇說張國燾被逼下台後的影響：那時張氏自然意興闌珊，不願參加「最高決策會議」。可是當日張勱老業經赴美，顧先生亦已東渡，「七星」去二，剩餘「五魁」，若張氏再不出席，變成了「四季發財」，湊成一桌麻將，恰到好處，以之商討大事，不免感覺有些單調。於是大王「御駕親征」，躬赴張宅勸慰，張不為所動。下次會議時，四位「最高委員」乃決定《中國之聲》由李微塵負實際經理之責，社長一席，仍請張國燾擔任，無論他問事不問，薪水及辦公費照舊支送，以示尊崇之意。

這種手法，在久於官場的人，自屬家常便飯，不足為奇。所最出色的，還是李微塵先生的作風，李先生竟於適當時期內，親自攜同薪俸及辦公等費送至張公館，見面之後，除了報告社內各種情形，及勸駕出席「最高決策會議」之外，還敦請張社長多赴社內指導。說罷，又將銀紙取出奉上，這該是何等的功夫與氣度啊！而張氏在窮困之際，照說也大可馬馬虎虎，笑納了事。誰知此公竟大發憨勁，堅拒不收，且大聲斥責說：「你以為張某人是這幾文臭錢可以收買的麼？……」。

第三九回：海外歸書手令讓賢　家中打坐鵲報中彩

這種情形，自然不久就反映到了東京。於是顧孟餘來信說：「無論如何，要加以協調」。又說：「東瀛對斯種運動，一般觀感，均不甚佳。若在對外尚未公開之前，內部即先分裂，殊影響在此籌備任務……」，原來顧是負責到東京籌備正式開張的。而不久美國方面也知道了衝突的情形，於是勱老來函，大意說：衝突既由李微塵而起，現張國燾不幹，叫李也不要幹，另由第三者主持，則癥結既解，各事當可如常云云。

據傳：勱老又有密函與大王說明李之性格，只宜參佐帷幄、辦理筆墨、不宜獨當方面，希大王多多注意，善為駕馭……。同時又傳出一個故事，說：當在南京行憲的時候，民、青兩黨，各推要員入閣，青年黨要了兩個部，民社黨則只要幾席政務委員，不願擔負實際執行的職務，黨人雖不滿，然因勱老堅持，也無奈何。那時李微塵早為民社黨員，默默無聞，久欲及鋒而試。適逢勱老要他起草某項重要文件，李乃乘機提出要求道：「文件可以遵命，包管又快又好；不過我很想從政，希望提攜——提出我為政務委員。勱老聽到之後，毫不猶疑，滿口答應道：『好的！好的』！

又說：『你趕快起草』。誰知勱老在南京耽擱不久，於出京之前數分鐘，耑差送一密函與國府當局，據說，那就是他所推荐的政務委員了，其中不幸並無李先生的大名。但同時勱老又下一手諭，囑民社黨內組織一個政務委員會，即由他本人任主席，而委員名單中則李微塵的名字赫然在內。那時許多有資歷有地位的老黨員，多半表示不服，認為李的資望，如何能稱任這種委員；而李先生本人，竟認為受了欺騙，拂袖而去，從此與勱老久久並無往來」。

到了「第三運動」既起，勱老志在千里，不甘伏櫪：而環顧宇內，可與共謀者，獨有顧、張，略情已如前述。至於黨徒，則多半入台，留港之士，能奔走張、顧之門，復能得其信任的，唯一就只有李微塵。李亦彷彿前嫌盡釋，不存芥蒂的經常與勱老通訊。勱老素來休休有容，不要說李氏在他黨內，向日原無什麼過失；縱有過失，他亦可不念舊惡，況值需要之際，自更倚賴有加，時常溫言勉勵。李氏恃此背景，與張、顧周旋，張、顧亦正有賴勱老加強國際路線，對其得意的黨徒，當然另眼相看。

似這種憑藉形勢，從夾縫中利用五行遁術而超升的鬼谷子仙方，若運用得巧，是可以達到「六國大封相」底地位的。李先生在「康聖人」門下，深研各家學，又熟讀《戰國策》，當然具有手揮五絃，目送飛鴻的妙訣，假定一直不露破綻，區區《中國之聲》，芝麻綠豆似的小差事，何難以龐統領耒陽令的方式醉臥而治，豈有兩月掛冠之理？無奈他所遇的對頭張國燾先生，以往學的是「辯證法」，只曉得一「正」一「反」，必須再來一「合」，而歷史又絕對不能重演，所以只好「反」、「正」彼此不幹，讓第三者出來「合」。

於是林伯雅坐在家中，竟然天上飛下來一張馬票，雖非頭獎，卻勝入圍。不過話說回來，若專就編刊物的本身業務而言，林氏學識俱豐，卻不失為適當人選。所以自他主持以後，雖無什麼精彩表現，但還未曾出過大毛病，總算撐住了這個小攤子，安定了一個相當時期。

李微塵交卸後，對於這等大材小用的職位，自然視之為行雲流水，了無所謂。雖然大王曾經對人似乎是發脾氣的說道：「邊個（誰）叫李微塵去幹的？我是沒有叫李微塵去幹的」。而且據傳當面也如此咆哮過，這或許是安慰張國燾先生以及對勱老和顧先生的一種側面答覆；李氏解人，當然不會介意。而張國燾也就恢復了出席「最高會議」，儘管後來又經常缺席，乃至無形放棄，那又是隨後演變而來的結果，此處且按下不表。這轟動一時，自 7 月起，先後鬧了數月的《中國之聲》接連改組的巨案，總算從此告了一個段落。

第四十回：名角怯場琵琶遮粉臉　秀才造反宣言變揭帖

「光陰似箭，日月如梭」，不知不覺，已到了 1952 年的 10 月。一時傳說紛紜，說是「戰盟」要在雙十節那天，宣佈正式成立。圈中小嘍囉，莫不興奮鼓舞，翹企以待。可是到了那天，翻遍了任何報章雜誌的例刊與增刊，始終找不出片影隻字。這才怪咧！難道傳聞有誤？抑或又出了岔子？許多熱心的觀眾，捧場的友好，不免非常疑惑。

然而有少數人在九龍晚上卻已看到了一篇標題為「中國自由民主戰鬥同盟宣言」的文章，那少數人是誰呢？即是幾家報館的編輯先生。雖說同時也有人前來囑託，希望即晚全文排登，可是編輯先生，乃至報館的最高負責人，全只好「歉難照辦」。為的這所謂「宣言」，既無人簽名負責，又無發出的地址場所，如果照登，就等於是那家報紙所發的宣言，假定觸犯禁忌，或牽涉政治問題的話，對不起！恐怕社長或督印人不免要到主管機關去走走，或許還有另外的後果，也說不定咧！據說東京方面，也因同樣原因，沒有見報。美國方面亦然。既然鬧了幾年，好不容易才鬧出一個名稱，性急的人早已不耐，說什麼「秀才造反，三年不成」咯！「平常紙上談兵，臨陣倉皇失措」咯！閑話甚多，不勝列舉。

不過老成練達的人，則多方譬解，認為「大器晚成」，遲遲產生，也許更有苗頭，歷史上相傳秦始皇就是懷胎二十個月，方生出來的，所以他能吞併六國，混一宇內。它們這新的組織，胚胎時間，較之嬴政還要悠長，一旦墮地，其頭角崢嶸，啼聲嘹亮，不問可知。接生婆先後也不知接了幾個！真是多災多難，好事多磨！

雙十節發表宣言，公布宗旨，同時表示新組織正式成立，原是4月間張君勱在此，由七人「最高委員會」一致決定的。當日熱血沸騰，氣凌霄漢，「決策」諸公，固然準備七馬當先，一致「亮相」以真面目與世人相見；並且凡是志同道合之士，都要一致署名，表示「第三」的決心，與負責的態度。所以盟員加盟的時候，首先就是要在宣言上簽名，這即明示要一榜公佈的意思。及至徵求盟員已有相當的人數，時間已到了臨近的階段，為避免政治上種種麻煩起見，乃照預定計劃，寄往東京交由顧先生主持發表事宜。

他們認為在東京發表當不會發生問題，而其他地方，則由東京從航郵分別寄出去，以他埠來件或轉載方式登載，自可不致引起責任問題，用心可謂十分周密。誰知顧老先生對於大家署名公佈一節，忽然中途懊悔，認為需再從長考慮。而宣言內容，表示反對極權，和本身主張的各項，大致還無所謂；惟有涉及台灣的部分，他老則認為必須重行研究。適於其時，他的老友張岳軍那時也到日本公幹，海外羈旅，重逢故知，歡欣之情當可想見。往還之下，不免談起這段公案。

據說，張岳軍曾力勸慎重將事，萬不可自亂反共陣營，影響團結。又道：「台灣無時不歡迎反共領袖一起來台，同負反攻的艱鉅」。

最後並說：「台灣總是中華民國所在地啊！既然反對共產政府，總不能不要國民政府呀！」顧氏聽了，為之動容。不久，香港即謠言紛起，說是：「張、顧已有協議了」。——又是「張、顧！」此張係指張岳軍——協議的條件是：宣言中關於反台的文字，完全刪除：顧氏如願入台，可以隨時歡迎。另外又傳說是顧氏已經接受了某方餽贈若干，於是「盟員」之中，頗起了一番騷動。及至雙十節「宣言」發不出來，一般簽名人士，認為謠言已證實，更加懊悔欲絕，覺得「上了大當」。

現在再說這「宣言」究竟又是怎樣發出來的呢？原來是遠渡重洋，先從美國見報，然後兜轉一個大圈子，再由幾個地方的少數報刊轉載，方與世人見面。難道美國就自由民主到如此程度？無人簽名，也不知來自何處的什麼宣言，報刊就肯隨便登載嗎？自然不是。最初顧氏從東京寄與張君勱的中文油印，外文打字的「宣言」，也是無人署名的。張氏接到，大感詫異，不但知道無處可登，等於白廢；而且縱然花錢刊載廣告，亦只能算作「匿名揭帖」，絕不會引人注意。

你說是文章好麼？這種文章不過老生常談，俯拾即是，誰有功夫去作應舉的酸秀才，來加以揣摩研究？而且「我們的宣言，是希望敲開美國國務院的大門，想得到它的支援的，似此無人負責的『無頭傳單』，顯然不能代表一種政治運動，叫我怎好向美當局進言呀？……」。張勱老愈想之下，也就愈覺鬱憤！至於此種行為與原議不符，少數人擅自變更大家的決議，猶其餘事了。

第四一回：斬頭去尾天涯呼口號　轉彎抹角海隅賞妙文

既然預定的日子發不出來，雙十節過去了，只好另作打算，再行從長計議。勱老並因此飛函顧氏，說明利害，委婉加以指責，並說：「如果別人不便，你我二人簽名，也可發表」。顧氏不得已，只好表示「無異議」。但是時旅美的溫應星知道了，即向勱老說道：「此時發表宣言，恐怕不相宜吧！您不記得我們同去訪司徒雷登的時候，他的談話嗎？司徒的談話，就可以代表馬歇爾的意見；而馬的意見，也即大半可以說明民主黨的態度啊！」

溫又道：「現在距十一月四號美國大選揭曉之期，不及一月，鹿死誰手，轉瞬即知。假定民主黨繼續當政，它們恐怕也要修改它的外交政策，至少要改變它們的作風，為的是議會的席次業經落後，而受國民的指謫，實已太多。我們理應觀望一下，以便配合它們的新外交路線。至於民主黨若果失敗，共和黨登台，則一切又需從新接洽，是否有效，更不得而知，為什麼不稍稍等待一下呢？」

誰知張勱老忽然又變成了「法家」，答復溫氏道：「這是香港多位同志決定的，我無權變更，雙十節沒有登出來，已不符原議；再遲下去可要失掉時間性。我非照案執行不可！」那前後期間，據傳胡適之也曾經於晤面時勸過張氏，叫他不要組黨，不要專搞政治；從學術與文化方面，從事反共，也一樣有效，或許貢獻更大。又說：「目前反共也好，反攻也好，均是需要武力作前鋒的」。跟著問張氏道：「你們的第三勢力，現在有多少陸軍、空軍及海軍呢？」張氏雖無以答，但是對於胡氏的意見，顯然並不以為然。

結果，終於在 10 月 21 日的紐約《聯合日報》上刊登了張君勱、顧孟餘二人署名的所謂「自由民主戰鬥同盟宣言」；而末尾的日期，則是「中華民國 41 年 10 月 10 日」。舊金山的《世界日報》，中文版僅節載「宣言」文字約五分之一，英文版就全部刊登。這也很有道理，為的發宣言的人們主要目的，是著重要外國人看的啊！至於其他各地，例如香港，到了 11 月中旬以後，一般人才有拜讀這篇皇皇大文的機會。由《中國之聲》、《自由陣線》以轉載的方式，發表全文。另有一二家晚報，也同樣登載。

「宣言」的內容究竟怎樣呢？自然言之成理，頭頭是道。你想，這麼多的學者、文豪琢磨了數年之久，精製出來的一篇結晶，還有不堪卒讀的嗎？它先從人類歷史說起，說是：「斯達林利用近代進步的科學和組織技術……統治了整個東歐，支配了整個中國大陸，枷鎖著七億以上的人類……如果人類六千年來的文明所遺留下仍具有存在價值的傳統還值得珍惜和保存，這局勢必須終止」。繼說：「中國自由民主戰鬥同盟之產生，本著對人類莊嚴與博愛之信心，準備盡其力之所能，為此艱鉅的歷史任務而奮鬥……。當茲公開向克里姆林宮及其在中國的傀儡政權宣告挑戰之始……，坦白的聲明，說明其所堅持的信念，主張及奮鬥的方面」。

跟著，提出了五大信念，歸納起來，只是人民要「自由民主」。「私有財產是與人類文明同時俱來的……在原則上還有其存在的理由，各個人保持有限度的私產與平均財富之政策，實可併行。……國家的施政機構——即政府——對內固不得有，亦不應有挑撥其社會間矛盾的行為和施行任何迫害及榨取其人民的政策，對外更不得以任何理由自行強制使其國家成為別國的附庸……」。

接著，宣佈了中共的五大罪狀：「一、強迫著中國的人民來信奉斯達林所曲解的馬克斯主義……。二、強行將中國本來畛域不甚分明的社會，故意劃分為互相對立階級……。三、強行剝奪人民的一切自由，甚至與朋友交往的自由……。四、強行摧毀文化的傳統，迫使父子、夫婦、兄弟、朋友之互相告密和誣陷。五、強迫人民作『世界革命』的口號下，向蘇聯『一邊倒』……」。

隨即提出十二項主張：「一、推倒中共的一黨專政與極權主義……。二、爭取並保障信仰、思想、言論、出版、集會、結社、通訊、遷徙、擇業之自由……。三、軍隊屬於國家……。四、爭取國家獨立、民主平等……。五、國家經濟政策，本自由與管理配合之主旨……。六、大陸收復後，保障農民既得土地的耕種權……。

七、鼓勵對外貿易之自由發展……歡迎國際投資……。八、推行社會福利制度……。九、扶助農工生產大眾……。十、實施教育機會均等……十一、推行公共衛生……。十二、對於出賣國家……之共黨元惡禍首……應依法懲處外，其他……應保障其與一般國民……有同等的權利與義務」。

緊接著又提出幾句標語，這些標語，都是前面已經有的，如「反對『一邊倒』政策……」之類，故不必重述。惟對海外僑胞，提出了兩項建議，可以一說：「一、立即與共黨份子斷絕往還……。二、與當地政府及人民在友好平等基礎上密切合作，以摧毀共同敵人」。隨即「對海外一切反共的民主自由力量，謹提出下列建議」：「一、為求反共工作的有效，步調的一致起見，各方應相互配合，共同奮鬥。二、為求反共大計及一般國是問題，獲得合理解決，各方應互相協商，共策進行」。然後又「對自由世界的朋友們」，「提出下列迫切的要求」，無非是「消除國家間的歧見」，「種族間的歧視」，「開誠合作，密切配合」之類。最後還有幾句新詩式的口號：「新奴役制度的喪鐘在響，自由的合乎人性的新社會在望，全國同胞們起來！各國不甘受奴役的人們起來！」

第四二回：顧影自憐楮墨頌功勳　勸鬼息爭輿論施斧鉞

千呼萬喚的「宣言」，總算出來了。一般的反應怎樣呢？偶然也有人問起。「這個宣言怎樣？」被問的人答覆道：「文章做得還不壞」。又有人追詢感想，亦有人答復道：「似乎沒有什麼特別，彷彿不像什麼『第三』，零零落落，無非不著邊際的話，完全搔不著癢處」。而真正有「強烈反應」的，還是第三圈子裏的人們，尤其它們「戰鬥同盟」的盟員們。有的盟員說：「為什麼把要緊的反台灣一大段刪除了？顯然已被人家收買，至少是被軟化，還配稱什麼『戰鬥』？……」

又有盟員說：「為何先叫我簽名在宣言之上，發表的時候，又不把我的名字列出來？真是反覆無常，形同兒戲！」然另有盟員又以不列名為善，說是：「如此亂七八糟的烏合之眾，我當初不明內容，誤入歧途，若果把我的名字發表了，將是終身洗不清的憾事，最好它不公佈，我對外就可否認曾經參加啦！」但這些自然都是嘍囉們的低級思想，無關宏旨，此嘍囉之所以終為嘍囉，絕不能代表領導人的正確意見。欲知領導者的正確意見，還是要看「最高決策委員」之一的李微塵公開表示，才能作準。

李在 12 月 15 日第 62 期《中國之聲》上以領袖訓話的姿態，發表彷彿是「告盟員書」的大文，一開頭就得意洋洋的說：「中國自由民主戰鬥同盟誕生迄今，還不到兩月，已引起普遍的重視，並得到相當良好的反響，這是有目共睹的事實。這事實，在中國政治史上，是無前例的。興中會誕生之初，沒有引起這樣普遍的重視；共產黨成立之初，沒有引起這樣普遍的重視；其他政治團體的創立，也沒有引起這樣普遍的重視。

即以執政數十年的國民黨而論，它最近發表『七全大會』的宣言，亦沒有引起這樣普遍的重視」。唔！這石破天驚一飛衝天的氣慨。直是要與「羅教主」爭「第四宣言」的地位了！難怪數年之前，李先生就把「福利宣言」批評得體無完膚，原來是留以有待啊！不過李先生氣魄雖極大，而範疇卻較小。羅教主的宣言，是要在世界上全人類中佔第四位，而李此次則只是要爭中國的空前與絕後位置，所以說：「中國政治史上是無前例的」，因之此與羅教主尚無正面直接衝突。不但與羅教主無直接衝突，就是與任何人也全無衝突，即是它們所標榜的敵對對象「第一」或「第二」，亦毫無反應，有若不覺。儘管李的文章接著說：

「根據最近各地報章的評論和報導為例，到目前為止，除中南美洲比較遼遠地區的報章因郵遞需時，還沒有寓目外。就現時所確知，無論是在北美洲，或在東南亞，舉凡有中國僑民集居的通都大邑，都已有不少具有權威的報章，以鉅大的篇幅刊佈自由民主戰鬥同盟的宣言。同時，這些報章，在言論上，對『戰盟』亦多作熱烈的支持，或寄予同情的期待」。

自然，非如此不能證明它這「宣言」超過興中會、共產黨、以及其他政治團體和中國國民黨的七全大會。口說無憑，自己吹也不能算數，最要緊的是「具有權威的報導，以鉅大的篇幅刊物……在言論上……亦多作熱烈支持……」。可惜的是這些熱烈支持的言論，我們孤陋寡聞，一句也沒有看到！倒是在 11 月 13 日《工商日報》標題〈自由民主運動平議〉的社論中，讀到如下的文字：

「從他們的宣言所列舉的信念，主張，建議等等看來，在共同反共的意志之下，簡直找不到和一切自由中國反共救國者所堅持的有絲毫不同的地方；即是說，沒有和現在台灣自由中國的政治中心所揭櫫的有什麼相反的地方。假如要分別，那不過一個是張君勱等所組織的同盟所發出，一個是自由中國政府的表示而已。……作為一個自由民主的國家，政治鬥爭是少不得的。可是這有時空問題，現在真不是內部政治鬥爭的時候了，太缺乏內部政治鬥爭的空間了」。

又於 11 月 18 日，《星島日報》，關於此事第二次的社論中，看到內容的一段如左：「自最近有所謂『第三勢力』者發表一項『宣言』後，不少寄望於第三勢力的人們的夢破滅了。他們的夢破滅不在這『宣言』發表的鬼鬼祟祟，甚至無人簽名負責，有等於無，和這『宣言』只是抄襲一些好聽的老調，也舉不出今日有些人所迫切希望明白具體行動方針來告訴人，將如何的實際去爭取那些遠景的實現。等於僅指出人們已所共知的目標而沒有告訴人以從何種途徑及要怎樣的走才可更有效更妥當的抵達目標，使人讀來僅如讀一本普遍政治理論的冊子而已；尚在於，人們知悉了發表這項宣言幕後的醜劇。原來這『宣言』是由香港的五個人擬定後附提意見寄與在東京的一個人，再由東京這個人寄給美國的一個人，但在東京和美國這兩人，不理在香港的五個擬定人，卻利用這『宣言』大出風頭，刪去了宣言中香港五人所認為絕不能刪的對台灣的意見約五百字，而又不在香港五人認為最有利的時日發表，結果自然是『鬼打架』。在香港五人對在日美兩人大大不滿，自己先引起『戰鬥』。只是七個人的事已鬧得如此，奚足以言天下國家事，奚足以言領導人事？當然使有些人的夢破滅了」。

如此，豈不大煞風景？但也沒有關係，他們「最高的委員」可以說：「這都是反對他們，而具有某方背景的報紙言論，不足為憑。最主要的只要有國際支援就行，儘可不理這些空話」。不錯！「有錢好說話」，那就專門要看友邦的反應如何啦！

第四三回：修棧道老將奪寵　張黷幟溫公拉馬

值得注意的，自然還是美國對這「宣言」發表後的態度如何。據說張君勱初到美時，曾持著顧孟餘的介紹函與哈德門氏晤談，哈氏不免大發牢騷，說是：張、顧等人鬧了一年有餘，始終鬧不出一點眉目，菲律賓弄好了不敢去；東京接洽妥當，未去又先出了毛病。內部意見紛歧，步驟紊亂。最堪氣惱的是如是許多自認為大人物的先生們，竟連一個名稱、一個組織，一個宗旨都沒有，實不成話，並弄得我無法交帳！勱老自然多方解釋，竭力表示歉意，隨即將此次在香港所籌商的各種計劃與步驟，詳為報告。並說：「此來是攜有意見書的，正要請教閣下，究竟立即遞送國務院，還是等我們的宣言發表後再遞送？」哈氏當時對這一問，並未作正面答復，只是說：「你們總要有所表現，才能有所要求，而且必須是個完整的陣容。紛歧複雜，令人最感頭痛！」

有人說：張君勱後來亟欲發表「宣言」，多半是受了哈氏所謂「表現」的影響。誰知「戰盟」的「宣言」剛剛發表，而許老將集團所謂「中國民主反共大同盟」的政綱、政策以及類似宣言的文件，也在美國發現了，同時也遞到了如哈德門之流的人們手中。這又究竟是怎麼一回事呢？原來「戰盟宣言」雖未公開發表，而香港方面，在雙十前後一兩天內，「第三」圈子中人，多已看到了原文，並已悉其不能刊載的內幕。許老將即矍然而起，立刻召集幹部，邀請友好，商籌對策。

他那集團中原亦有許多教授、學者、才子、文豪，夙昔鑒於張、顧集團的目中無人，動輒包辦，早有鬱積不平之念，自易激起敵愾之心，加以謝澄平為之撐腰打氣，並在經濟方面，酌量支持，遂一致議決：以正式組織的名義，在美國發表政綱政策等等，並同時遞送美國當局。當時在場諸人估計，「戰盟宣言」既因顧孟餘不肯署名而延擱不能公開，則許老將所領導的集團文件，或許反而佔先到美人面前，亦說不定。如是，則「第三」的頭彩，應該屬於我們，張、顧輩就不能以「受天承命」的正統自居了。於是星夜趕製，飛函航遞。

然而寄到美國，由誰設法發表，又由誰呈交美國當局呢？那自然是由溫應星氏了。溫氏不是與張君勱有所往還，又曾經陪同張氏往訪司徒與馬帥的嗎？何以肯再替許老將遞送與「戰鬥同盟宣言」類似的文件呢？殊不知溫氏原比較與許接近，而動身往美之前，川旅之資，老將也曾經代為盡力張羅，又託其全權代表，盡量與美方接洽，故溫氏不免感激知己，願多效力。有人說：溫氏原想擁護張大王，亟擬在外交上代為有所奔走的；無奈大王不理，溫氏自不無耿耿。

等到蒞臨美國，一摸行市，知道大王吃香，老將落後，暫時無能為力，只好靜待時機。及至張、顧集團吵吵鬧鬧，一年有餘，哈德門亦已回美，溫氏乃知美方培養「第三」已屬偷偷摸摸進行；若「第三」再分成若干門戶，幾許派別，又彼此互相攻訐，非特不勝其煩，更恐引起反對黨責難，納稅人非議。於是很想勸告國內朋友，捐棄成見，精誠合作。無奈人微言輕，反響毫無。及張君勱到美邀他嚮導，他也樂得相陪，一方面可以藉此摸摸新的路數；另一方面，也想說服張勱老，再由勱老轉勸張、顧，與許合作。不料勱老活動結果不過如此，溫遂將各種情形，函告許老將。

因之老將坐在家中，對於張、顧的情形，瞭如指掌，而張、顧還自以為秘密得不能再秘密呢！及至「戰盟」要發表宣言，溫氏力勸張君勱慎重，一方面因係觀望美國大選的結果如何，一方面也希望國內的各種派別聯合一致，庶可作有力的交涉。無奈「戰鬥同盟」，只管「同盟戰鬥」，不顧其他，許老將乃乘時崛起，索性公開，另樹一幟，溫氏也祇好盡力為許氏集團奔走了。

第四四回：疑雨疑雲「老闆」查家宅
騙神騙鬼「盟棍」演雙簧

那時許氏的政綱政策，在美國也發生了相當作用。什麼作用呢？就是「雙包」作用。為的是「戰盟宣言」發表的前後，張勱老聲言，中國「第三」只此一家，別無分店，但這句話立即被許老將的迅捷動作所擊破。美方為明瞭真象及檢閱各方實力起見，又派了兩位幹員秘赴香港調查一番。兩幹員抵港後，避免與張、顧集團中人見面，首先接觸的則係謝澄平。謝乃將張、顧的「宣言」延擱發表，刪改情形，以及「七人」分裂現象，「同盟」內鬨各節，乃至《中國之聲》的爭奪、排擠傾軋的反響等等，源源本本、一一作忠實的報導。

隨後又說：「比較能得各方嚮往，可發生領導作用的還是許老將，因為他來者不拒，不像張、顧的關門主義。」跟著，就將許的歷史、地位、以及其為人的風格、當前所抱的宗旨、以及如何打算、如何作法，詳詳細細，予以說明。只說得那兩位幹員，疑疑惑惑，不知所可。

謝澄平亦是久經風濤，能征慣征之士，遇此良機，豈肯錯過！遂星夜動員，導演許氏集團也演出了如火如荼的一幕。久已沈寂的許老將，遂復大宴賓客，激昂慷慨，宣稱要網羅三山五嶽的豪傑，重新成立一個全面性的組織。但在各方領袖未齊集之前，絕不正式成立；唯為提綱挈領起見，先行成立一個籌備會式的組織，竟不惜將原有的名稱修改，定名曰：「中國民主反共同盟促進會」，表示只是盡「促進」的義務，負籌備的責任。這該是何等的容量！何等的謙沖啊！而無形中，恰與「戰鬥同盟」成了一個強烈對照。

「促進會」設主席似的召集人，自非許老將莫屬，內部亦分若干組。首先要設一秘書長，以總其成，地位至關重要，人選自需特加遴選。老將之意，最好請那位老成穩健，學殖精純的何魯之氏擔任；何氏不肯，乃又基於種種理由，希望謝澄平氏擔任。但謝以不便正式露面辭謝，唯再三聲言，一切絕對盡力支持。眾以其意誠，其辭堅，又須顧及環境，乃一改認為非梁寒操不可，惟梁亦懇辭，最後遂以徐慶譽充任。

徐為英倫留學生，又為現任某大學教授，自能勝任愉快。其次重要者乃為負責組織之責的人選。然眾以既係「促進」，何用「組織？」因「組織」乃正式的名稱，而「促進」只需「聯絡」的工作，乃改稱為「聯絡組」。即公推年高德劭，各方人緣熟絡的方覺慧擔任，那自然也是最適當的人選。再其次就是政治組，初擬推左舜生氏擔任，左復力辭，遂推伍憲子。軍事組則推夏煦蒼，僑務組則推關恕人，宣傳組，眾以謝澄平不能再辭；而財務則由許老將自兼。

第四五回：天仙局開酒友膺大任　白虎星現金元歸幻影

但這些都是對內的。嚴格說來，也可說都是次要的；還有最主要的一著棋，必須佈最重要的一顆子，那就是對外的關係。因為「外交第一」，所以特設外交一組，這即是唯一與「戰鬥同盟」不同之點。但「戰盟」雖無外交機構，卻有「最高」大員，在外活動，那就是國際馳名，眾所周知的張勱老，常川駐在美國。因之許老將也想找一位足以和張抗衡的大員，與之競賽，於是乃請出一位老外交家王正廷來。王是美國留學生，曾在北洋政府及國民政府，迭做大官，曩日勳崇望重，譽滿中外，幾乎是無人不知的王博士。

後因某次慘案，被侵略我國領土主權的外軍，迫著在極端喪權辱國的文件上簽了一個「閱」字，遂因一字之差，影響了錦繡前途，投閑置散，二十有餘年。茲被老將邀請，自然樂於應命；況且與老將素有交誼，又是極好的酒友，會談起來，尤可披肝瀝膽，無所顧忌。

數次讌聚之後，外間即傳言王氏已允負起外交責任，必要時或將赴美一行，護照亦無問題；最要緊的，是王氏不去則已，一去則希望之事，必定八九不離十。這是什麼道理呢？自然還是人事關係。為的那時美國民主黨已經下台，共和黨執政，共和黨的領袖以塔虎脫在議會最具優勢，而王正廷卻與塔虎脫為老同學。值斯轉捩之始，共和黨登台後，不但遠東外交政策或當改弦易轍，即扶植中國「第三」，亦必然另起爐灶，那時塔虎脫自屬「一言九鼎」，而王博士豈不可「一言興邦？」這真是再簡捷，再便宜不過的事了！於是許老將的陣容陡趨堅強，聲勢為之大振。

那美方的兩位幹員，眼見張、許兩面，對台開鑼，互不相讓，雖然對於許氏的基本實力，不敢作正確的估計，可是對於張、顧的

「獨家正統」卻不免滿懷疑惑。而一般輿論，各方口吻，尤為值得參考，遂悄然歸國而去。究竟如何報告，及如何建議，不得而知。但美方自政府改選後，對於此事，一直不見有何新的行動，則屬有目共睹的事實。如此說來，則「戰鬥同盟」公開後的第一砲，豈不放空？是否放空，雖不得而知，但內部情緒，由極端興奮而漸感淒惶，卻有許多跡象足資證明。

第四六回：杯酒拾舊歡筵前鬥法　萬言傾積愫飯後關人

首先就是那時謝澄平忽然也變成了「舉足輕重」的人物。摒棄他的人，竟又回頭來爭取他了。原來謝氏本是「二十五集團」的「基本領導人」之一，後因青年黨種種關係，很少出席大王府會議；復以六人名單之爭，以及有人打算接收他的地盤等等因素，弄得與張、顧集團極不愉快。張、顧集團解散後，謝與那裏面的人，幾乎斷絕往來者很久。

「戰鬥同盟」成立，自然沒有謝的份，並且時常聽到由彼中傳出消息，說是：「謝的經費又減少了！」或者說：「謝的津貼不久要停止了！」謝氏一一喫進肚裏，悶聲不響。及至許老帥的大纛豎起來了，而美國顯然多少受了一點黑松林殺出程咬金的影響，「戰鬥」的「最高」人物，乃開始警覺。一究其實，原來是他們平時所極端瞧不起的許多腳色作怪，而謝澄平則是此中的鵝毛扇子，兼經濟後台。事到其間，沒有法子，「大丈夫能屈能伸」，只好設法疏通，並加拉攏了。這也原是政治圈中或金鈔市場，所常有的事，不足為異。

有一天，謝公館來了一位佳賓，與主人見面之後，異常客氣，對於主人的功業名望，不斷頌揚。頌揚既畢，乃道明來意，說是：「明午潔治菲酌，想邀請大駕，至舍間小敘，座中別無外人，只約張翥老相陪。因為素知你家與翥老是老朋友，大家談談，萬望賞光！」如此盛情，自然難以推卻。謝氏滿口應承，這位佳賓不是別人，即交際大家李荇廷是也。

至期，謝氏應約，一走進門，見黼老早已在座，遂彼此熱烈握手，連連互道：「久違！」「久違！」於是天南地北，閒談一陣。咫尺天涯，故人重逢，豈愁沒有話說？但雙方好像莫逆於心，對於政治行情，絕不提一句。及至酒醉飯飽，閒扯似已過多，黼老到底是有使命的人，無法再捱，乃鄭重而微笑的說道：「怎麼樣？我們正式談談好嗎？」主人識相，一聞此語，立即借故避開。

但謝澄平卻假癡假呆的道：「我們不是已談了很久嗎？還要怎樣正式的談？」黼老道：「不是，我們要談談政治問題。大家老同學，老朋友，今天所處環境，彼此相同，所有抱負，亦相差不遠，我們不妨開誠佈公，互相研究一個切實合作辦法。過去的是是非非，就讓它過去好了，不必再提，我們還是從頭幹起」。

老謝立即攔住道：「從頭幹起？你們已是堂堂之鼓，正正之旗，聲勢浩大。陣容嚴整，既成之局，那裏有我們的份啊！老大哥，你太客氣了！我現在先請教一句……。」

黼老急應道：「你請講！你請講！」「你今天來，是以個人的身份同我談？還是以戰盟代表的資格同我談？我得先要弄明白」。是時，老謝兩眼放光，鋒芒畢露。

黼老連說道：「個人資格！個人資格！」「老實奉告，若果你是以代表身份前來，我是一句也不同你談；既是個人資格，我們不妨檢討檢討」。

於是謝平老就將他如何苦心孤詣，如何傾誠輸悃，如何奔走呼號，又如何竭力想促成一個全面運動，更如何受盡委屈，含忍不白之冤的種種，好似長江大河，一瀉千里，奔騰澎湃，難以止遏。最後並說：「這一切一切，別人縱然不知，你老大哥總是完全知道的呀！難道是我昧著良心，造他們的謠言？又難道是我吃飽了飯無事幹，尋他們的開心？而老大哥今天不替小老弟主持公道，辯明曲直，反而替人作說客來了！小弟再不成器，也絕不吃這種空心湯糰！」

張纛老連忙解釋道：「你誤會了！你誤會了！……這樣罷，我們過去關係太深，一談起來，不免舊話重提，或者恩怨之念復熾，以致擾人情緒。我看，還是請你同宣鐵吾兄談談罷。他的態度最客觀，頭腦最清晰，政治見解高遠而又切乎實際，實是不可多得的朋友。而今各方都對他有好感，我對他也很佩服。你同他一談，對我們的處境，必然會加諒解，對大家的合作，必然會表同情」。老謝淡淡的道：「那也無所謂」。於是纛老即高喊：「荐廷兄！荐廷兄！請你明後天再預備酒飯，請謝先生與宣先生談談」。

有人不免要問：難道李荐廷的酒飯，是不花錢的麼？何以別人談政治問題，要叫他當差呢？原來他也是「戰盟」的盟員之一，平常本好結交貴賓。現值「同仁」創業之始，一般都鼓舞興奮，他尤其熱情激發，儼然以交際組長自居。既為團體服務，約客會談，家常便飯，又算得什麼一回事呢！果然，不久宣、謝二巨頭會面了，自不免彼此客氣，互相寒暄一番。

宣是軍人本色，而又係熱心直腸的政治家作風，虛套不多幾句之後，他所要談的話，即抑揚頓挫，一板一眼的誠誠懇懇唱出，確屬字字珠璣，語語圓潤，如果遇著行家，那真是等於聽了一齣譚鑫培的「空城計」，或者是聽了一齣余叔岩的「烏盆計」，最低限度也似聽了一齣麒麟童的「借荊州」。無奈謝巨頭雖然是在北京完成國內大學畢業，可是對於此調，好像欣賞的能力並不很高，一路聽來，毫無擊節贊歎的表情，只是連抽香菸，安然默坐。

談到飯畢之後，所得的結論極為簡單，乃係謝巨頭說：「你們要攪，竟然不要我和黃宇人這一班朋友，那是永遠攪不好的，我們現在只好各行其是了！」宣巨頭一聽，不免色變，但謝巨頭緊接著說道：「可是話要說回來，像宣先生這樣爽朗的性格，透闢的見解，若果能早點主持張、顧集團的樞要，參加決策，負責和各方賢豪接觸，我相信那是無人不欽服的，又何致鬧到像今天這種地步呢？

現在是恩怨分明，裂痕已深，若果基本癥結不剷除的話，誰也無法解開這種疙瘩！」臨到站起來告別時，又說道：「我倒希望宣先生，不妨同從前一樣，再回到許老先生那裏去會談會談。好在許老先生是胸無城府，來去自由，像宣先生這樣的人物，他是無時不竭誠歡迎的！」這先後兩會，做說客的不是張、宣，倒變成了謝巨頭，演變之奇，誠出人意外！

第四七回：厭惡聲塵封巨砲　卻甘餌面揭塊壘

謝巨頭與宣談話時，不說別人，單單提起黃宇人，可知黃宇人的重要了。如何重要呢？他在這一幕中也有極精采的演出。說起黃氏，誰都知道，他亦是「二十五集團」基本領導人之一，何以嗣後不聽見他的消息呢？那可以說，他是早被排除了；也可說，他早已脫離了。不管他是被人排除，還是自動脫離，他總係「第三勢力」運動中的一個「問題人物」，則是無人不知的。他的問題，大概有幾點：第一、是意見甚多。第二、是堅持原則。第三、是民主領導。

他這幾套作風，在「自由何必要民主」的集團中，實在不合時宜，尤其不合若干德高望重，自以為天然領導人物的口胃。在初期醞釀組織的時候，黃也呼朋引類，自張一幟：又東拼西湊，辦了一個刊物，這刊物自始即辦得非常勉強，換言之，即是早已得罪了負責人物，而其中又以爭著處置駱克道那一層房屋的事為最不愉快。等到哈德門來後，正式籌組團體的時候，幾個領袖人物，即再三考慮：「說是不要他罷，他也好像一個山頭，而且名聲不小，無人不知。說是請他進來吧，他眼高於頂，大砲亂放，尤其動輒揭人瘡疤，不管人家好過不好過」。這真是為難極了！

其中童巨頭（冠賢）更加尷尬，據說童巨頭曩日的院長寶座，就等於中馬票一般，完全是天外飛來的橫財，其忽然「黃袍加身」，好像黎元洪從床底下被拉出來。當臨時都督似的，就純係由立法院內某兩個團體再聯絡其他若干人士，泡製出來藉以抵制對手方的。而此中奔走最力，意志最堅的，首推這位黃宇人黃大砲，事畢之後，對手方在功罪登記簿上就將大砲先生排在第一。大砲先生每當茶餘酒後，也不免眉飛色舞的：「那當日長板坡前，只殺得……。」如何如何的描繪一番。

可是童巨頭的感想如何呢？你想誰不願意「天與人歸」，難道高興受人提拔似的，坐少數人的轎子不成！而「轎夫」又不安份，竟是這樣的一副神情；加以參加抬轎、扶轎，前呼後擁，不過「一圈之勞」，又不花一文本錢的，不下四百餘人。若人人如此，背後「沙中聚語」，當面「拔劍擊柱」起來，豈不有損尊嚴，擾亂雅興？假定當日印綬在手，自不難找幾十個張子房叔孫通出來想想辦法，可惜當前大家同時解除了武裝，彼此「地醜德齊」，誰也不能奈何誰；而「轎夫」們又偏偏好提舊帳，諸多要求，唯一辦法，就只好待以鬼神之禮，「敬而遠之」。

因之，平常就躲著不見人，尤其怕見這位黃大砲。隨後一看「第三勢力」要正式組織，心中老大一個疙瘩，就是：「對這些『轎夫』」究竟怎麼辦？首先就是對這門大砲怎樣處置？」然而這番苦衷，對任何人都是說不出口的，即是對親密備至的顧先生也不好明說，於是只好盡力設法安插幾個比較忠實而堪資信任的『轎夫』，以資抵制；其餘的則一概藉故排斥。

有人說：「童巨頭一直在指導組織，始終堅持『關門主義』，與李微塵一吹一唱，至為合拍，無形中全係受了這種潛意識的影響，也可說他們兩人，多少都有點『變態心理』，因平時受了刺激而乘機報復」。究竟是否屬實？事涉心理學範圍，老焦對此，素無研究，恕不多談。至於對付黃大砲，自然與眾不同，最初雖不能加以阻止，將來的機會儘多著咧，於是大砲先生僥倖名列二十五名之內，也高升做基本領導人之一。

「江山易改，本性難移」。大砲先生，一走進張、顧集團，仍舊意見很多，什麼「要打開大門，容納各方人物哪」；「要確定名稱，建立制度哪」；「要起草章則，規定政策政綱哪」……，時常嘮嘮叨叨，說個不休。三巨頭不得已，乃指定七人，會同大砲，定時到一座華貴的花園洋房中商定他所提議的種種。第一天，大砲準時而往，七人一個未到，那華貴洋房的閽者「有眼不識泰山」，居然閉門不納，大砲祇好廢然而行。過了一小時再去，人已到齊，開始討論，發言者異常踴躍，結果，綱舉目張，推定由李微塵根據大家決定的意見起草；第二次會議時，即依據草案，逐條議決，然後提出全體大會（即名義上二十五人實際上十餘人的大會）通過以後施行。

第二次會議時，大砲先生稍遲再往，以免碰第一次似的門釘子，一去則全體早在。坐下之後，即由童巨頭發言說：「我們已商量過了，用不著什麼政綱政策，章則制度，橫豎目前不能公開，一切由顧、張、伍三位先生負責主持；只要替他們三位推一位秘書長，各事由三位決定，秘書長秉命執行就行啦，我們何必多此一舉呢！」跟著說：「我們大家都已同意這個辦法，只等老兄前來！如也表同意，就可推定人選，你覺得如何呀」……黃大砲一聽，滿腹焦燥，但仍壓著聲音說道：「既然是三位負責人直接指揮的秘書長，他們自己不會遴選，為什麼要我們越俎代庖？」此公一言既出，滿座為之嘿然，其中尤以李微塵大不開心。

大砲又接著說道：「況且大會推舉我們是來擬定章則等事的，我們的任務也只能討論這些，這是原則，不能變的。現在我倒要請教一句話；為什麼八人小組全體決定了的案，忽然又根本推翻？既不經過小組再度會議程序，又不徵求大會意見，難道如此就算『領導』嗎？這樣就是『民主』嗎？那時李微塵一馬當先，厲聲說道：「這種十八世紀的『民主』現在用不著；凡是辦黨久了的人，總不免這樣囉囉唆唆，可知大陸就是如此弄丟的？」

這不啻班門弄斧，轟！大砲立刻反擊，只聽他大吼一聲：「你的話要說清楚一點！誰是辦黨辦久了的？在座的，久於黨務的人就很不少，如……」。大砲先生跟著又說：「十八世紀的民主，自然不行，我定要請教明白，究竟二十世紀的民主，是怎麼一個樣子的？」說罷，也是虎虎然而視。於是在座諸公，一齊排解，自然是不歡而散。最慘的，是李微塵活生生的一頂秘書長帽子，已經快要戴到頭上的，竟被這一砲轟丟了，豈不惱火！或曰：此是多讀了『偽經考』（註：『偽經考』為康有為所著），未熟讀「紅樓夢」之過。

當初賈寶玉在某個炎夏天趁他媽王夫人午睡之時，悄悄的向丫頭金釧兒笑道：「我和太太討了你，咱們在一處罷！」金釧兒將寶玉一推笑道：「你忙什麼？金簪兒掉在井裏頭，有你的只是有你的，連這句俗語難道也不明白？」可知天下事是忙不得的，一忙就會出毛病」。然而黃大砲經此一響之後，即無處可以再放，幾乎銹得發霉。「戰鬥同盟」成立，自然是沒有他的份，所以謝澄平對宣鐵吾特加強調。誰知謝巨頭的話，竟是一言九鼎哩！

不久，黃公館居然有人前來拜訪了，來者非別，乃係「獨立論壇社」的同仁，老朋友黃如今。有人不免要問，「既係同仁，又是老友，難道平常都不來往，一定要有事情或使命才來拜訪的嗎？」不知那時《獨立論壇》早已停刊，要說這停刊主要內幕，就係因黃大砲不肯應張勱老之召而起，再加上其他種種，領導人遂假將遷移日本出版為名，把津貼停止。

「獨立」關門後，大砲與內中主持的一位朋友，因檢討停刊因素，以及彼此作風、思想觀點，兩人大起衝突，竟至拍棹鼓眼，翻腸倒肚，把平時積鬱，一股腦兒吵將出來，弄得傷透感情，不再說話，雖經友好疏解，終難言歸於好。這自然都是「第三勢力」的功德，政治運動的成就！

閒話少提，只說黃大砲自與某友吵鬧後，即難得再往「獨立論壇社」原址，遂與社中朋友很少見面。及至「戰鬥同盟」成立，社友差不多全體變成了「盟員」，有若干更雄據要津；而大砲則坐在家中，毫不與聞其事。某次，有幾個「第三」圈外的朋友，故意當面調侃他道：「當茲末世，天下大亂，我輩知識份子中，有人能卓然不群，矯然『獨立』，確是再值得欽佩也沒有了！

不過弄到後來，竟至部隊全開了小差，朋友都捲了舖蓋，閣下好像 3 月 19 日的崇禎皇帝一樣，景陽鐘三敲九響，滿朝文武，竟不見一人前來，這種『獨立』精神，未免過於離譜！吾兄似乎應該多加考慮，想想辦法，以免淒淒涼涼的走上煤山才好」。大砲面不改色的坦然答道：「像那樣的團體，我情願自甘淘汰！況且獨立論壇社的朋友，也不是個個都加入了『戰盟』，例如邵鏡人，就沒有加入。

他們（指張、顧集團及『戰盟』）始終不肯要他，不知何故？邵鏡人與王孟鄰二人同樣資格，同樣情況，同時同伴從大陸逃出，而要一個，不要一個，不知是什麼標準？」接著又說道：「這種例子還多咧，一個李荐廷，一個朱惠清也是同樣資格，同樣情況，四十四人『宣言』上同是榜上有名的人物，他們卻只要李荐廷，不要朱惠清。

又如李宗理和周一志，也全是『宣言』上有名字的，又同住在一個地方，他們又只要李，不要周；而周、朱二人，最初乃是極熱心奔走的人。我當初曾竭力主張門戶開放，邀請他們大家一起來幹，但領導的人，究竟是什麼標準，什麼尺度？我始終不明白，這種團體不加入也罷！」談話間，另外有一個朋友喊道：「主人家！你剛纔買的葡萄，若果躲在屋裏吃，我們是要說酸的，你還是拿出來大家分了罷！」大砲及其餘兩位一聽，知道那位朋友亟欲「上場」（麻將場也），遂哈哈一笑，開始「工作」，不再扯這些閑帳。

第四八回：下鄉施柚子遺賢翻白眼　勸友提夜壺說客食貓面

究竟是大砲受了這些調侃，憤無可洩呢？還是他的個性，天生如此？不得而知。但是當黃如今耑誠拜訪，勸他重新加入「戰鬥同盟」的時候，他的無明火，不免高冲三千萬丈。幸而黃如今是忠實謹慎的人，平時既不多管閑事，與大砲的感情也並不錯，所以他還是忍耐住了，只說：「如今兄！不是我說一句狂妄的話，像你們這樣的團體，不要說，只是勸我加入，就是請我做唯一的領袖，我也得要從長考慮」。

跟著又說：「請你注意！我是說：『唯一』的領袖，並不是說普通的領袖，就是要我做『獨裁』的領袖，我也要敬謝不敏的」。黃氏只好搭訕而去。於是許多人聞後不覺嘆曰：「黃宇人真不愧『黃牛黨』的黨魁。雖然他弄得孤家寡人，但仍倔強如故，而其黨徒遍於天下，『不容何傷』？終久他會有出頭之日的！」果然，不久許老將聽到這種情形，就親顧「草廬」，再三敦請參加他的「旗下」。黃黨魁說：「深謝厚情！吃飯，談天、無不應命；政治問題絕對不談！」老將也無可奈何，於是黃黨魁黃大砲從此就變成政治圈中的「檻外人」了！

不過黃黨魁打抱不平的話，卻也發生了影響了，就是他所說那幾個被「第三正統」「不要」的人，忽然都有人去拜訪了。首先是童巨頭，竟紆尊降貴，躬臨鄉下，去訪唔邵鏡人，兼帶看望那久已置之雪櫃的尹述賢，並且還帶了很「重」的禮品——據說是沙田柚子二十個，累的隨從渾身大汗——雖說坐了半天，未談出一句什麼所以然，但邵、尹二人全係「轎夫」，似此情意隆重，姿態殷渥，在他們而言，數載以還，遽逢此曠世盛典，真可說是昨晚燈花結彩，今日玉趾降臨，蓬華生輝，大足為鄉里交遊增其光寵！而在那個地方的老百姓來說，則試屬千載難逢的奇遇，理應勒石紀盛，大書「某年月日某巨頭訪賢到此」，以誌猗歟，無奈那個地方的人民也太蠢了一點，迄今猶未醵辦此事，實不勝遺憾之至！

其次，是以「交際」之責自任的李荐廷忽然去訪周一志，力勸他放棄成見，請求加入「戰盟」，以免落伍，而便找個出路，還可希望得到一點津貼。在「李交際」想來，周某窮得要命，如此一說，必然動心。果然，周立即答道：「我定當遵命請求加入；不過有一點你可否向你們領導人轉達？」李連忙答道：「不成問題！無論什麼，我都可以轉達，我都可以辦得到」。於是周道：「所求不侈，我不過想請他們再發一篇『宣言』，宣佈將原有組織解散，重新再來，大家一起來幹，那時我一定首先請求加入！」

此事如何結果，不得而知，但李交際忽然又到了朱惠清的家中，適朱外出，李乃向朱的太太為遊說一番，把「戰盟」內容，說得天花亂墜；把美援來歷，說得點石成金。隨即道：「這次真是有了苗頭，惠清兄何不出去活動活動？我們是好朋友，我又是老實人，我老實告訴你，他為人太高傲了！所以我們『七總裁』個個對他不好，唯有張大王對他還好，究竟是老關係，老關係！」接著道：「他的腳步就應該放勤一點，常到大王那裏去走動走動呀！你看，人家李微塵多麼好！

從拿筆桿到提夜壺，樣樣都做，所以大王喜歡他，信任他，什麼事情都要問他。以惠清兄的聰明才華，如果肯提夜壺，何愁不做到李微塵第二！嫂子，你應該勸勸他」。朱太太是北方人性格，從來未曾聽過這類談話，只感覺卑鄙惡濁，不堪入耳，登時心中大怒，冷笑一聲道：「原來你們第三勢力還是只要奴才，不要人才！朱惠清若果肯提夜壺，老早就升官發財啦，何致拖兒帶女，流落此地，沒有飯喫？像這樣的第三勢力，像這樣的混帳作法，你們就是拿八人大轎來請他，我也不讓他去！」

說罷，自顧到廚房燒飯去了。李交際頗覺沒趣，只好悄然而走。朱氏回家，太太將上情一一相告。朱不免埋怨道：「你不該這樣梃撞他！如此豈不得罪朋友？而且得罪很多朋友？」太太聽了，立刻怒叱道：「你真無恥！人家全不把你當朋友，用人朝前，不用人朝後，當著我的面這樣侮辱你，老娘不順手打他兩個耳刮子，已經萬分忍耐，你還說我不應該這樣梃撞他，不梃撞他，真箇你跟著他去提夜壺不成？你說！你說！」

朱氏一看情勢不妙，連忙陪笑道：「你不要著急呀！李荐廷是熱心過度的朋友，又是有名的『濫好人』，他儘管措詞欠雅，但他自問是一片至誠，關顧朋友，他好久不上我們的門，此來自然有所謂，你只要輕鬆的打發他走了就算也。你當時可以這樣說：『惠清是很願替朋友提夜壺的，尤其是與老長官提，更無所謂。不過他以前常到大王府，從樓上到樓下，從前廳到後房，找去找來，找不到一把夜壺，有的只是搬不動的抽水馬桶，及近代衛生設備，他只好自嘆時乖命蹇，効力無從，從此就心灰意冷，不再搞政治』……」。

此類小故事，且不必多說。有人不免要問，「戰鬥同盟」轟轟烈烈的「宣言」發表後，所得的反應，據李微塵說，既然是「史無前例」，理應生意興隆，門庭若市，應接不暇呀，何以它們反而採取半開門的拉客政策，如彼如彼；而被拉之人，又個個神氣活現，表情如此如此呢？或者道：「千言萬語，一句話可以總結，就是美援沒有指望，不但新的指望沒有，就是老的線索，也似乎已斷！否則酒宴開出來，他們三五個人也會享受出席的，那裏有功夫來管其他？更說不上念及蒼生了！不錯，此中消息，從這些地方，還看不真切，主要的是要從美國方面看，而且只要看看張君勱的動態就可以明白。若有一線希望，他老人家是不會立即作一百八十度的大轉彎的」。張勱老究竟如何轉變，且聽下文道來。

第四九回：蟬曳殘聲巨頭忽變志　鳳逝高台小醜齊結舌

1952 年 11 月 26 日，也就是所謂「中國自由民主戰鬥同盟」在紐約《聯合日報》上發表雙十「宣言」後第十六天的這個日子，美國舊金山《世界日報》上忽然大字登載一段重要消息，大標題為：「張君勱宣佈參加民憲黨」，小標題為：「該黨領袖紛紛去函表示歡迎」。內容是這樣說：「中國著名哲學家張君勱博士最近聲明參加民主憲政黨，致力於反共救國工作」。

據張博士昨致函民憲黨代主席李大明，謂：「民憲黨可趁此時機加以擴充，勱不論地位之為主，為賓，可以盡量為兄幫忙」。張博士又說：「勱自問與南海，任公之交誼，不應置身事外，故願為兄振興民憲黨精神，至地位如何，稱曰顧問，亦無不可」。張博士最沉痛之語有曰：「勱自問年已六十五六，自己一無功名之念，而國家淪亡以後，手無寸鐵，獨兄尚負民憲黨與世界日報之責，此孟子所謂勢也」。查民憲黨昨已特集幹部會議，對張博士之誠意參加，至感興奮，一致通過歡迎張博士入黨外，並函請其為顧問云。

一般留心政治動態的人們，看到這段新聞，弄得一頭煙霧，莫名其妙；欲加打聽，也無從著手，只得將信將疑，認為不可思議，也許多半是「新聞記」先生要的噱頭。等到一個星期後，即 12 月 4 日，在同一報紙上，又讀到一篇社論，赫然由李大明先生正式署名發表，這可不能再懷疑了。只見標題是：「歡迎民主老戰士——張君勱先生」。文章內容，一開頭就說：「在離亂之今日，能以救國自負，能以肝膽相照，求諸『民憲』以外，我所相識者，有張君勱其人」。這是何等的互相期許，又是何等的推崇啊！文章跟著這敘述

1949 年，民憲黨與國社黨合併改組為民社黨的情形。隨後即說：民憲黨退出民社黨，仍舊「巍然獨立，自處於『少數反對黨』之列」的經過。

又說：「今年八月，張先生來美相訪，痛談三日，我人對政治見解，絕無絲毫歧異，……交情如昨，固不因一度睽違而稍變也」。至此，文章轉上正題說：「十一月二十五日張先生來書，有謂：『自見兄之後，認為往事既已過了，何必再辯？凡以求合而已，我認為民憲黨可趁此時機……』」。下面幾段，就是 11 月 26 日新聞上已經披露過的，一直到：「此孟子所謂勢也」為止。後面就述說感想與處理情形，並且因張勱老一人參加，彷彿是破了成例，因之還要修改黨章咧！文章說：「我得書後，感動萬分！喜故人之不我遐棄，而益感念對國家之大責未盡也。因而徵幹部諸君同意，遂復書歡迎張先生參加民黨，並以顧問相屈。同時，我建議修改民憲黨綱，廣羅救國志士，以貫徹我人反共復國之大責」。

昨 12 月 3 日張先生復書認可，有謂「勱之情形與活動，皆在兄燭照之中，自己一無所求，並一無所要，但想為國家民族，留一點正氣而已。苟兄以為民憲黨有另擬黨綱另行改造之必要，則勱願在兄安排之下，在各地演說，招致一般新份子。至於黨綱，盼兄自擬，勱自當拜讀之後，為兄貢其一得之愚」。我讀其書，更感念張先生之偉大，因不敢秘其事，願與民憲諸君子公迎老鬥士之歸來」。「咦！怎麼啦？『戰鬥同盟』的領袖——至少是第一領導人——張勱老，在『毀黨造黨』後，『新黨』剛剛造成，何以忽然又『脫黨』、『跳黨』哪？究竟是怎麼一回事呀？」這消息一經傳開後，人人都不免詫異的問，卻無一人能夠明白回答。

亦有自以為深知勱老的人，聽到口頭傳說的話，對方還未將故事述完，就立刻板起面孔駁斥道：「這是絕對不會有的事！你們總喜歡以耳代目，聽信流言！你難道沒有讀過張勱老離開香港時的文章嗎？其中警句，我還記得許多」。於是此公好像背頌張橫渠的〈東銘〉、〈西銘〉一樣，先說後念道：「有一段，大意是：『盲目的領導，吾人已受夠痛苦⋯⋯，領導人的一貫方針，吾人實在看不出⋯⋯吾人應如何懲前毖後，選擇領導之人⋯⋯』。

此公復緊接發揮高論道：『勱老的主張，既如此明朗堅定，難道他會胡天胡帝？他既主張慎選領導之人，難道他竟會選中了李大明做他的領導人不成？你們真有點⋯⋯』。那轉述新聞的人，聽到此處，再也忍耐不住，乃從衣裳中取出二張《世界日報》，向此公一擲道：『口說無憑，你去看吧』！」

於是，那時節「第三」圈子中的人，又騷動起來了；而「戰盟」的「盟員」們，尤其哭笑不得！因為有許多好開玩笑的圈外朋友，見了盟中朋友，就拱拱手道：「失敬！失敬！原來同盟諸公，均是『聖人之徒』啊！有人猶假作不懂，故意問道：『什什聖人之徒』？」圈外朋友道：「哪！你們的領袖，自然與康有為、梁啟超的『交誼』不淺，要負責發揚光大他們的『精神』，而康有為是有名的『聖人』，張勱老既發揚光大『聖人』的精神，則同盟諸公，自然都跟著變成『聖人之徒』，那是毫無疑義了」。盟員一聽，無詞可答，只好借故遁去；有的臉皮薄一點的，簡直弄得手足無措，不知如何是好。

也有人向「最高」人員探問消息，因為素來要好，乃故意以輕鬆的態度出之，問道：「張勱老在美國擺的什麼烏龍？」那「最高」人員，彷彿無動於衷的說道：「『擺烏龍』是廣東的一句土話，美國人不懂的。美國而今新總統快要上任，共和黨登台，必定調整它的內政、外交，最主要的還是韓戰，拖也拖不下去，擴大戰爭也很難，停火也停不下來。老兄對於國際形勢，是素有研究，而且觀察很精到的。你說，艾克此次親到韓國視察後，將來高台是照樣打下去，還是索性丟原子彈，拿出他軍人的看家本領？抑或是⋯⋯？」

那朋友知道他不願談張君勱之事，故意扯到其他方面，也就順水推舟的大談韓戰，只談得盡興而別。又有人向「戰盟」的要人，假作正經的說道：「有許多人對你們諸公很表愧悔！」要人微微一怔，問道：「什麼道理呢？」那人說：「因為他們一向把你們估計得『落後』了一點，現在重新估價，要大大的提前」。要人皺起眉頭道：「你說的我完全不懂」。那人道：「難怪不懂，最初連我也不懂！

原來他們認為搞第三勢力的雖多，弄到後來，自生自滅，銷聲匿跡的淘汰了不少，只剩下『許氏集團』、與『張、顧集團』兩大主流。大家又認為許氏集團年高德劭的不少，作風、看法，也與辛亥革命時代差不多，故認為那集團是『代表辛亥時代精神』的。同時又認為貴同盟的中年人不少，作風，看法也與北伐時代差不多，故認為是『代表北伐時代精神』的。誰知張勱老如此一來……」那人稍稍停頓了一下，續說：「……大家才覺得他們估計錯了！原來你們是代表『戊戌政變時代精神』的」。

要人臉孔微微一紅道：「不要瞎扯，我且問你，你近來看過什麼好的電影沒有？」那人道：「看去看來，我覺得還是只有『魂斷藍橋』令人感動，今天某小型戲院又重演」。「好！好！我們一齊再去看，好戲不妨多看」。要人立刻起身，拉著那人就走，以後即不再開口。雖然那人一面跟著要人走，一面還說：「可不是！壞戲就寧可不看，最好根本不要演，以免禍延觀眾……」。

第五十回：勢大難舉座上傾笑柄　力多易盡室中傳輓聯

某天，有幾個老朋友碰在一起閑談，有人忽然問道：「有什麼新聞沒有？」另一人答道：「有！有！張勱老說的『此孟子所謂勢也』，許多人當作話柄助談，並有人編出故事挖苦他，你們曉得嗎？」「怎麼挖苦他？你講給我們聽聽」。大家同時說。那人道：「我也不知其詳，只是略略聽到。有一個未讀過經書的人問:『什麼叫勢』？於是就有人在哄堂聲中講出一個笑話，說是當年褚民誼任汪精衛內閣秘書長時，於替美人魚楊秀瓊趕馬車後，又大捧大花面金少山，送他一堂彩帳，上繡『勢大聲洪』四字。褚的同僚諷刺他說：『少山聲洪，眾聞之矣，至其勢大，貴秘書長何以知之』？來挖苦他」。

眾人齊道：「不該！不該！講這種笑話來解釋『勢』字，未免對老前輩不敬，而且過於輕薄！」有一人接口道：「另外也有比較莊重新聞，你們總聽說過吧？就是最近流傳的一副對聯，並且還有橫額」。幾個人同道：「聽是聽到過，可惜記不清楚，你再說說看」。那人道：對聯是：小盟員「張」皇失措，大領導「顧」而言他。張與顧二字上，還打了一個括弧，橫額是：「萬力附勢」。大家聽到，都作會心的微笑。

其中有一個研究自然科學的朋友，始終未曾笑過，聽到唸對聯及橫額時，他從口中取下板煙斗，一一問明後，用鋼筆寫在紙上，然後說道：「你們笑這對聯，我是莫名其妙；不過這橫額，我卻懂得，因為我是研究過物理學的『萬有引力』的，就是英文的 Gravitational Force，根據牛頓的定律：『兩物體間之引力，與其質量之乘積成正比例』。翻作普通話，就是所有物體的質與量，那個質較佳，量較大的，那個的吸引力就較強；吸引力強，吸的外力愈多，其勢就愈大。所以你們說的這橫額——『萬力附勢』在政治上的意義我雖不懂，在科學上卻是極有根據的。我的意思，還可改作『勢引萬力。』」

眾人一聽，哈哈大笑，連說：「妙哉、妙哉！不料今日閒談，無意中竟得到了劃時代的意義。那『趨炎附勢』的一句成語，原是合乎物理學定律的」。那時不知是誰，忽在旁邊插一句道：「可以『人』而不如『物』乎？既經科學家證明，亟應公告天下，咸使聞之，以後不能再拿它來罵人或諷刺人了」。如此冷言熱語，不一而足。跟著在 12 月 24 日的某報上，登載了一篇美國通訊，標題為「張君勱効忠民憲黨」。前面的摘要說：「他由組織脫黨，成立『戰鬥同盟』，忽又參加民憲黨，像張氏這樣的搞法，真使人有迷糊之惑」。內容略謂：

「張君勱最近在美的政治活動，實在使很多人感到奇特乃至於驚異的。他於發表了『自由民主戰鬥同盟』的宣言之後，還不多時，便因與同盟中人意見有所出入，陷於孤立；他既無法調整那些關係，也沒有打算開展些什麼工作的計劃，卻突然的宣佈參加了民憲黨」。「以一個居於領導地位的政治家，照一般常理，必定是在一個堅決的主張之下，百折不撓的向著那個目標去努力的。然而張氏卻沒有那樣，他忽而毀黨，忽而講學，忽而反對國民黨，忽而又擁護國民黨；而其所以擁護，並非國民黨接受了他的建議，或是他所反對的問題已經消除。就是他所領導的民社黨，弄到內部四分五裂下不得台時，他不思如何健全或改進，而只有自己一走了之，甚至於宣佈脫黨，飄然遠行。像這樣子的作風，想來在現代的政黨活動史中，恐怕很難找得出相同的例子……」。

「其實，像張氏這樣的搞法，真是使人有些迷糊。說他為了做官？他在行憲政府組成時，卻表示不入閣，說是為了什麼主張？他卻時常臨陣退縮，沒有堅毅奮鬥的雅興。說是偏重於學術功夫？十餘年來，未見他有什麼新貢獻，除了介紹德國菲希德的理論而外，沒有其他的表現。就以草憲來說，他對於憲法貢獻也不算多。他由組黨而又脫黨，成立同盟，忽又參加他黨（這個黨——民憲黨並沒有附和他原來的同盟的），這種作風，如有人謂之為政客的搞法，張氏當然否認，但是應該作怎樣的解釋呢？」

「張氏在十一月二十五日，致民憲黨主席李大明氏的信裏說：（見前）」。「他在本月三日，於李覆書接受他的要求，歡迎他參加之後，再致函李氏（見前），從這封信中，我們更可知道他要加入民憲黨，願為該黨效忠，甚至把過去的活動坦白一番；對自己的主張，雖非否定，也像在改絃更張，否則為什麼不叫李大明乃至民憲黨加入他領導的民主戰盟呢？」張君勱這種飄忽的行動，不堅定的主張，適足以使反共的陣營，徒滋紛擾。秀才造反，真是三年不成了！在張自己雖『一無所求，一無所要』，但他這樣『今東昨西』的作風，疑神疑鬼，莫測高深。與他『想為國家民族留一點正氣』的希望，恐怕會落得個『背道而馳』的」。

「張君勱終於參加了民憲黨了，在他的政治活動史中，又增多了一番離合的紀錄。在今天這樣悲涼的政治氣氛中，君勱先生在海外將怎樣著手來改造這個『民憲黨』呢？」

第五一回：井渫不食窮途悲老大　匏瓜徒懸末路哭先生

如此一來，「戰鬥同盟」的先生們，無法再裝蒜了；一般盟員，尤深感不安，紛紛請問「最高領導」者。顧孟餘亦從東京分函詢問真象，「最高委員」不得已，乃復正式函請張君勱表明態度，以釋群疑。原來在最初風聲傳開後，「決策委員」內心亦甚感惶惑，即有人飛函詢問張氏，是否對「戰盟」不滿，乃與民憲黨合作？又是否另有更宏大的計劃，必須與民憲黨合作，才能實現？或是否美國方面新有決策，暗示非如此作法不可？請他迅予詳覆。但張老先生隔了相當時期，才輕描淡寫的回了一封信，大意說是：與民憲黨的代主席李大明確有書函往還，不過僅是「鼓勵」李氏共同團結反共的意思，實際上並未參加該黨；《世界日報》所載，純係李氏「斷章取義」之詞云云。

但如此的一封回信，不但對外人難以解釋，即同盟內部亦深覺空洞，不得要領；加以飛飛揚揚，冷嘲熱諷的話，愈來愈多，委員無法招架。不得已，乃再函張氏，明白提出，請其對致李大明函中所謂：「我以為民憲黨可趁此時機，加以擴充，勱不論為主為賓，可以盡量為兄幫忙；勱自問與南海、任公之交誼，不應置身事外，故願為兄振起民憲黨精神。至地位如何，稱曰顧問，亦無不可」及「苟兄以為民憲黨有另擬黨綱，另行改造之必要，則勱願在兄安排之下，在各地演說，招致一般新份子」等語，加以解釋。並謂如確係李大明「斷章取義」，請其加以正式否認。

據說，張勱老得到了這封逼著攤牌的信後，頗感為難，深怨李大明孟浪，不該把他的原因在報上披露，但又無法挽回。而「戰鬥同盟」甫經成立，儼然他又坐在第一把交椅上，況且還受過人家的招待以及餽贈程儀……種種，現在紅墨未分，怎好臨陣逃脫？雖然前途黯淡，然美國政策變幻無常，並未至最後絕望時期，若果不想法彌補，豈非大拆自己爛污？於是張君勱設法在華文《聯合日報》上刊登一個消息，對參加民憲黨一事加以否認；並謂以後專為「戰鬥同盟」努力。又說外傳他加入了「中國民主反共大同盟」（即許老將的集團）之說，純為謠傳，絕無其事。怎麼又扯到加入「民主反共大同盟」的事呢？有人道：這是大文豪寫文章慣用的「陪襯法」，如果要強調某一件事，用一個對照，則愈加鮮明；反之，如果要沖淡一件事，用一個虛托，則使人注意力分散，即可借此收科。究其實，根本上就沒有這種傳說。

此事在「戰盟」而言，總算得到了一面盾牌。從此凡遇人提起，就斷然說道：「勱老已經在某報上發表聲明，專為『戰盟』努力，其他全係謠言！」誰還好再說下去呢？再說下去，也變成傳播謠言之人了。然而偏偏有些好事之徒喜歡打聽，打聽得張勱老究竟為什麼把自己所組織的新黨──「戰盟」──棄而不顧，反而要替民憲黨做顧問，還要代李大明做「巡迴大使」或流動宣傳員，到處拉客？

據說，原因也很簡單，原來民憲黨的前身，即是康有為（南海），梁啟超（任公）等在滿清末年所發起的「帝國憲政黨」，就是社會上一般俗稱為「保皇黨」的是。到了辛亥革命後，憲政黨的人表示贊成民國，乃改「帝國」二字為「民主」，變為「民主憲政黨」，一直在海外保有相當基礎，擁有相當基金，並有若干事業與資產。據說某「最高決策委員」在香港所住的房子，即為與該黨有關的致公堂所有。抗日戰爭勝利後，1945 年，張君勱商得民憲黨當事人同意，將他的國家社會黨與之合併，改組為「民主社會黨」，簡稱為「民社黨」。合併改組，也就是要擴大基隆，充實力量的意思。

改組後的民社黨，即由張君勱任主席，伍憲子任副主席。政府行憲前後，民社黨內部產生「革新派」，大鬧分裂，民憲黨遂復退出民社黨，保持獨立，後即推伍憲子為主席；但在海外，則由李大明代理主席職務，處理一切。因為該黨的基礎與資金，大半是在海外的緣故，李大明既代理主席，又兼任《世界日報》社社長，有憑藉又有武器——筆桿也，復與洪門各團體保持密切聯繫，因之在華僑中尚有號召能力。

換言之，就是很吃得開。張勱老未赴美國之前，原想以其名聲清望，挾其七人簽名的萬言書，加之馬歇爾，司徒雷登等舊日淵源，認為當可於立談之頃，取美援於反掌之間。不料 5 月間甫抵紐約，即感覺氣氛不佳，隨後接二連三，無一是處。8 月，乃耑訪李大明作長談，始知民憲黨在海外的一般情形；回想民社黨支離破碎的狀況，撫躬自問，枉費心血，壯志未酬，不覺淒愴！然斯時總以為最後希望，厥在「戰盟」，東隅縱逝，桑榆可追，故雖相形見絀，猶未心灰意冷。

及香港不斷傳來「同盟戰鬥」之訊，已經有點重蹈覆轍的警惕；等到「宣言」一發，反應如斯，他老人家處在最高的地位，看得自然很遠，而又居於希望所繫的堂奧之上，了解自然更多。一旦感覺形勢不妙，豈能不另打主意，預作綢繆？而且在美國還不知要住到那一天哩！個人生活，也必須要安排安排，於是想起民憲黨的老朋友來了。他致李大明的函中有一段說：「勱自問年已六十五六，自己一無功名之念，而國家淪亡以後，手無寸鐵，獨兄尚負民憲與《世界日報》之責，此孟子所謂勢也」。

這是何等的天真爛漫，而又情詞真摯的由衷之言；讀到這幾句話，凡是漂泊天涯，身懷故國之思的人士，誰不深表同情？而又與有同感！尤其兩鬢已斑，歲月不居的人士，更誰不「念天地之悠悠，獨愴然而涕下！」孔子曰：「有是言也，不曰堅乎？磨而不磷；不曰白乎？涅而不淄。吾豈匏瓜也哉，焉能擊而不食？」又孔子困於陳、蔡之間，糧絕，從者病莫能興，孔子知弟子咸有慍心，乃召子路，子貢及顏子等等一一問答，最後乃欣然而笑曰：「有是哉！顏氏之子，使爾多財，吾為爾宰！」這都是孔夫子一生中血淚交併，倒向肚流，反而從聲中發出來的幾句肺腑之言！英雄老大，文人末路，我們何敢為君勱先生病？更當為一般知識份子哭！

或曰：「張勱老在香港的時候，不訪老同事，老同志，老朋友的民憲黨主席伍憲子，到了美國，反而與該黨的代主席李大明異常親善，這殊不近情理！」有人答道：這正是張勱老合乎情理之處，此孔子之所謂「聖之時者也！」話說回來，彼時情勢，據說勱老是完全受人包圍，為少數人所造成這等境況。原來勱老一到美國，即有人為之剖陳種種，彼乃恍然大悟，深悔當時所為。後來遇著《中國之聲》之爭奪戰，遂從彼岸毅然提出主張，也就是補過的表示。聽說，伍憲子對於勱老要求加入民憲黨一事，默然不作表示，且對人言：「不便表示意見」。這也就是老輩胸襟曠達，互相諒解的不表示之表示啊！

第五二回：無錢即無力老千出新術　有財斯有勢敗將奪帥旗

這一幕總算如此這般的過去了，張勱老從此專心於講學與著書。而「戰鬥同盟」則「天寒翠袖薄，日暮倚修竹」，望穿秋水，美援不來，一般有關人士，亦由期待看熱鬧的心理，而趨於冷落。這怎麼辦呢？況且東風已微，再不想法，勢將停擺，只好以「加強行動」、「充實內容」的辦法來補救了，於是仍舊從拉人著手，但不拉普通人，免得徒勞無功；專拉腰包鼓脹，官高爵顯的大人物來，以便一面加強陣容，一面開闢財源。

首先即看中了一個，那就是最後斷送東北的名將，原已囚禁待決，被李宗仁代總統後，趁混亂中私自釋放了的衛立煌將軍是也。將軍因為由東北帶回「三寶」不少，到海隅後，對於宦海風波，感到厭倦，乃從事工商，並大量投資於金融事業。初期極為滿意，也等於曩昔在官場中那般一帆風順，因之對於任何政治活動，不管「第三」「第四」，一概不理；甚至舊日袍澤，多年朋友，也多半拒而不見。

誰知後來那復興銀行經理袁德泉大拆爛污，把銀行變成空殼，兩隻漁船違禁又被扣，一下子倒塌下來，使將軍損失達數百萬元。雖說資力雄厚，元氣未傷，然情緒上總不免有點影響。根據經驗比較，復覺得做生意還是不如做官來得穩妥愜意。正在悵惘的時候，忽然有人來家慰問勸解（那自然是「戰盟」的「最高」人物出馬）。失意之際，話易投機，因之談得異常融洽。

隨後又有老部屬冷靜齋前來詳加報告，婉為游說。這位冷君，不但早已做了「盟員」，並且因「戰盟當道」的深謀遠慮，一向知道他與衛將軍有很深關係，認定這是一著好棋，故將他早已安排在《中國之聲》做督印人，以示優遇，藉以鼓勵其在必要時發揮偉大作用。到了此刻，正好使用。冷君遂以舊屬身份，向將軍鼓其如簧之舌，先是分析：「吾人外行，生意萬不能做」。

後乃說明：「棄短用長，還是政治可為，而『第三』必然成功，美援不日可到；雖然也要預先墊出若干資本，但那總係照例難免之事，因為縱是釣魚，也必須費一些餌呀！」如此如此，在那種時會，將軍頗覺聽得入耳，不覺怦然心動。乃道：「他們已經組織成功，宣言早已發表，負責人也早已選出，叫我參加進去做什麼呢？若果做個普通盟員，原已人才濟濟，何必要我去湊數呢？」冷君趕快道：「俊公（衛號俊如）如果願意參加，當然是領導人物，那裏能以普通盟員相待呢？這點您可放心，一切有我！」如此往來洽商，冷君即實行媒婆任務，反復奔波，辛勞備至！

在將軍之意，滿以為「戰盟」的「最高決策委員」原係「自封」，當非一成不變之局：「鄙人以『上將』身份，難道不是『最高』，還是『次高』？或者『不高』不成？而且原來的決策者，中將也有，甚至白丁也有……我想這點聰明，他們總會有的，明人何必細說呢？」因之將軍為保持風度起見，一直未作具體表示。況且以為冷老部下，總也會懂得這種「心經」的。誰知談去談來，臨到「斟盤」，竟難合拍。

在「戰盟」當道之意，所想恰恰相反，覺得：「我們已成之局，震動全球，史無前例，目前雖小有不利，但這是革命過程中應有之波折，孫中山還有十大失敗哩！像你衛某這種敗軍之將，拿辦有案，理應表示恭順，請求托庇，將來我們回返大陸，庶幾可以既往不究，另外還可以給你一官半職，愁你不會再撈回來？如此，你就應該識相一點，立該自動奉獻箇數十百萬，就算是被袁德泉多騙了一點去的，在你原不在乎，剩下還是一個大富翁。怎麼！竟然還要同我們講條件啦？」

這中間，祇苦了那位冷先生，他雖然雙方了解，可是兩面都不便說穿。不得已，祇有拼命打圓場，弄得舌敝唇焦。到了後來，還是「戰鬥」當道，為需要所迫，乃表示：「軍事部門，可以請衛某負責主持」。一聞此語，冷先生立刻飛奔將軍之門，有碗說碗，有碟說碟，直說得錦上添花。又道：「原想請俊公參加最高決策委員會的，但因顧、張二位不在此地，不便更張。而且當前原係臨時籌備性質，不久籌備就緒，就要舉行全國代表大會，正式選舉中央委員，那時候公自然主持中樞，參與軍機要政。以俊公之雅量，自然也不急在一時。

向公諸位，也就是因此非常著急，想把俊公請進來後，就好著手籌備大選。愚意還是定期先與向公及有關諸位先正式見面談談，以便儘速發展組織，而免防礙實際行動。因為有許多人猶在觀望，認為俊公若參加，他們才肯參加；俊公不參加，他們也不願意參加哩！」

將軍一聽，心花不覺怒放，想道：「目前雖不能一進去就是『最高』，但那『軍委會』的『委員長』總是篤定的了」。於是某個黃道吉日，在一個十餘公里郊外的風景之區，有名的農場兼餐館的所在，自上午十一時起，即有私家華麗轎車，不斷駛來，主人周雁賓，氣概雍容，舉止豪邁，誠不愧是在新大陸受過高等軍事教育的，對於佳賓蒞臨，一一殷勤招待，豐盛的茶點酒菓名貴的中西餐餚，早已準備就緒，色色俱全，樣樣精美。

午餐時僅有大王、將軍，外加鄧龍光與冷靜齋等數位及其夫人；主人伉儷自然相陪，各人訴說胸中抱負，描畫將來遠景，真是痛快淋漓，錦繡乾坤！飯後，即略商下午正式會談時發言的程序，及說話的內容等等，歸結起來，均主張簡單扼要，不贊成多說，而本日以「俱樂」「聯歡」為主。下午二時後，三山五岳的英雄名媛，四面八方的豪傑美眷，即不斷前來。

至三時許，已逾百人，主人以及各位「當道」，分別招待，不斷酬答，但覺衣香鬢影，笑語喧嘩，你來我往，呼友喚朋，不勝熱鬧之至！有若干人，自離大陸以來，從未躬臨過這等豪闊場面，誠可謂極一時之盛了。四時左右，全體入座，各自埋頭吃點心，飲汽水之後，忽然主人起立說話，約略客氣兩句，即請衛將軍致詞。掌聲中，將軍起立，語簡而要，先說大陸如何如何，次說台灣如何如何，然後說大王領導的「戰鬥同盟」如何，接著說：「我們在此苦悶已經三年以上了，現既有此機會，理應群策群力，一致贊助……成功……回大陸……」跟著，自然是春雷似的一陣掌聲。

主人又請張大王致詞，大王起立，果然說得異常簡單，大意是：「……凡是志同道合的，大家一起來幹……」。又是一陣劈劈拍拍，於是依然各自埋頭吃點心，飲汽水。直至六時以後，才漸漸有人告辭分散，但多人仍留著吃了晚飯才走。自然，這麼好的郊遊，這麼好的飲食，怎能不令人流連忘返呢！

第五三回：坐失金印怒托水龍　目送財神氣蹴淫媒

當日卻有人冷眼旁觀，留心到一件事，始終不解，就是參與盛會的佳賓，絕大多數是「丘三」（按：「丘三」乃重慶一麵館招牌，人或不明此意，乃詢之館主。館主答曰：我乃丘八，現已退伍，八去其五，豈非餘三，故名。）「戰盟」的盟員亦不少；然那位身為「最高委員」而又負指導軍事之責的宣鐵吾，當此無形中歡迎新軍事部門主持人的盛大典禮中，始終不見出場。有人頗為詫異，個中人黃埔同學，尤不免竊竊私議。事後一經打聽，方知宣巨頭坐在家中，完全不知有此一事。究係「當道」偶爾遺忘了呢，還是有意不使聞知？那就是一個謎了。

自此以後，衛將軍總算正式入盟了罷？那也可不見得。將軍原是要做「軍事委員會委員長」的，「當道」最初「似乎」也有借重之意，「彷彿」亦有應允之詞；然而事後不知是因為未見「報効」呢，還是聽了軍師的條陳，雖然將「軍事組」改為「軍委會」，並委派徐景唐、鄧龍光、廖屏藩、杜從戎、胡家驥、黃權十一人為委員，但並不設委員長，只指定常務委員三人，主持日常事務，總算是遵守信義，而又異常客氣的，即以衛將軍名列常委首位，餘者即以原來的正副組長徐、鄧二人充任。

將軍一看情勢不對，心中老大不懌，乃找原媒冷先生詰問。冷氏深感惶恐的答道：「他們上頭，真複雜，事體有點中變，我亦甚為難過！恐怕是他們希望俊公先幫點忙，是不是俊公可以考慮先維持他們的經常開支一下……我也方便說話一點……」。將軍一聽，為之勃然！說道：「這樣不講朋友，還想我幫助金錢嗎？」

遂一面積極設法領出國護照，一面即遷居郊區，依然恢復不與外界送往迎來的故態。同時那一方面的「當道」聞之，也赫然震怒，說是：「彼人如此兒戲，還成說話！活該受人騙拐！他有錢買護照，讓他去南美洲自掘墳墓去罷！」遂一氣將「軍委會」解散了。而對於原介紹人，則責難備至，認為生意沒有做成，反而賠了許多酒飯開銷，真是吃了他「招搖」之虧！

甚至有人傳出，說是「當道」竟有喝叫「滾他的罷」的話，這自令人難以相信；不過《中國之聲》的督印人，自第 9、10 期起由冷君換成了林炳若，卻是事實。有人聞之嘆曰：「而今商業市場不景，經紀人的生意，已趨末路，不料政治市場的『不諾客』(Broker)也落得如此下場；則政治生意，豈不較之商業生意，還要勢利，還要可怕？哀哉！」

這又是一幕，照說，二十四番風訊，總該開到荼靡了罷！看官們業經有點疲倦了哩，原該「可以休矣！」誰知奇峰突出，「同盟戰鬥」，還要演幾場「花和尚大鬧五台山」，以便壓軸戲唱得有聲有色。原來當所謂「軍事委員會」解散後不久，那由「政治組」改組成的「政治委員會」也解散了。雖由「最高」指示，成立「省工作委員會」，也不過勉強湊成了五個，六個；而每省的參加人數，也不過七個，八個，真是小貓三隻四隻，當然也是吊兒郎當，全無表現。

那時未免有許多人意興闌珊，乃至心懷不平。例如那原來的軍事組長，後來的「軍委會」常委，與張大王久共患難，誼屬袍澤的徐景唐，即認為這「團體」舉措乖張，形同兒戲，乃對人公開表示不滿，旋又考慮退出；進一步，並想登報聲明脫離關係。經與鄧龍光相商，鄧亦極為贊成。正在醞釀之際，忽被主管組織的某人所知，急以同鄉關係，竭力疏通，苦勸以大局為重。並說：「若果真如此做，等於拆大王的台，讓某某幾方看著笑話，多年同事，何忍出此！

縱然不滿，暗中消極罷了，你還怕這種組合不自生自滅？誰又不是啞子吃黃蓮？你以為一般盟員有一個人滿意嗎？大可聽其自然，不了了之……」。徐等總算暫時忍耐了一下。有人正在慶幸，心中自忖：「管他哩！苟且混過一時再說」。誰知「野豬林」中，忽然飛出一條又粗又重的鐵禪杖，把整個「盟內」消沉欲死的一鑪渾水，攪得幾乎倒翻了老底。

第五四回：好夢易醒一紙退前盟　劫數難逃百計歸幻影

張大王在 1953 年 4 月 2 日的早晨，正在那精緻的花園草地上，觀花卉玩盆景的時候，忽然門鈴聲響，郵差遞到一封信扎。拆開一看，只見箋上寫道：「中國自由民主戰鬥同盟公鑒：本人現在鄭重聲明，自民國四十二年四月一日起，正式退出戰盟，請將本人經原介紹人簽名之宣言及生活公約，交回當面毀滅，以清手續……」。等語，下面署名為王孟鄰，日期就是 4 月 1 日。大王一看，最初甚為詫異，還以為是王先生開的愚人節玩笑，繼而一想：「昨天星期三，我們舉行最高例會的時候，並無人提起有什麼事，何以今天突然來此一著？」

乃立以電話找李微塵，查明誰係王某的原介紹人。結果，查出乃童巨頭。找童來問，亦莫明所以，只好拖到下次例會提出討論。會中，四人相對（因為那時張國燾以環境扞格，又復消極，經常不出席了，所以還是四人。）頗感棘手，不但是面子難看，而且當初只想到要人「加盟」，並未想到有人會「退盟」之事，總以為這是一架「金絲籠」，鳥兒只願進來，不願出去的，或者是一隻「倒刺簍」，魚兒只能鑽入，不能退出的；誰知竟有這等莽漢，不惜出頭露面，硬要如何如何，真是……。不得已，議決「著組織組長前往慰留」。

任國榮奉命前往，與王氏見面之後，開場白不過三言兩語，那王先生即雄辯滔滔，夾敘夾議，帶罵帶嘲，只說得滿天神佛，那裏還有任「部長」開口的份兒？結果，等於上了一大課，又好似聽訓兩小時，只落得抱頭鼠竄而還。隨後，宣巨頭又來相勸。王先生雖然故態依然，但是總算還讓宣也說夠了他所要說的話，較之任「部長」自然客氣多了。

原來那時「同盟戰鬥」已經有許多回合，無論「最高」，「最低」，莫不恩怨分明，亦無不滿腹抑鬱，各懷鬼胎。每遇「要公」，人人「見雞而捉！」不願露面的時候，就一律請宣出馬，為的祇有他還比較超然，比較天真，言談之間，滿懷希望，認為事尚可為；而別人對他這番熱忱，亦就比較有點原諒。所以當張國燾前次以老大哥的身份去遊說謝澄平不動時，亦要荐賢自代，推出宣來，因之宣巨頭後來幾乎變成了「戰盟」的一張王牌，必要時總要打出來；也因此，王先生對他還相當客氣，才肯讓他有說話的機會。但是結果呢？依然「一言既出，駟馬難追」，無法收回「覆水」，硬是要退！誰知他這一番傾訴，居然得到了宣巨頭的同情，大概是覆命時提出了主張吧，因之議決：「准予退盟」。

據傳：當王先生得到「准予退盟」的通知後，躬到原介紹人童巨頭（冠賢）的家中，辦理手續時，他發牢騷，童也陪著發牢騷；他譏罵，童也陪著譏罵，彷彿不但同情，而且痛快，大有自己似乎跟著也要退盟的樣子。因之，王先生興奮之餘，不覺忘形，認為「吾道不孤」。當取回那曩日入盟親自簽名的兩個文件時，竟有點宋公明重回「烏龍院」，搜到了「招文袋」，抽出劉唐送來的那一封性命交關的書信，慌忙的在燈火上燒掉的神情一般，居然當著巨頭之面，就嗤！嗤！的表演著晴雯撕扇子的本領，把它橫七豎八的扯得粉碎；復用力拋擲窗外，讓它們像蝴蝶一般，飛舞而散。

或曰：在領導人面前如此態度，未免有點不恭。但亦有人說，這也難怪，原來王氏係做教授出身，平常崖岸自高，認為一塵不染；及至大陸淪陷，與邵鏡人結伴逃到海隅，職務原在台灣，但不能入境，早已渾身焦躁，而兩人既同係前面說過的所謂「轎夫」（見上期），那「第三」店號自開始籌備營業，至屢因生意不佳，改裝門面，昔日坐轎子的童巨頭，始終係其中的主持要角，但卻一直都只邀他絕不邀邵，兩人情況相同，又同居一起，有人不免疑心童不夠朋友，甩掉同伴；而王先生也有「同是天涯淪落人」之感，內心大不過意，迭次以此詢問童頭兒，但頭兒總是含糊其詞，敷衍了事。

王氏素有「霹靂火」之名，極易激動，又耳聞目睹各種怪現象，教書的人，幾曾見過這些翻七覆八，顛三倒四的症候？然又無可如何，大有「明知不是伴，事急且相隨」之概！雖然「團體」異常予以優容，准其入門之外，還委派為《中國之聲》的編輯委員，月俸三百五十元。有人說：這或許是「養兵千日，用在一時」的意思。因為他老先生是陳涉，吳廣的同鄉，這種人才，衝鋒陷陣，頗有用處，初不知後來他竟會對內「揭竿而起」的。

那一段期間，王先生雖受優待，但覺得平時非特對於盟務，一事不知；即對於編務，亦難以過問。加以外間風風雨雨，不斷吹來，較之「廬山中人」，還要看得面目清楚，「履霜堅冰」，端倪已顯，臨時又受了一點另外同伴的激動，王教授那裏還再忍得住呵！遂霹靂一聲，不惜犧牲了那優渥待遇，找出兩把板斧，就要砍翻那「忠義堂」前假仁假義的「替天行道」旗幟，來它一個「捲堂大散！」

果然，自從這一塊石頭投出後，「戰盟」看到形勢危急，乃不惜再來一個「混戰」，竟「開除」了許多「要人」；跟著，張國燾也正式表示不再參加會議。隨後，顧孟餘亦因批評張君勱《第三勢力》一書的文章不能在《中國之聲》發表，也大發牢騷，聲言要想退盟。

於是所謂「戰鬥同盟」也者，也就日薄崦嵫，暮氣沉沉了。雖然還有人要「大團結」，把各派別弄到一起，「戰盟」本身又補充幾個「中委」，好像「沖喜」似的，以資振作。但是整個《第三勢力》，卻已落葉紛紛，那裏還「沖」得出一個「喜」來？轉瞬四年，虛擲枉度，任何人都看透了它的前途，但是怎樣弄成這個樣子的，那就只有讓「歷史先生」去解答了！

第五五回：瓜棚夜語促膝談狐鬼　山居秋敘把臂說魅魑

南方的仲秋天氣，猶如中原盛暑一般，在太平山下，有一座灰色洋房，其中的主人，器宇軒昂，雅好賓客。那時適有知友，自遠方來，乃備宴接風，邀請作陪的多係舊雨宿好，自有一番契闊的熱烈場面。亂後重逢，歡欣逾恆！主人既係意重情懇，佳賓亦均十觴不醉，讌罷以後，即在那花園草地之上，散坐乘涼，任意暢談。因為在座的，多係向來與政治有關的人士，而遠來之客，對於時事、異聞，又極感興趣，談來談去，不知不覺好像開了一個東洋式的「懇談會」。雖然談的時間很長，涉及範圍甚廣，但因問題頗為集中，詞令也非常輕鬆活潑，故內容倒也甚覺豐富有趣。當時在座的就有人把它全部照實紀錄了下來。老焦因某種機會，幸得借觀，不妨轉抄於後，以資共賞。

遠客：（忽然鄭重的）你們此地的「第三勢力」最近鬧得怎樣？總該有點進步，有點成就了罷？我們遠方的人，倒是很想知道一點內容的哩！（大家面面相覷，做聲不得，冷寂了一下）。主人：這類問題，要問甲兄，乙兄，以及丙兄諸位，他們幾位有的是過來人，有的則消息靈通；我們平常完全不問，偶然亦不過隨便道聽途說罷了。

甲客：我是早已把他們「否定」了，也可說是早已被他們「開除」了，所以不願談這些事。古人說得好：「君子絕交，不出惡言」。丁客：（滑稽地）你只說了古人的上面兩句，還有下面的兩句，「忠臣去國，不潔其名」。你們忘記了呀！「准此」似不妨批評批評他們，以盡你的「忠心」啦！乙客：不管真的假的，那些傢伙，既敢以「自由」為名，又在所謂「宣言」裏面，強調「言論自由」，則他們既能作，我們就能說。他們還未拿到權柄，兀的就把人吞掉不成？

戊客：這是乙兄痛快！所謂「戰鬥同盟」，平常就不准「盟員」說話，而且根本什麼也不告訴「盟員」，頗有點幫會老頭子對待徒弟的神氣，是真的嗎？丙客：他們的氣度，是不願接受批評。他們又蝎蝎螫螫的故作神秘，更不願人談起「同盟」之事。甘家馨被開除的原因之一，就是疑心他在報上發表了不利於他們的消息。

戊客：不錯，彷彿是4月尾上，有一天我因為到一位朋友家裏拜壽，過海時順手買了一張《自然日報》，看見標題，什麼「戰鬥同盟大分裂的秘密」，乃好奇的一氣看完，原來那是甘家馨自己發表的，難怪說得他很重要哩！丙客：本來他很重要，而且熱心服務，很有不少貢獻；是否他自己發表，還要待考，不過他並非退出，乃係開除，而且同案還開除了何正卓、涂公遂等。遠客：政治運動尚未成功，同人之間，何必如此嚴重呢？未免「拿著雞毛當令箭」了！

甲客：主要原因，是因為甘領了赴日本公幹的旅費，後來「盟方」變更計劃，又不要他去，但他卻因準備行裝及辦理手續，已將旅費花掉了一部份，原款退不出來，「盟方」向他追討，很不客氣，甚至有「揩油」、乃至「貪污」的語氣，因之他就憤而辭職。遠客：究竟領了多少旅費呢？乙客：聽說是美金一千元。原未追討，後來伍藻池要到澳洲，請求川資，「盟方」派李微塵向甘索取，以便移用。據傳，話說得很難聽，有什麼「你們從大陸上來的人，應該自我洗鍊呀！」什麼「過去只講利害，不顧是非的惡習，應該改革呀！」又說：「我們在盟中負責的人，應該以身作則呀！」甘氏頗覺難堪。

丁客：這些話，李微塵在「向戰盟的盟員」類似訓誥的一篇文章中，似乎早已說過了，那甘家馨理應「凜遵毋違」才對呀！遠客：結果，旅費到底退回了沒有呢？乙客：退回了六百元，還有四百退不出，而且也不能退，他說他仍需要到日本的，萬一不去，或許他預備請「盟方」按月扣還，亦未可知。因為他們做組長的，每月都有薪水的，雖然比起「最高委員」，千兒八百的少一點，但是也有五百元港幣好拿。

主人：就是不退，也是小事；況且他還有正當理由，有錢應該大家用才好，用不著破臉呀！丁客：我們擁護主人組織「第四勢力！」因為主人請我們吃飯，實行「有飯大家吃」主義。（大家笑聲）遠客：甘氏既經辭職，又予開除，已經過份，怎麼又還連帶開除了另外兩位呢？甲客：那是因為《獨立論壇》的登記簽字人是何正卓，當抵押時，登記證是交對方了，他又曾經簽過名，押到款子時，大家也是共同分潤的；但臨到無款取贖，受押者處分押品時，何卻堅決不肯再簽字，寧願受「團體紀律」制裁。

乙客：這件事做得最不漂亮！整整一萬元，白白凍結，等於虛擲，雙方都只有睜眼看看；就是「第三圈子」中人，也沒有一個人表同情的。庚客：如果照我們商場規矩，那等於以假押品詐欺取財，可能吃官司哩！遠客：這些人都是飽經世變，怎會如此顧前不顧後？其間必有緣故！甲客：對！他們的理由是：《獨立》登記費，最初多半是由黃宇人經手募來的，要處分，應該先退回原款與捐助之人，而且也應該徵得黃宇人同意，否則豈不是「出賣朋友」嗎？

乙客：那才是大笑話！既係捐款，為何要退？而且原登記費僅三千元，後來七千元係由張、顧撥出補繳的，嗣後又按月津貼五千元，總數約五萬餘元，怎的大數額反無處分之權，小數額倒要先退？

就是生意關門，也只有先清債，後退股的，還要有餘，才能平均分攤。況且大家入盟，既丟掉黃宇人，抵押登記證時，亦忘記了黃宇人，分錢的時候，更無所謂黃宇人；等到鬧翻了臉，卻想起了黃宇人，說是怕「出賣朋友」，拿他來作幌子。這樣的朋友，如果照江湖上的規矩來講，那真是夠好聽的。

第五六回：殺聲動海角總算冤孽障　罡風起蘋末齊了歡喜禪

遠客：因此開除何正卓，猶可說也；怎麼還開除涂公遂呢？甲客：盟方認為這些事，都是甘家馨在幕後發縱指使的，涂與甘接近，加上《中國之聲》及「大同盟」的許多舊帳，不明不白，逐一總清算，併案辦理。而且另外還開除了四個要角。遠客：啊，這簡直「大整肅」呢！四個中有不有我們知道的人？你請說說看。乙客：不但此也，連張國燾也幾乎被正式開除。

甲客：張國燾是因為報上登載，說他與甘家馨、王孟鄰等一齊宣告退盟，而甘已被開除，他既事實上許久不去開會，等於無形脫離，又恐怕受辱，乃急寫一信與盟方，先說明報上係無稽之談，次乃委婉說他身體不好，近來對於政治興趣亦不佳，故暫時不能出席開會，「希望彼此以君子風度相處」云云。丁客：此公倒是老江湖，這一著招呼打得好！叫做「光棍不喫眼前虧」。

乙客：但是畢竟還有「包袱」丟不掉。「戰盟」籌組之初，他不是提議要訂立「生活公約」嗎？「公約」中有戒打牌，抽煙，跳舞，討姨太太等教條，但當張老先生對「盟務」消極了的時候，抽煙自不必說，牌也偶然打起來了。於是「最高」、「最低」的都有人質問他，說是：「你自己發明的公約怎好自己違背？」遠客：張老先生怎樣答復呢？乙客：他老人家輕描淡寫，把頭抬一抬，眼瞇一瞇，帶笑說道：「搞政治就是這們一回事啊！」

丁客：妙啊！妙啊！這一句話比一套「政治學大全」還要精采！可惜馬克斯不懂此竅，並未寫入《政治經濟批判》裏面，否則更有價值。乙客：有人笑他在「第三勢力」運動中，先後兩大天才發明，都變作了「包袱」，等於自己搬了石頭打自己的腳。遠客：他既是「最高委員」之一，等於他自己也有「否決權」，盟方自不能開除他的。丁客：可是他也受了他的老朋友維辛斯基及馬立克的作風感染，動輒「退席」呀！在那種當口，保不定就以多數對付他的。況且「最高」會中，就有人這樣說：「張某既不退盟，又不到會，究竟算什麼的？」

遠客：乙兄，你不是說幾乎被正式開除了嗎？可見得還未開除，那也就不必管它了。我想知道甲兄剛才說的那另外被開除的四個人是誰？又是為了什麼緣故？甲客：四人中有兩個姓李，說起來恐怕你也曉得的，一個是李荐廷，一個是李宗理。戊客：李荐廷！是不是漢口的李荐廷？他是生意中人，怎麼也搞「第三勢力？」丁客：你外行哪！「第三勢力」也是生意，而且有一陣還是最時髦的生意。甲客：李荐廷在「戰盟」中最活躍，最熱心、拉客，請酒，確也賠了幾文，李宗理是政治組副組長，每月倒有三百五十元的「請受」好拿。

戊客：李宗理何在乎三百多元！他是我們湖南有名的大闊老，長沙第一棟豪華絕倫的大洋房就是他蓋的。他在 1947 年，就乘坐 1948 年式的嶄新林肯牌汽車，在省會招搖過市，路人側目。長沙以前號稱「兩李」，一個是李雲波，一個是李默庵，又都叫作「李半城」，一個是南半城，一個是北半城；後來李宗理發達了，長沙人就改稱「三李」。丁客：糟糕！李先生「位列三公」之後，整個長沙，已被兩個宗兄老本家瓜分淨盡。根據列寧學說，要求重新分割殖民地時，豈不要引起帝國主義的大戰爭呀？你們長沙人「無噍類矣！」

戊客：那也不然！後來之李，係對外「侵略」的，他的財產，事業，全在青島、濟南，因為他與王耀武關係很深，代王經營商業，等於「外府」，所以他的「民選老爺」，也是由「絃歌之邦」產生，長沙人倒還間接得到齊國的「魚鹽之利」滋潤的。遠客：那麼，這種人才，「戰盟」就應敦請擔任「最高委員」，主管財政；而李先生也就應該慷慨解囊，燒熱冷灶，才算是「精誠合作」哪！而彼此都不如此做，一面要拿待遇，一面反而開除，「兩失之矣！」甲客：開除的原因，並非如此，因為他與李荐廷都是九龍塘四十四人發「宣言」，榜上有名的，「戰盟」要他們寫「悔過書」……。

乙客：不，是坦白書。甲客：不管是「悔過書」，還是「坦白書」，總之是要他們承認過去錯誤，以後一心歸順「戰盟」，誓當忠貞，永矢不變；但二李不肯寫，所以就開除了。遠客：坦白書，或宣誓詞，總是在加盟的時候寫啦。而且事前必然雙方已經有了成議，然後才會辦理手續啦。如果不寫，自然就不准入盟；既不准入盟，根本就用不著開除呀！你說的我竟完全不懂。乙客：難怪你不懂，最初我們也鬧糊塗了。

原來「戰盟」找人加盟的時候！都是偷偷摸摸的，任誰只要有人事關係，或者鑽營一下，就可取得那兩個印好的文件，簽名於上；一經簽名，就算入盟，較之過去「二十五集團」請吃茶還要簡單。這二位李兄，都摸到門路，一下子就鑽進去了。李宗理因為平常很接濟了周天賢，周氏為了感恩圖報，又竭力保他為「政治組」的副組長，一切自然都很順利。丁客：這叫做「朝中無人莫做官！」遠客：那怎麼又會因不寫坦白書而被開除呢？

甲客：後來因為有人說閒話。據說：是因一個軍人叫黃權的，也是「四十四人宣言」主角之一，他要加盟，盟方一定要他寫坦白書，他就寫了；及至入盟以後，才知兩李並未辦理這種手續，乃大表示不平，頗為牢騷，「最高委員」才開始注意。乙客：這也是皮相之談！實際上是那時周天賢失寵了，有人乃攻訐李宗理是貪官污吏，恰逢李荇廷又在《獨立論壇》社竭力擁護甘家馨的主張，迫著何正卓不簽字於處分《獨立》登記證的文件上；同時又傳說王孟鄰之所以退盟，是因為受了李荇廷的挑撥。李對王說：「張大王在罵你」。而大王認為對於王大教授祇有吃茶的一面之緣，平時絕未提到過。

甲客：主要的，還是因為李荇廷逢人就說，他對「第三勢力」先後花了二十餘萬，現在「戰盟」還天天派人向他要錢；他不得已，祇好離開香港。這些話，被「最高」人們聽到了，認為絕對招搖，並未見他一文，乃要找李對質。丁客：誰知他已遠走高飛，到「南美天堂」去躲避原子彈去了，是不是？乙客：因此「盟方」就說他不肯寫坦白書，而予以開除，實際上是「借題發揮」。遠客：開除後他們二人有反應沒有呢？

甲客：李荇廷已走，等於馬後砲，自無反應。李宗理則對人說，什麼「最高委員會」，他們事前不是不知道我們發過「宣言」的呀！既准我加盟於先，乃要我「坦白」於後，我寧可殺頭，誓不照辦。況且他們而今還沒有殺頭的權力哩！

乙客：還有說得更難聽的哩！據傳李說：我們發「宣言」只是說的與共產黨合作，並沒有背叛國民黨，我們祇是贊成共產黨說的：「新民主主義，就是三民主義的實行」。我們根本還是信仰三民主義的呀！最多祇能說是受騙罷了。但是誰沒有受過共產黨的騙啦？全國老百姓不用說，黨國要人，每個人都應反省一下。即以張大王來說：那共產黨操縱下的武漢政府，不是他支持的？那廣州暴動，他不應該負責？況且張國燾根本就是老共產黨，其餘的顧孟餘、童冠賢、宣鐵吾等，誰不實行過「聯俄容共」和主張與共產黨講和的政策？要坦白，應該他們「最高」的負責人先寫坦白書。

丁客：李先生錯了！刀把在誰手裏，誰就有理，空談何益？乙客：可是他們現在還沒有刀呀，就先想殺人！遠客：其餘還開除了的是誰呀？可是甲兄、乙兄，兩位談得太多，我們先休息片刻，喫點茶，再繼續談。我真聽得有趣，好像讀了幾篇新的《今古奇觀》。主人以為如何？主人：好！諸位喜歡飲「大紅袍」還是「鐵觀音？」我有老山的「鐵觀音」，市上絕對買不到的。眾人：就是老山鐵觀音罷！

第五七回：烹功狗巨頭施威　展天下厚顏作舅

（當停止談話後，眾客有淨手的，有散步的，也有看花的。月光之下，花色嬌翠欲滴，而其中有一叢晚香玉，斯時大散芬芳，濃香撲鼻。丁客大喊：「好花！好花！」之後，許多人都圍到花畦旁邊去，欣賞流連，不忍他去。正在此時，主人高聲「請來飲茶」，眾客一鬨歸座，三杯佳茗入口，但覺兩腋生風，肺腑清涼，眾客不覺心曠神怡，逸興湍飛！一面不斷贊美，一面不斷致謝，談話之聲併起，大家爭著發言）。

遠客：慢慢著！我們還是「閒話少提，言歸正傳」。剛剛說到「戰盟」開除的還有兩人，究竟是誰？為的什麼事？請那位談談，以飽遠人耳福！甲客：有一個軍人叫胡家驥，聽說是在大陸撤退時，把部隊全部丟掉，把餉銀全部帶走的英雄，「戰盟」請他加入後，並委他任軍事要職。及至某報登出他也是「軍事委員」之一的消息後，他有所畏忌，乃在報上用本名刊一廣告啟事，說他「從來未參加任何政治組織」。丁客：那叫作「此地無銀三百兩」。

乙客：是的，「戰盟」就認為他藏頭露尾，不夠「革命」，而且破壞「紀律」，乃予以「開除」。這事很簡單，不過如此。倒是有一個人，那可了不得！遠客：（驚訝地）莫不是「最高委員」有人被開除？庚客：我曉得，一定是周天賢。甲客：不錯！就是他。戊客：

他不是同童巨頭很好的嗎？一般人都認為他是童的心腹爪牙，所有童的「關門主義」，「排擠政策」，據說都是叫他一手包辦，他就得意忘形、作威作福，弄得疏親絕友，無人再敢領教。他當初主管「組織」，高下在心，縱橫任意，「第三勢力」，倒很受他一番「栽培」。有人說：「戰鬥同盟」弄到這個樣子，他與李微塵二人，都是大大的「功臣！」而且他還替童管理財產，經放債務，我們同鄉，無人不知。

乙客：就是因為放債放出了毛病，所以才失寵的；據說有一筆八千元的債務，吃了倒帳。己客：事體是這個苗根，不過八千元最後依舊歸還了童巨頭，只是利息損失罷了。歸還的辦法，也很費了一番苦心。戊客：是不是他自己挖腰包賠出來。己客：他那有這個力量！有也不肯拿出。他依然是借重童巨頭的牌頭，加上張大王的面子，居然被他說動了一個老鄉，拿出好幾萬元出來辦報，他就在那辦報的經費裏面，先提出八千元交還童巨頭，總算是「原璧歸趙」了。遠客：那童巨頭就應該格外賞識，優予獎勵才對，怎麼反倒不相信了呢？

己客：這就壞在他歸還八千元，乃逢人表功，說是童巨頭的生活是他維持的。巨頭們那裏聽得這種話呵！認為他忘恩負義。後來又有許多事都弄穿了，信用破產，於是群起而攻。其一般同鄉，發覺他無時不用手段，無處不掉花槍，又到處打「小報告」，大家一致對他警戒。童巨頭乃將各種情形，報告「最高」例會，將他一腳踢開。可是他的本事真不小！原來被他遊說出錢的那位老鄉，姓曾名荐庭……。

丁客：是不是曾國藩的後裔呀？己客：那也不必考據了，我只曉得他是鼎鼎大名的貪官周游子的妹丈。丁客：那自然是極有錢的了。己客：他雖然沒有周的多，但既是周的至戚，又在周的下面作事，「強將手下無弱兵」，弄錢的本事總不會錯的。而周天賢居然與他認了親戚，往來甚為親密。丁客：是不是把他的兒子拜寄曾富翁做乾爹，兩人結了親家？己客：那裏，他並不依靠兒女，完全「自力更生」，他用盡苦功，同周游子的妹妹認了同宗，說是：既同鄉又同姓，這「二同」的關係，非同小可，同親妹妹是一樣的。丁客：這豈不是他趕著要做人家的「大舅子！」（眾人大笑）。

第五八回：夾袋出異寶數語獲救濟　妙舌生蓮花一表定生涯

己客：做大舅子也有做大舅子的好處，他就是靠這淵源，得到了救濟。遠客：啊！我曉得了，一定是曾先生將之轉介與周游子，周氏慷慨的維持了這位「二同」先生的生活。戊客：那除非鐵樹開花，烏龍出井，你遠人不知近事啊！丙客：我猜：或者是曾荐庭在救濟知識份子會裏面有很好的朋友，或親近的同鄉，更或者是另有一個親戚「二舅子」他替周大賢拉攏著認了乾兄弟，找到了一份差事。己客：丙兄：你真聰明！他就是靠「救濟知識份子」這點苗頭得法的；可沒你說得那樣笨！人家只要拿著一份登記表，就達到了救濟的目的。

丁客：（大聲跳起來）啊哈，我也很早拿到了登記表呀！把我填得頭昏腦脹，填了又填，又是美文，又是中文，又是正楷，又是打字，「麻麻地！」到今天咱老子也還沒有得到救濟呀！己客：你不要忙呀，他也未得到救濟會的救濟，如果等救濟會來救濟，有許多人的骨頭，早已變作了肥料啦！不過周卻有本事叫要救濟的人，反而先要救濟他罷了。

據說：周「天才」——他的同鄉認為他聰明絕頂，有人呼他為天才——當初拿著一份登記表，故意緊緊張張的去找曾荐庭，又故意神神秘秘的把曾拉到密室中說道：「現在有辦法啦！美國人要來救濟，但是辦得很秘密，最困難的是登記表不容易得到，我自己好不容易求得一個外國朋友替我討了一份」。說著，就將表從最裏面的衣袋中震震顫顫的鄭重取出，遞送曾看。曾也聚精會神的仔細觀看一遍，愣了半天，一個字也不認得。（全是外國文）於是周又正色說道：「只要有表，一經填好交去，就什麼都可以解決了」。曾趕緊說道：「賢舅有什麼法子，替我也找一份才好」。

丁客：慢來！慢來！你說的完全是信口胡柴！想那曾荐庭乃周游子之妹丈，腰纏數百萬元，高居半山之上，出入汽車，安富尊榮，那裏會要救濟？如果他們都要救濟，那些住吊頸嶺，木屋區，以及胭馬路邊的人們，連咱們在內，豈不都應該請到紐約華爾街去？乙客：這也不見得。愈是有錢的人，愈是「儉德可風」，能夠得到救濟，不動老本，豈不愜意？據我所聞，許多豪門巨富，都曾經填過救濟表，而且有人討好，送上門去，因此所得不止一份，連當差的或勤務兵也都得填。後來有若干到南美洲去作寓公的人，當初都是填過救濟表的。

但真正需要救濟的人，最初卻摸不到門路。此外，更有人取得大批表格去發賣，三十、二十元一份；又有人拿去收買嘍囉，結交黨羽。千奇百怪，無所不有。己兄所說，實非臆造。我也聽到有幾個人談過，不過沒有知道得詳細，還是請他說下去罷。遠客：我們都高興聽他說下去，真說得有聲有色！己客：當時周最曾說：「找得到表就好了！我們情逾骨肉，豈有不用心替你找的？可是真不容易呀！就是我弄到這一份，也不知費了多少應酬功夫、花了多少交際費用，……」。當時二人密談很久，據傳：結果，是曾荐庭每月供給五百元與周天才作交際費用，以便取表，如是者許久。

乙客：我聽說是每月一千元。己客：那又是後來加的。因為後來隔了許多日子，天才果然弄到了一份登記表，與曾送去，並逐條解釋；不料又從條文中產生了意外的奇蹟！丁客：是不是後來的登記表上添了兩條說：被救濟的，每人可以配給一部汽車，一個姨太太？己客：雖非如此，卻較此還要使曾興奮。因為曾那時既想救濟，更想離開香港，另找安全之所，以享下半世之福。恰好！登記表內有三條，最合理想。一條是：「你願意做什麼樣的工作呀？」一條是：「你每月需要多少生活費才能維持呀？」這兩條已經有點「各盡所能」，「各取所需」的「大同世界」理想，無論何人，莫不興「幸逢盛世」之感，倒反而認為佔到了國亡家破的便宜！

遠客：那還有一條，一定更妙！己客：可不是！另外一條說：「你願意到什麼地方去呀？」這一下子，可點中了曾先生的「心經！」周天才就鄭重其事的說道：「頭一條，以你的學問經驗，自然無所不宜，不成問題。第二條你也不大在乎。唯有這一條——就是你願意到什麼地方去，那可大有文章！非人事關係，是不能適如理想的。譬如說：你願意到美國去，但是你要求儘管要求，那審核的人，難免無變更之權，弄得不好，倒把我們弄到帝汶島，或南非洲那些蠻荒之地，當真我們去充軍不成？」於是又密商很久，結果，乃將交際費加為每月　千元。（眾人笑聲）

遠客：曾既有錢，周又需要，可謂「取不傷廉」。不過這種本事，真是不小，確不愧為「天才！」乙客：聽說後來周又介紹曾加入「第三勢力」，說是成功後，比美國救濟更好，還有官做。又帶曾去見童巨頭，張大王、童、張並且還請他喫飯。這位曾先生受寵若驚，又拿出很多錢來辦報，於是，周又做了報館的要角。

己客：後來西洋鏡鬧穿，周也離開報館了，聽說現在這張報紙，還是張大王勉強維持的。乙客：最妙的，是這位周天才先生，得到風聲，知道「戰盟」要動手開除他，乃立刻仿照王教授的辦法，也寫一封信去，聲明退盟。但是「最高」的人們，不理這一套，還是「予以開除」了事。

第五九回：正氣難存文章奉璧　愁懷鬱結孽子椎心

遠客：（微笑）西洋人說：「第一個用花比女人的是天才，第二個就是笨蛋」，周先生這點未免太不天才！而王教授可謂見機的了。不過話說回來，像周先生在別的事上這樣聰明，這樣努力，又對童巨頭這樣盡忠，結果還是被開除，真是鳥未盡而弓先藏，兔未死而狗先烹！（說罷，斜躺在籐椅之上，仰面朝天，只見星月交輝。忽有所感，遂不覺嘆息一聲，聲音很響而又很長）。

丁客：（老儒哼古文的腔調）「親賢臣，遠小人，此先漢所以興也；親小人，遠賢臣，此後漢所以傾頹也。先帝在時，每與臣論此事，未嘗不嘆息痛恨於桓靈也！」遠客：（微訝的重坐端正）怎麼！你忽然背起〈出師表〉來了！丁客：我因為閣下浩然長嘆，又因為剛才談的是救濟登記表的事，恐怕你要「臨表涕泣，不知所云」，故先擇一段最要緊的朗誦出來，以激發你的忠義之氣，俾便師出有名呀！

遠客：丁兄真是妙語解頤！頑皮一如當年。我因剛才聽到了這些故事，想起了這幾位被開除的仁兄，雖然不是個個都有交情，但其中也有朋友，也有熟識，素知他們在國民黨裏少則十餘年，多則二三十年，都有很久的奮鬥歷史；有的還曾任中央委員，而今流落海隅，境遇已慘！又弄什麼「第三勢力」，只落得如此下場，不知他們內心作何感想？我衷心委實替他們萬分難過！適才偶爾抬頭一望，只見明月西傾，北斗斜掛，猛然想起了曹孟德在赤壁橫槊所賦的：「月明星稀，烏鵲南飛，遶樹三匝，無枝可依」的名句，不期動了蒼涼之感，遂無意中發出一聲長嘆，有擾諸位豪興，真對不起！真對不起！現在我們還是繼續……。

（此時，主人太太督率那年輕娘姨，陸續捧出兩隻大白瓷盤，一盤滿盛剖開的冰凍西瓜，一盤雜置各種各色的冷藏水菓，分別敬客。各客一面隨意取食，一面連聲致謝，並說：「剛才飯後已經喫過冰淇淋及凍澄汁，現又勞動賢主婦，於心不安」云云）。主人：諸位老友，不必客氣！我有一個提議；遠客到此，頗不容易，大家數年未見，難得今天月夜良宵，興緻都佳，我主張作長夜之談，如何？

丁客：我舉雙手贊成，因為遠客明天就走，真所謂「明日隔山岳，世事兩茫茫！」「古人秉燭夜遊，良有以也！」況且月色高照，又不必要主人破費臘燭（眾人大笑）。

遠客：不過我於心不安！既擾主人賢伉儷，又要各位熬夜，我看也不必限定通夜，總談到興盡方散就是。主人太太：諸位儘管暢談，好在電話現成，什麼時候都可以叫「的士」。的士公司又很近，我已經在準備點心水菓，這水菓有兩種，是一位朋友昨天才從日本帶回送來的。遠客：這樣賢德的太太，真是難得，主人的福氣太好了！說起日本，丙兄！那位顧孟餘先生，近來在東京如何呀？

丙客：近來很不得意，而且滿腹牢騷，頗有退出「戰鬥同盟」的意思。遠客：那是為什麼呢？他不是「戰盟」的主要領導人嗎？乙客：就因為他是主要領導人，但是他的文章，《中國之聲》卻拒絕登載，他老人家焉得不氣？遠客：真是「豈有此理！」丙客：那篇文章是批評張君勱那本《第三勢力》一書的，但態度很溫和，持論很客觀，而措辭尤其委婉平易，顯然他下筆的時候，對張勱老抱的是極友誼與極誠摯的心情而寫的。

遠客：文章內容是批評什麼呢？丙客：主要的不外三點：第一、顧說：張在他的書中論孫中山先生，是「過於忽略孫先生當時之處境」。其次，顧說：張先生「批評國民黨亦極籠統，有時所舉之事實亦不確。譬如謂改行法幣時，所有政府高級官員都成鉅富；又謂所有國民黨之重要份子都利用由官職而得來的消息而獲取財貨，是不確的」。戊客：民國 24 年改用法幣時，鄙人也是國民政府之不大不小的一個主管官，但是我就事前沒有得到任何「消息」，更沒有因此獲得一文「財貨」，到今天還是一個窮光蛋，小孩連上學也上不起呀！

丁客：大概他們「七總裁」之中的人，如張大王、童冠賢、宣鐵吾等，當時都是事前得到消息，因而發了大財，所以承認張君勱說得不錯，而不得不拒登顧孟餘糾正他的文章。為的那時他們都是國民黨的要角，各有重要的崗位呀！遠客：這自然是不會有的事。我要問：顧先生在文章中對這事作何解說？丙客：顧文中說是：「改革幣制的計劃，事前只有三數人知之；姑不問此三數人當時之行為若何，餘人顯然無從利用消息而致富」。

又說：「平情而論，國民黨與國民政府中的貪污，其初只限於極少數人，後經抗戰，通貨膨脹，舞弊遂成普遍現象。但國民政府中，始終有不少廉潔自持，奉公守法之士，不可否認」。所以顧文說：「張先生的籠統判斷，我認為是有損無益的」。甲客：這是歷史，這是事實！一個號稱為學者的著述，是要對歷史負責任，於事實有根據的，難道這點接受批評的起碼雅量也沒有嗎？遠客：顧先生說的「籠統判斷」，「有損無益」，我極為贊成。而且這種批評，等於互相商證，互相切磋。當代的人，談當代的事，是不能因黨派的立場，而有意歪曲與抹煞的。

丙客：說到黨派立場，顧、張署名同發「宣言」，自屬同盟、同黨的同志，而顧在文章的開頭一段，還大捧張勱老的書，說是：「此書比較一般英美出版論中國近事之書（無論左派或右派）為深刻，宜為各國讀者所重視。此書除敘論國際關係及揭穿共黨真象外，其重點在站於反對黨立場批評國民黨，他山之石，可以攻玉，這些批評，無論關於理論與政策，抑關於行動與態度，都是國民黨人所急切需要的……」。

甲客：這樣懇切的贊揚，坦懷的謙沖，不要說「同盟」的資格，就是以一個國民黨要員的身份，在理論與事實上，持相反的論證，正大光明的公開討論，《中國之聲》也沒有拒絕登載的理由。丁客：著呀！當年「科學與玄學之戰」，北京《晨報》，也沒有只登擁科學方面的文章，就拒絕了張君勱方面，一般人稱之為「玄學鬼」的議論呀！乙客：而且《中國之聲》是顧孟餘等首先創辦，張君勱不過是後來加入的。

甲客：更何況他這本書是專門把中國的事，寫給外國人看的，等於是告洋狀的訴詞。政治見解的長短是非之外，尤應該兼顧國家的榮辱，民族的文野，以及一個時代精神的反映，不能一筆抹煞一代史實，也不能一竹篙打死一船人呀！

遠客：我現在想要先知道那重要的第三點批評是什麼？丙兄博聞強記，請你還是再說下去。丙客：我那裏配稱「博聞強記！」不過我是看到過顧先生的原文的，而又竟遭拒載，我心中異常難過，不明所以，因之讀了又讀，想在文章內找出不肯刊載的答案出來，遂不期然而然的記熟了；甚至顧先生所引張先生原著的第幾頁第幾段，號碼數字，都背得出來。乙客：那就請你背好了！

丙客：顧先生文章，指出張先生的書，在序文中第 13 頁上勸告美國人撤回對台灣之援助，說是「蔣政權始終是對憲政的否定」。但是在論「中共政權」一章，第 312 頁中又主張美國援助台灣。所以顧文說：「這個矛盾，張先生未告吾人以如何解決之方法。如果張先生承認反共為中國目前第一要事，則美國援助任何反共之人，應為一切中國人所歡迎無疑。至於中國如何才能踏進民主自由之路，如何才能實行憲政，樹立法治，此乃中國人自己之事，美國人對此是不關心的」。

甲客：這樣的文章，對張君勱說，也是「他山之石，可以攻玉」呀！不但《中國之聲》應該登載，並應該譯登美國報紙，他那所謂《第三勢力》一書，如果再版時，更應該虛心的引證附載於書內，以資更正。並且對於顧先生所指的援助台灣與不援助台灣的矛盾，要作明白解答。乙客：大概張先生平常不主張援助台灣，一旦想起反共，又要美國援助台灣，好像反共純粹是台灣的事；而反對台灣，則是他老人家唯一的責任。

丙客：除此以外，我看他意在言外，還是希望美國協助「第三勢力」。丁客：援助「第三勢力」，我也不反對，但總要有「勢」，人家才好援助呀！張君勱連自己的「勢」也去掉了，要寫信去靠李大明的「勢」，並且恭維李有兩個「勢」，一個是《民憲》一個是《世界日報》，而搖頭擺腦，引經據典的說：「此孟子所謂勢也」。就是美國真的援助，看樣子也不會選中那無「勢」之人呀！

乙客：你只就「勢」而言，我覺得根本就找不到「第三勢力」這個玩藝在那裏？丁客：那倒是有的。以前吳稚暉曾寫一篇文章諷刺汪精衛的「左派」，說：「左派！左派！何處有左派？踏破鐵鞋無覓處，卻在人家玩笑中！」現在這幾句文章，只要改易幾個字，仍可適用。遠客：我不想研究吳稚老過去了的文章，只想知道當前顧先生的文意，到底發表出來沒有？丙客：仍然發表出來，卻不是在《中國之聲》，也不是在與「第三勢力」有關的刊物，反而是在素來瞧不起什麼「第三勢力」的報章上登出來了。

主人：可見輿論界還是有是非公道的。遠客：難道是顧先生自己去分別投稿不成？丙客：不是，頭一次的稿子是顧先生寄與童冠賢的。童接到後，並不逕交《中國之聲》去登，乃先與李微塵商量。李氏一看，大為反對，說是顧氏不應該為這種批評張勱老的文章。同盟的人，只應該互相標榜，彼此捧場，反勸童氏把稿退回顧先生，並且要寫信勸顧下次不可再如此作。遠客：（異常驚異地）童冠賢竟然這樣作？

丙客：童氏猶豫不決，乃提到「最高例會」去談，李微塵又在會中大放厥辭，說：這種文章，如果登出，要影響團結；現值外人說我們內部意見分歧，《中國之聲》是我們的「機關刊物」，如何能發表領導人不同的意見？因之他是堅決反對。遠客：那其餘的人都是木偶嗎？丙客：是否木偶，不得而知，《中國之聲》始終未登此文，總係事實。而且據說《香港時報》、《華僑日報》、《自然日報》等，後來登出後，李微塵還要在《中國之聲》上發表一篇反駁顧文的文章哩！總算大王說：「既不登原文，也不能登反駁文」，才算完事。

遠客：然則那幾份報登載，又是那來的稿子呢？丙客：顧先生第一次寄稿與童，既然不登，顧心中甚憤，第二次乃寄信與另外的朋友，大概是黃如今之流罷，囑他們分抄或油印，分別投稿，務必設法登載出來。信中據說就極露不滿盟中作法，大有退出之意。黃等亦心中不平，乃分送各報，結果才在相反的方面登出。

乙客：童冠賢將來有何面目再見顧孟餘？丁客：他要知道害臊，他就「有種」了！遠客：我以一個研究歷史的人的資格，很沉痛的說一句話：所謂「第三勢力」雖然先後鬧過無數笑話，然而什麼笑話，都可原諒，都可一笑置之，唯有這一件事，我認為是極端墮落與極端黑暗的現象！主人：我極表同意！這把所謂政治道德、歷史是非、朋友交誼、學者風度，以及文獻價值等等，一下子都摧毀無遺。誠屬中國政治史中一個大污點！甲客：這也不能多怪別人；主要關鍵，還是在李微塵。

丁客：我真不懂！一個康有為的小門徒，難道就竟然這麼扼制住四個老國民黨員，一個老共產黨員，玩弄他們於股掌之上？乙客：如你所說，康有為地下有知，豈不要哈哈大笑，慶幸他的精神不死？丙客：這年頭真是康有為的精神復活時代，張君勱已有鮮明表示，形諸筆墨，傳播中外，或許「第三勢力」不久要舉行「康有為復活節」，也說不定。遠客：這樣的一個組合，這樣的一般人士；顧先生竟還虛與委蛇，一代清望，真令人不敢恭維。

戊客：我覺得也不盡然，假使康、梁今日猶在，必然是反共的；既然反共，就不妨合作。因之，與他的信徒共同組織，共同反共，是沒有什麼不合邏輯的。丁客：如此說來，那顧孟餘、張大王就真正不夠朋友！較之張君勱與康南海梁任公「生死不渝」的交誼，不啻天淵！因為假使汪精衛、陳公博等今日猶在，更必然是反共的，而且當日汪、陳到南京組織偽政府，據說，就是以反共為藉口的，為什麼而今的「第三勢力」，又堅拒那些汪精衛的信徒，所謂「漢字號」的朋友呢？

丙客：顧先生是個學者，所學從未盡其所用，品格高潔，性行篤厚，在政治上我們不可以過份苛責他。乙客：誰叫他搞政治的？地位愈高，責任就愈重。甲客：「領導群倫」，不是耍木頭人戲。丁客：「孟公綽為趙魏老則優，不可以為滕薛大夫」。主人：（見談話空氣過於緊張，乃解圍式的笑道）我倒想起一個故事，以前北洋軍閥時代，政府常常倒台，當道的大官，常常被「逼宮」，被驅逐，甚至被囚禁。於是那所謂「北洋三傑」——王龍、段虎、馮狗之中的王士珍，對人說道：「現在如果與人有仇，不必想另外的法子去報復，只要勸他搞政治，做唯一無二最大的官就行，包管比什麼報仇的方法都好！」以彼例此，恐怕是什麼人與顧先生有仇，才勸他搞政治的。（眾人笑聲）

第六十回：淚洒山堂悲聲談大局　心存漢室孤詣稱梟雄

（是時主人太太姍姍而來）。主人太太：現在點心已經弄好了，請各位去宵夜，宵夜後就坐在客廳裏談；好在更深夜靜，天色已經涼爽，又有電扇，不必再在草地上受露水了。（大家連聲說好，紛紛起立入內，就餐棹隨便坐食。棹上擺的點心甚多，中式、西式全有，精緻而又美觀，大家讚不絕口，又謝不絕口。有飲酒的，有飲茶的，也有飲咖啡的，一陣風捲殘雲，精神又復大振，談話之聲四起）。

遠客：在座的那位與張大王熟識？聽說他在「第三勢力」運動裏面，地位很重要，責任也很重大，究竟其為人如何？主人：好幾位都很熟識，戊兄、庚兄並常有來往。庚客：自從他攪「第三勢力」，弄什麼「二十五個集團」及「戰鬥同盟」後，我也好久不大往來。戊客：大王為人，倒是值得欽敬的！他勇毅豪邁，痛快淋漓，與人相交，久而彌篤，這從他與汪先生及顧先生的友誼，就可以看得出來。乙客：但是他攪政治呢？庚客：他本來極為謙虛，再三聲言，他是軍人，不懂政治，一切請顧先生主持，後來又一併尊重張勱老的意見。

戊客：他為人又富於熱情，聽說有一位柳老先生與他暢談時局，談到沉痛處，他悲從中來，放聲大哭，說是並無反對台灣之意；只是鑒於海隅反共的民主人士很多，無路可走，不得不毅然挑起這個擔子。丁客：然則「心存漢室」，仍想「招安」。乙客：據我所知，坦白的說，絕大多數內心裏都是想「招安」的，豈僅大王為然？遠客：他究竟組合了多少反共人士，成績在那裏呢？丁客：他的輝煌成績，大概與「知識份子救濟會」差不多，都將永垂不朽！

甲客：不過這是力量問題，就算他與救濟會成績相若，也均屬熱忱可嘉。他的熱心快腸之處，大有他的貴祖先張桓侯（張飛）的風格，我實心儀其人！遠客：丁兄，你歷史很熟，我要考驗你一下；劉備取荊州後，付託關羽，為何得漢中後，不付託張飛，反而把重任交與關係不深，相隨不久，又是降將的魏延呢？丁客：這就是劉備高明處！荊州最初是付與諸葛亮的。龐統死，亮入川，才轉交與羽。至於漢中，初為曹操所必爭，較之荊州，既有東吳可資呼應，而又不至直接威脅西川堂奧，更為艱險重要。質言之，漢中乃是西川大門，故非大將鎮守不可。

乙客：難道關、張、趙、馬、黃五虎上將，無一人可以勝任，偏偏看中了魏延？丁客：所以「拔延為督漢中，鎮遠將軍，領漢中太守」的命令發表時，大家原以為一定是張飛的，爆出冷門，致「一軍盡驚」。但是劉備也知道大眾不明其故，尤其怕他的「三弟翼德」

發生誤會，乃「大會群臣，問（魏）延曰：今委卿以重任，卿居之欲云何？」（你預備如何防守）乙客：這一段《三國演義》小說上，完全未寫，你將正史上實錄，詳細說說看。

丁客：當時魏延答道：「若曹操舉天下之眾而來，請為大王拒之！若遣偏將以十萬之眾至，請為大王吞之！先主（劉備）稱善，眾咸壯其言！」請各位不要誤會，魏延前後兩句所稱的「大王」，都是指劉備而言，並不是現在大家所稱的大王，因為那時劉備受群臣擁戴，已晉為漢中王了。戊客：哈哈！張大王聽到了一定高興，原來「大王」二字，是一種極恭敬的尊稱啊！

丁客：那魏延所答，一「拒」，一「吞」的戰略與謀略，是何等的氣魄！又是何等的謹嚴！所以終魏延之任，漢中安若磐石，屹立無恙。遠客：若果你替劉備拿鵝毛扇子，當時軍政上應該如何佈署？丁客：依我之見，漢中交與魏延，決策甚為正確；荊州則應交趙雲，諸葛亮也只應叫他鎮守成都，辦理供應。同蕭何一樣，他操守廉潔，辦事謹慎，又會發明運輸工具，如木牛流馬之類，主持後方勤務，絕不致貽誤戎機，也不致尅扣糧餉，更不致捲款潛逃。

遠客：雲長從荊州下來了做什麼事呢？丁客：雲長？紅紅的面孔，長長的鬍子，一表堂堂，忠心耿耿，是一個標準的侍衛長。遠客：然則翼德呢？丁客：叫他做成都衛戍司令好了！在劉大王直接監督指揮之下，既不便飲酒過量，亦不致亂鞭士卒。他是一員勇猛超群的戰將，又是一個絕對可靠的保鑣，包管蜀都鞏如金城，固若湯池。（眾人大笑）遠客：說起劉大王，庚兄，你們的「賽劉備」近來怎麼樣？乙客：誰是「賽劉備？」

庚客：他是問李德鄰（宗仁）。德公以往在廣西無形中成了天然的老大哥，有人認為他像玄德一樣，故稱之為「賽劉備」。我是一直與他通消息，他究竟幹些什麼？不十分清楚，只偶然間接得到一點傳說罷了。丁客：啊哈！那賽劉備比真劉備強多了！己客：何以見得？丁客：真劉備東闖西蕩，搞了半生，無立錐之地；年將半百，才找著一個二十幾歲的小夥子，替他出謀定計，勉強弄了兩塊地盤。

後來他又自作主張，硬要打一個無論從政略，戰略，或戰術上都說不通的大仗，以致一敗塗地；然而他總算是替二弟、三弟報仇，在軍事上雖然失敗，在義氣上卻落得千古讚譽！到了白帝城，他又血性十足，無面目回成都見西川父老，乃託孤與諸葛亮，說是「君才十倍曹丕，必能安國，終定大事。嗣子可輔則輔之，如其不才，君可自為成都之主……」。

「第三勢力」一段風月寶鑑，至本章止，便算是一個大結局。前因既證，後果亦明，恰正如《桃花扇》中所說：「看罷傀儡鬧，慟哭窮途，曾發閧堂笑，都休了！」一切是非短長，且留待世人定論。只是連檯好戲上演之頃，有勞生旦淨丑，諸大名角，辛勞三月，寒偎翠袖，嚬染春山，大檯唱了，又要趕赴別院，唱唱反腔，勞頓如此，未免歉仄！好在焦大耶宿酒未醒，昏然睡去，笙歌不散，更待何時？就此煞科也罷！列位看官請了！

第六一回：利厚智昏安樂公出醜　德孤鄰絕宗親會除名

己客：你這才真像劉寶全唸大鼓書詞哩！這些故事，同李德鄰有什麼相干？乙客：不相干？你聽他點著經脈就知道了。丁客：著呀！你要聽我說下去。真劉備艱難險阻，忍辱含垢，苦鬥一生，臨了還是氣死在永安宮。而賽劉備則把大陸送掉之後，捲起大把銀紙，一溜煙跑到美國，誰都不管，既不報仇，亦不託孤，連交代手續也不辦一辦，他就及身自封「安樂公」，認為「紐約樂，不思蜀」了。因之，我認他的福氣比真劉備要勝百倍，而且就是比真安樂公阿斗太子的福氣也要勝十倍。他的祖墳風水，真是再好沒有！因為他自封這麼一個好爵位的時候，他的歲數是比劉備和劉禪都較年輕的。（眾人笑聲）

主人：這是可惜他身邊沒有一個諫臣的緣故！遠客：李漢魂不是跟他同在美國嗎？庚客：伯豪（李漢魂字）初猶及時進言，想有所補救；後來看到他太無作法，又太沒出息，遂分手自去開飯館做生意去了。饒是這樣，還幾乎受了他的大累。遠客：是不是政府對他不諒解？庚客：倒不是政府，而是人民，並且是他們的同宗。原來凡是外國的華僑，每一姓都有一個宗親會，不管裔脈是否一系，不問堂郡是否相同，祇要一筆寫出相同的姓，都認為同宗，可以入會。德公與伯豪到美後，李氏宗親會自然一律歡迎參加。後來德公鬧了許多笑話，尤其是毛邦初、向維萱一案，竟捲入漩渦，僑胞大譁。李氏同宗，引為奇恥大辱，乃要舉行宗親大會，開除他們兩人的會籍。

主人：這未免難堪！真的都開除了嗎？庚客：幸虧伯豪先聞風聲，乃奔走疏通，說他早已不參與德公的任何計劃和行動，並拿許多勸告與「拒諫」的往來信札，以資證明，宗親會方才勉強把他保留。主人：德公呢？庚客：那就不大清楚了。乙客：那還不明白！又何必再問呢？庚客：後來有許多朋友，看見鬧得太不成話，都寫信責備伯豪，說他不就近匡正，有負僚屬及朋友之義。伯豪分別復函，歷敘經過，詳述不能再行進言，言亦無效的情形；並引《論語》上「子游曰：事君數，斯辱矣！朋友數，斯疏矣！」的話，以反映其胸中的鬱悶。

乙客：聽說李伯豪也在搞「第三勢力」，可是真的？庚客：他原想與李德公同搞的，後來因為香港方面的「第三勢力」不要德公參加，伯豪也不能插足，乃自己出面，弄一個什麼「民族自救會」，又與吳尚鷹搞的「海外僑胞聯誼會」聯絡，另外復同李大明、蔡增基、譚護等以及洪門團體，互相交換意見。並且找張君勱商量，想把他們的「戰鬥同盟」也搏在一起，共同組織一個彷彿是叫「海外僑胞民主救國大同盟」的團體，來共赴國難，一齊反共。

遠客：結果如何呢？庚客：結果是「摶沙聚雪」，仍舊因意見紛歧，人事複雜，不能成功；僅由民憲黨與洪門發表了一篇「聯合宣言」完事。遠客：這種運動，李德公在美國有沒有就近參加呢？庚客：他們似乎未曾找他領教。乙客：他左右一個人也沒有，連一個秘書黃雪邨也攆走了，真是「孤家寡人」；就是想參加，自己也不便表示，另外又無人替他活動，實在夠慘的！甲客：他不是還有甘介侯在替他「拿用神」嗎？

乙客：甘介侯？「彼哉！彼哉！」李德鄰居然會相信這種人，其不墮入阿鼻地獄者幾希！戊客：聽說毛邦初案發生後，外間人言嘖嘖，說是甘氏得了多少運動費，竟勸李以代總統的名義下令與毛，「飭」他不要移交款項和案卷，聽候另「飭」監察院查明後再行辦理，真有這樣的怪事嗎？庚客：一點不假！德公仍以代總統名義，「飭令辦理」快郵代電原文，本想在報上發表的，所以曾經抄寄各方，我也看到過。丁客：你看到的是否美文原件？庚客：當然是中文！中國的代總統，下令與中國人毛邦初，怎會用美文呢？

丁客：我以為李德鄰、毛邦初都變成了美國人哩！既然是中國的大官，竟然能跑到另一半球去發施號令！自古道：「官憑印信，客憑貨」，李德鄰兩手空空，又可以離開本國領土單人獨馬在紐約行使政權，演出這樣好戲，可見得他在「安樂」生活中，仍不時發揮他的雄才大略，真不但勝似劉備、劉禪，而且超過成吉思汗萬萬倍哩！

第六二回：認賊作父庸奴遺臭史　與虎謀皮座客揭秘辛

乙客：也還有甘介侯贊助之功，否則是難以演出這種傑作的。戊客：據傳李德鄰初做代總統時，甘到上海百樂門跳舞，有一個舞女問他貴姓？甘指著自己的鼻子尖道：『阿拉是未來的外交部長，儂還弗認識』？己客：這點小花頭，何足道哉！爛污拆得更大的事，也不知有若干。乙客：最駭人聽聞的，就是他代表李代總統，去要求美國駐京大使司徒雷登，轉求華盛頓發表聲明，支持李代總統政權。同時又向美大使說：中國將儘量排除美國勢力，與俄國合作。丁客：慢慢！慢慢！玩笑是玩笑，正經是正經。我以前也聽到一點這種傳聞，我以為絕無其事，因為這是出乎常識之外，雖三歲小兒，也不致如此，不能因為甘介侯是拆爛污的朋友，就故意造謠誹謗他，現在我的見解依然不變。

甲客：我也不相信。乙客：你們有人敢打賭嗎？丁客：如果真有此事，我認為天下氣數已盡，寧願「切腹」，不願再見這些「怪力亂神！」乙客：「不要切腹，只要你請客一次，讓我們『果腹』就行」。庚客：丁兄，你輸了，我們又有得吃。乙客：主人家，你向來收藏宏富，《白皮書》府上總是有的吧？主人：有，有！原本，譯本均有，你們要看那一種？庚客：原本因載有許多附件，太厚太笨，還是譯本大家翻看方便。（主人入書室取《白皮書》譯本來遞與乙客）。

乙客：讓我找出這一段，請大家看看。庚客：不必大家看，你只要唸出大家聽聽就得了。乙客：先找目錄，喏！「第六章，司徒雷登之使命」。一、二、三、四、還在後面。呵！第八段，第五節，「李代總統之地位」，原來是第 173 頁上面。哈！主人用功，已在這頁上面，劃了許多紅槓。遠客：你就唸罷！

乙客：（唸《白皮書》第 173 頁所載一段）：「一月二十三日李代總統之一代表趨訪司徒大使，請求美國發表一公開支持宣言。此代表宣稱李將軍業與蘇聯大使館接洽，並已擬定一中蘇包括三點之協定草案。此草案已於日前由蘇聯大使攜返莫斯科。此三點為：（一）在任何未來之國際衝突，中國保持嚴正中立；（二）盡可能自中國擯除美國勢力；（三）樹立中俄真正合作之基礎。在原則上李將軍對此三點已經同意，如果美國能有一支持之宣言，則彼認為將加強其對該約談判之地位。國務院即刻答覆：認為『李宗仁於尋求一美國表示支持之宣言藉以穩固彼之地位，竟同時擬與俄國締約，欲自中國擯除美國之勢力，此實為不可思議者』。大使受令將此項意見轉達李將軍」。

丁客：真有這種怪事，可算是「國家將亡，必有妖孽！」庚客：據說甘介侯不承認這代表就是他。乙客：不管是他不是他，總算有這樣一個代表，總算代表李代總統演過這一幕「流傳千古」的好戲。丁客：（因為輸了，有點氣憤）有這樣的「主子」，才有這樣的「奴才」，責任還是應該由李宗仁負。遠客：這樣的「一塊料！」庚兄，你們當年為什麼拼命擁護他，竭力為他競選？庚客：我平生做事不後悔，輸就輸了、敗就敗了，就是腦袋玩掉，大丈夫，也不過「二十年又是一條好漢」；唯有對這一件事，我而今還認為罪孽深重，百身莫贖！

甲客：具有同感的，也不止你一人，而且當年上當的更多。主人：當時多數人，認為國事如斯，「應該變，不應該亂」，希望產生一個新的力量，以旋轉乾坤，挽救大局。而李德鄰恰於此時以改革現狀的姿態出來競選，凡屬憂國之士，誰不寄與希望呢？丁客：（譏笑態）誰知他「筆下雖有千言，胸中實無一策」。同許多會做文章的大文豪一樣。（又故意抱歉）呵！真對不起！我剛才失言，因為今天在座的，都是大文豪。

主人：（報復態）豈敢！豈敢！大文豪的「寶塔帽子」要分送與甲、乙、丙、戊、己、庚、辛、諸兄，外加遠客，還一頂你自己戴。我們「三百六十行」以內的小廠家，是無權享受的。再說，當時一般人民也是如此傾向，所以許多「國大代表」先生，在旅館裏問茶房，茶房贊成李宗仁；出外問車夫，車夫也贊成李宗仁；甚至寫信回家問太太，或問老爺，太太，老爺也贊成李宗仁。

主人：誰知他一旦登台，竟如鄉下姑娘入城，婢學夫人，手忙腳亂，胸無主宰，除了初期在南京硬撐一陣，還算有點軍人本色之外，此外即一無可取。遠客：大概是他後來志驕氣盈，連「小諸葛」的錦囊妙計也不採納之故。丁客：呵呀！不提「小諸葛」也還罷了，提起「小諸葛」，那又比「老諸葛」強得多多！乙客：有何為證？丁客：老諸葛自出山以後，奮鬥了二十七年，「食少事繁」，「鞠躬盡瘁」，臨到死時，「內無餘帛，外無贏財」，衹有成都桑樹八百株；而「小諸葛」卻是善養頤年，而且平素由於自奉甚儉，所以也頗有積蓄，足見他的本事，要比老諸葛大。

已客：確是人如其名！丁客：不要說他本人，就是他下面的一個補給司令姓許的，隨便在飛機上甩一下，身邊就燒掉現鈔百餘萬元。遠客：那裏會有這等事？庚客：這是真的。這事出在 1951 年 3 月，只要找 3 月 10 號左右的報紙一查，就可證明。丁客：姓許的所遺下的「風流寡婦」，及教養出來的「準世界小姐」，隨便遊歷世界一趟，又被外國「爛仔」騙去數百萬元，其財富之龐大可想而知。但對「小諸葛」的舊部及同鄉，乃至他自己的親友，生前死後，卻一毛不拔。

庚客：你還不知「小諸葛」先生的軍需處長姓唐的，手中控制巨額資金，他本人每一天要花費二三千元，但眼看一般出生入死的袍澤，及久共患難的同鄉，流落飢寒，也是毫不動心。甚至當日的所謂桂系王牌兵團司令張淦遺屬，也在挨餓！據說是小諸葛吩咐過的，非他的親筆手諭，不能動用分文。丁客：但是唐先生卻可以「監守自用」，最妙的是聽說他每天玩舞女十個，八個，然自己卻始終不會跳舞。本人又想「利用厚生」，乃開設洋行，做大班，卻又不認識一個洋文，聽說因為冒充內行，胡亂簽字，很賠了幾文哩！

乙客：「悖入悖出」，報應不爽！遠客：唉，近百年來「歷史之筆」，有兩次落到廣西朋友之中，讓他們盡量寫出幾篇精心傑作出來……。丁客：可是兩次都沒有交卷。遠客：第一次雖未完篇，但卻也寫下幾段精采的。臨尾還不失於壯烈！（指太平天國之役）。丁客：第二次可太「水皮」兼「烏龍」了！遠客：然而少數不長進的人，不能代表全省，廣西民族性的刻苦耐勞，堅忍不拔，將來反攻，仍是「有厚望焉！」

庚客：因此李德公仍不死心，認為他憑藉的廣西本錢，還是與眾不同，所以不久以前，還想把「第三勢力」大團結起來，再幹一番。己客：太遲了；他簡直是在作夢，試問他如何著手團結呢？庚客：他親筆分函有關各領導人，勸他們一律犧牲成見，各推代表到東京去開團結大會，他本人也躬臨參加。戊客：那自然是名符其實的當「仁」不讓，要親自出馬主持的意思，結果怎樣呢？庚客：各方面大致贊成，有人復信與他，說是推派代表，至少總數以二十人計，每人最低需旅費美金一千元，則兩萬美金，應請他籌撥。

己客：兩萬元不算多，而且是他能力所及，應該立即劃撥才是呀！庚客：最妙的，聽說他一面催促各方團結，一面要恢復桂系原本與人合辦而已停刊的《人言報》，但又只允許每月貼補美金三百元。丁客：三百元辦報？大概是油印的壁報罷！乙客：結果，匯過一次三百元，因為登記手續未辦妥，印刷了一期，擱在印刷廠不能出版。庚客：後來索性像《新生晚報》，「慎記印刷公司」一樣，把所有的股權全部賣掉了。丁客：連「迴光」都不「返照」一下，真塌盡了台！遠客：（恍然大悟似的）啊，我明白了！李德鄰才是「第三勢力」真正的成功者。（眾人一怔）。

第六三回：因「棗」寄意旁生妙論　聞「奶」興嗟終結閒談

乙客：此話怎講？遠客：他當初之所以當選，並非他本人德望所致，實係一般人希望「要變不要亂」的新力量憧憬所促成，這新力量的憧憬，就是後來演變出的所謂「第三勢力」了。丁客：（鼓掌）對極了！對極了！遠客：因之，李德鄰先已「囫圇吞棗」的喫進了「第三勢力」的果實，使「第三勢力」變成了無果的幻影，他誠然應該吐一點出來。丁客：既然不吐，或者連核兒都化為烏有，於是乎「大事已畢，如喪考妣！」

主人：棗的核兒是否都會消化，那要問問科學家。遠客：不錯！今天一般老友熱烈而又痛快的談了大半夜，我們的氣象專家辛兄，很少發言，我們倒很想聽聽科學家的高見。辛客：（站起來將吸剩的寸餘長雪茄煙蒂，猛力朝水盂內一擲）高見？我一點沒有。人家吃了棗子，是否可以連皮帶核都不吐出來，我也不能解答。一經你們提醒，我自己倒有一個要求，就是請主人家賜我幾粒蘇打片。

主人：（微訝）要蘇打片何用？辛客：今天接二連三吃了你的許多好東好西，好酒好菜，原很舒服，不料你們這些「政治家」，要談什麼「第三勢力」，「第四勢力」，你們既然高談闊論，我也只好洗耳恭聽。結果，弄得我所吃的東西，雖然沒有棗子在內，竟橫梗胸中，上下不得，看來勢非乞靈藥石，以幫助消化不可的了。（眾人一面談笑，一面紛紛起立）。丁客：回家請嫂夫人按摩按摩就好啦！甲客：（看錶）啊哈，已經兩點三十五分了，大家都應該回家了，「客去主人安」，謝了！謝了！

乙客：不錯！遠客明日尚須長途辛苦，應該讓他休息一下。（於是，主人吩咐俏娘姨打電話，叫的士，眾人紛紛致謝，互相握手，又彼此連說：「哥得奶！」「哥得奶！」『Good Night』陸續起身，走出花園。那時辛客走在最前面，忽然回身站住，高喊一聲）。辛客：喂！你們談了半夜，還是最後的結論三個字，才「畫龍點睛」。眾人：（停步微微一怔）那三個字畫龍點睛？辛客：你們想想看！既然只有「哥得奶」，則分配不均，其餘的弟弟妹妹，怎不吵得天下大亂？水火不得太平？因為俗話說的「有奶就是娘」，無奶自然要「管他娘」啊？（眾人大笑，是時的士已到，各人陸續散去）。以上借抄「茶餘酒後老友閒談記錄」已畢。

第六四回：得奇夢太虛圓幻鏡　聞怪語孽果證前因

且說眾人中間那一位辛客，因為聽到了許多奇奇怪怪的故事，回到家中，百感交集，輾轉反側，不能入寐。心想，還是出去散散步，吸點黎明前的新鮮空氣。走疲倦了，索性天亮後再睡。誰知一想散步，不覺已經來到郊外，只見前面山勢嵯峨，林木蒼鬱，好一派雄壯氣象！乃加緊幾步，欲觀究竟，沿一小溪斜徑而行，曲曲折折，愈走愈深，但覺鳥語花香，清氣撲鼻，遂自語道：「原來此地還有這樣一個幽靜所在！平素我竟不知，真是勞人草草，所謂何來？」信步而行，也不知走了多少路，正行之間，忽聽到前面空谷之中，似有足音，又夾有數人說話之聲，乃停止在一株巨大檜樹的旁邊，以俟來者。

等到聲音漸近，隱身仔細一看，赫然竟是三位寬袍峨冠的古裝老者。他們大概是走倦了，見前面有幾塊光滑青石，遂各據一方，摘掉帽子，坐下休息。這時，但聽得其中一位頭腦圓大，禿頂放光的老者，帶點氣憤的口吻，說道：「老二！你總不能因為你後來沒有官做，又會寫幾句文章，就借題發揮，憑著一支刀筆，亂削，亂刪，更隨便亂編排人，你看你那所謂『春秋』，把我的子孫臣民，描寫的還成個樣子？」

其中另一位腦袋很長，四面凸起，中間凹下，好像頂著一個舊式銅盆似的老者，帶點焦急的神情，趕緊著道：「旦公，請您不要誤會！我所有書籍，都是『述而不作』，那部『春秋』，完全是根據魯太史的紀錄，以及我周遊的資料，我不過將它編輯貫串起來罷了，那裏敢胡亂編排人呢！」辛客聽完，猛然想起，這兩個老傢伙好生面善！又想了半天，這才恍然，原來那第一個說話的老者，正是晚晚拜會的周公，第二個答話的老者，不是大成殿上的孔老二還有誰？

只聽得周公又道：「雖然你是有所根據，但你發明了什麼『春秋筆法』，又是『誅心之論』，又是『責備賢者』，又是什麼『功魁罪首』，『一字褒貶』等等，全不曉得『為尊者諱、為親者諱、為賢者諱』的道理。你罵了人，居然還有冷豬肉享受，豈得謂平？」孔子辯道：「歷史是一面鏡子，美醜善惡，由人自招。著述的人，不過將各人的原形照出來罷了。所以我的『春秋』發行之後，『而亂臣賊子懼』，可見得它對於世道人心的影響……」。

話猶未了，周公已厲聲搶著道：「鏡子只照人外形，你怎麼連人的內幕事都說出來呢？可知後人弄出什麼愛核實（X）光，什麼內幕新聞，你就是始作俑者！」孔子正待再辯，只見那第三位老者，用手一攔，表示要讓他先說的意思，然後慢吞吞的道：「老二啊，難怪旦公譴責你。當你年輕時，來向我問禮，我是怎樣叮嚀你的？我說：『良賢深藏若虛，君子盛德，容貌若愚』。我為何撇開『禮』字不談，而教導你這兩句話呢？那時我就知道：將來是生意人的天下，而且愈是後來的『行檔』，愈是佔便宜，因為他們憶得『虛者實之用』的精義。

如此，當初我頭一句話，就明明是點醒你，叫你了解『買空賣空』，偷偷摸摸才是做生意的『最高』妙用，你竟滿面孔頭巾學究氣，一生全不留心市面行情，以致屢次挨餓。後來大概是餓冒火了罷，又把第二句話根本忘懷，露出聰明相來，既鄙薄『鄉愿為德之賊』，復罵人『老而不死是為賊』，及至你自己年紀大了，又不願早死，而反亂發讜論，遇事批評，涵養功夫，未免太差！我常說：『知者不言，言者不知』。你既稱你博覽群籍，難道我那《道德經》你也沒有讀一讀？」

辛客一聽他的口氣，就知道這老傢伙是老子了。又聽得孔子道：「聃公！我當初原遵你之教，聲明『予欲無言』，言亦『隱惡揚善』。但後來年紀稍大，閱歷較多，才知道這個辦法是好人吃虧到底，惡人佔盡便宜。又想起了您最初告訴我的話：『子所言者，其人與骨皆已朽矣，獨其言在耳』。遂發憤改變作風，『口誅筆伐』，遇著有不合仁義道德的，就叫徒弟們『鳴鼓而攻之』，使國人皆知，判斷是非，這就是後世所謂輿論的嚆矢，民主的初基，……」。

正聽到此處，忽然密林中突出一隻長腳細頸的獨角獸，後面一陣鼓譟，許多獵人，帶著鷹犬，四面圍將前來，看樣子，那野獸是無法逃脫的了，慌不擇路，竟冒失的衝到辛客面前，勢極猛急！辛客大喫一驚，還來不及叫「我命休矣」，已經一交跌在叢林之中。睜開眼睛一看，那裏來的獨角獸？原來是南柯一夢，身子給枕頭壓著了。醒來一想，「此夢甚怪！」老聃之言，歷歷如在耳邊，猛然想起好友老焦，正在發表一篇文章，反響甚烈，有罵的，有笑的，有喝采的，有銜恨的，而大家又一致想尋找老焦本人何在？替他著想，真是「何苦來哉！」乃決心前往勸其及時擱筆。

第六五回：留餘地老焦擱筆　下幔幕好戲收場

天明晨餐後，辛客光臨焦宅，只見老焦正在客廳中賞鑒一幅破舊對聯，一見辛客，便喊道：「你來得正好！看看這幅精品」。辛客一看，乃是郭嵩燾所書，筆劃遒勁，龍蛇飛舞，大有氣吞雲夢，波撼洞庭之概！不禁大加讚美。老焦道：「字猶其餘，我是欣賞他這聯語」。辛趕忙讀道：「世需才才亦需世，公負我我不負公」。讀罷，皺皺眉頭道：「這語氣不凡，而且似有深意，究係對何人而發？」

老焦道：「可惜此間陰霾過重，潮濕把上款霉剝了，否則就他同時代的人一查，即可考據明白」。辛客道：「那就不必多管閑事，我是來同你談正事的」。說罷，便把夜來所夢，一一相告。並問：「你看那獨角獸是不是麒麟？」老焦一聽，哈哈大笑：「什麼麒麟！不過是長頸鹿罷了。此物我國早已絕種，只是非洲尚多，你問這話做甚？」辛客很掃興的道：「我原想『阿其所好』，以為我夢見麒麟被獲，就可乘機勸你擱筆，不要再寫那種文章了，誰知馬屁拍到牛後。看樣子，你也染到了一點『黨魁』神氣，罷，罷，由你去招怨好了，我也不想再開口！」

老焦笑道：「呵！我明白了，請你放心，我已想好了對策」。辛客道：「願聞其詳」。老焦正色道：「老實說，我還是筆下留情的。以他們所作所為，記載出的猶不過十分之六七。難道他們竟還想以一手遮盡天下人耳目嗎？如有人不肯反省自責，專門怨天尤人，含沙射影，血口噴人，說寫文章之人有什麼作用的話，我不惜以大丈夫英姿，與對方公開決鬥，而且和他們到羅馬鬥獸圓場的廢墟上舉行！」辛客一聽，忙道：「為什麼跑那麼遠呢？」

老焦正色答道：「因為那地方寬闊，能容納多人參觀，可以大賣門票，四六也好，三七也好，大家拆賬，讓他們再做一筆臨時生意，出一次最後風頭。而且又有象徵作用，他們很可以把我當作宗教囚徒，或獅子野獸，以發洩他們的優越感，豈不甚好。」辛客一聽，直笑得彎腰打躬，好一會兒，才說：「不是我當面唐突，老兄未免妄自尊大。你文章所牽涉的人物，不是達官，就是顯宦，不是學者，就是將軍，起碼也是民選老爺，人家的性命何等珍貴，怎肯同你這個區區文丐去拼？」

老焦想了一想，又道：「那末，西洋的方式不行，我還有個東方的辦法，就是定期各備香燭三牲，同到城隍廟去當眾賭咒。我先賭道：『若果我完全是』冤枉人，或有意造謠，天是怎麼長，地是怎麼短，隨他們喜歡長的，喜歡短的，我都不吝」。辛客又是一場大笑，道：「你怎麼套起『四郎探母』的戲詞來了？」老焦道：「就賭原子彈也行。若果誰昧了良心，將來原子彈落下，就單獨炸誰。若果我炸成了灰，被一陣大風吹得無影無踪，然後讓恨我的人，笑得腰彎肚疼，讓愛我的人，哭得眼淚成河……」。

辛客實在忍俊不禁，直在彎腰拍手，說道：「你紅樓夢看入了迷！為什麼不就學賈寶玉讓人見人愛，偏偏舞文弄墨呢？」老焦把頭搖了兩搖：「不瞞你說，我年輕時，是頗以賈寶玉自命的。年紀大一點，就想學賈璉、賈蓉等的風流，甚至賈瑞的正面照著『風月寶鑑』，也想偷偷一試。到如今，可憐我年逾『耳順』，手無寸鐵，原想學劉姥姥的，無奈早已被人學去了，不得已，只好重振家風，管它『克紹箕裘』也好，『畫虎類犬』也罷，我認為總不致辱沒祖先」。

辛客道：「失敬！失敬！原來老兄乃焦大之苗裔。但焦大當寧國府一敗塗地時，他已活到八九十歲，與蕭伯納的歲數差不多了，你這篇文章是不是準備寫到這般年紀才結束呢？」老焦笑道：「如此豈不要嚇壞許多人？你且隨我進來」。說時，即將辛客的手一拉，到了那斗大書房中，用手一指。辛客抬頭一觀，只見牆上貼著一張大紙，上面寫道：「劇名：『第三百六十一行買賣』，亦名『第三勢力外史』。」

監製者：吉賽普

導演者：哈德門

主演者：李德公（李宗仁）、顧先生（顧孟餘）、張大王（張發奎）、張勱老（張君勱）、許老將（許崇智）、童院座（童冠賢）、張燾老（張國燾）、蔡文治、謝澄平……。

攝影者：焦大耶。

公演者：《新聞天地》舞台。

附　註：本劇正集共六十五回，連演三個月，場場客滿，欲知後事如何？且俟續集排演成熟，攝製完竣，再行公映分解。

THE END

辛客一看，大笑三聲，一躬而別。

（全文完）

焦大耶著，〈第三百六十一行買賣〉，
原刊於《新聞天地週刊》第九年第四十號－第九年第五十一號；
總號第 294 期－305 期
（民國 42 年 10 月 3 日－民國 42 年 12 月 19 日）。

史地傳記類 AC0019

五〇年代香港第三勢力運動史料蒐秘

編　　者／陳正茂
主　　編／蔡登山
責任編輯／鄭伊庭
圖文排版／陳宛鈴
封面設計／王嵩賀

發 行 人／宋政坤
法律顧問／毛國樑　律師
出版發行／秀威資訊科技股份有限公司
114 台北市內湖區瑞光路 76 巷 65 號 1 樓
電話：+886-2-2796-3638　傳真：+886-2-2796-1377
http://www.showwe.com.tw
劃撥帳號／19563868　戶名：秀威資訊科技股份有限公司
讀者服務信箱：service@showwe.com.tw
展售門市／國家書店（松江門市）
104 台北市中山區松江路 209 號 1 樓
電話：+886-2-2518-0207　傳真：+886-2-2518-0778
網路訂購／秀威網路書店：http://www.bodbooks.com.tw
國家網路書店：http://www.govbooks.com.tw

2011 年 5 月 BOD 一版
定價：350 元

國家圖書館出版品預行編目

五〇年代香港第三勢力運動史料蒐秘 / 陳正茂編著. --
一版. -- 臺北市 : 秀威資訊科技, 2011.05
面 ; 公分. -- (史地傳記類 ; AC0019)
BOD 版
ISBN 978-986-221-736-8(平裝)

1.政治運動 2.社會運動 3.史料 4.香港特別行政區

673.82 100005605

讀者回函卡

感謝您購買本書，為提升服務品質，請填妥以下資料，將讀者回函卡直接寄回或傳真本公司，收到您的寶貴意見後，我們會收藏記錄及檢討，謝謝！

如您需要了解本公司最新出版書目、購書優惠或企劃活動，歡迎您上網查詢或下載相關資料：http:// www.showwe.com.tw

您購買的書名：______________________________

出生日期：________年________月________日

學歷：□高中（含）以下　□大專　□研究所（含）以上

職業：□製造業　□金融業　□資訊業　□軍警　□傳播業　□自由業

　　　□服務業　□公務員　□教職　□學生　□家管　□其它____

購書地點：□網路書店　□實體書店　□書展　□郵購　□贈閱　□其他

您從何得知本書的消息？

□網路書店　□實體書店　□網路搜尋　□電子報　□書訊　□雜誌

□傳播媒體　□親友推薦　□網站推薦　□部落格　□其他______

您對本書的評價：（請填代號　1.非常滿意　2.滿意　3.尚可　4.再改進）

封面設計____　版面編排____　內容____　文／譯筆____　價格____

讀完書後您覺得：

□很有收穫　□有收穫　□收穫不多　□沒收穫

對我們的建議：______________________________

____

____

____

請貼
郵票

11466
台北市內湖區瑞光路 76 巷 65 號 1 樓
秀威資訊科技股份有限公司 收
BOD 數位出版事業部

（請沿線對折寄回，謝謝！）

姓　　名：________________ 年齡：________ 性別：□女　□男

郵遞區號：□□□□□

地　　址：________________________________

聯絡電話：(日) ________________ (夜) ________________

E-mail：________________________________